Reading guide

Included unpacks the work of Mei architects and planners. Set up in three parts, the book can be read at various levels: quote to quote, caption to caption, colour to colour, or everything together. In conversation with five experts, Leitmotiven in the work of Mei are discussed and questioned. A selection of Projects shows a cross-section of the oeuvre of Mei. The Techniques highlight recurring aspects of the design and realization process, on the basis of project-specific examples, with process documents from different design phases.

Indicated by means of colour, the Leitmotiven and Techniques form legible layers, which are woven through the book. Five horizontal bands—visible on the side of the page—outline the Leitmotiven of interest on that page. Nine vertical bands—visible at the top of the page— identify the relevant Techniques. Colour markings in the text highlight further relations.

With *Included*, Mei wants to spark reflection on this century's design task and inspire people to relate and to act.

Leeswijzer

Included ontrafelt het werk van Mei architects and planners. Opgezet in drie delen kan het boek op verschillende niveaus gelezen worden: van quote naar quote, van bijschrift naar bijschrift, van kleur naar kleur, of alles door elkaar. In gesprek met vijf experts worden Leitmotiven in het werk van Mei besproken en bevraagd. Een selectie van Projects toont een doorsnede van het oeuvre van Mei. De Techniques belichten terugkerende aspecten van het ontwerp- en realisatieproces, aan de hand van projectspecifieke voorbeelden, met procesdocumenten uit verschillende ontwerpfases.

Aangegeven door middel van kleur, vormen de Leitmotiven en Techniques afleesbare lagen, die door het boek heen zijn geweven. Vijf horizontale banden – zichtbaar aan de zijkant van de pagina – geven de Leitmotiven aan die op die pagina van belang zijn. Negen verticale banden – zichtbaar aan de bovenkant van de pagina – zijn een aanduiding van de relevante Techniques. Kleurmarkeringen in de tekst lichten verdere verbanden uit.

Met *Included* wil Mei aanzetten tot het overdenken van de ontwerpopgave van deze eeuw en mensen inspireren om hiernaar te handelen.

incl.

architecture
as a means
for a new
future

architectuur
als middel voor
een nieuwe
toekomst

Sanne van den Breemer
Robert Winkel

nai010 uitgevers/publishers

Mei architects and planners

Preface

Leitmotiven

Projects

Techniques

Aric Chen

'Mei has always seen a future for the past and the past as informing the future'

As a newcomer to Rotterdam, it didn't take long for me to see the impact that Robert Winkel and his firm Mei architects and planners have had here, and on the Dutch architectural landscape at large.

As would be fitting for this port city, you notice Mei's imprint most visibly on the waterfront, where its Fenix I rises atop the old Holland America Line warehouse in Katendrecht, or in its conversion of an early 1900s factory complex in Delfshaven and, especially, at Lloydkwartier, where Mei has transformed the turn-of-the-last-century power station and warehouses of this former passenger ship zone into anchors for a new neighbourhood of housing, workspaces and creative studios.

Sometimes Mei's mark is more subtle, yet of no less significance. Consider, for example, its work in restoring Van den Broek & Bakema's seminal post-World War II shopping promenade De Lijnbaan or, for the fun of it, its transformation of a 1970s fast food kiosk on the Coolsingel from what had been voted the city's ugliest building to what has since been deemed the 'World's Fanciest McDonald's'.

Indeed, whether in Rotterdam or in its projects throughout the Netherlands and further afield, the signs of Mei are everywhere—often layered within sites of historical narratives that are deeply embedded in their urban contexts, lives, and memories. It would be enough to make the argument that in this book on 'architecture as a means for a new future', Mei has always seen a future for the past and the past as informing the future.

Als nieuwkomer in Rotterdam zag ik al gauw wat een impact Robert Winkel en zijn bureau Mei architects and planners op de stad en op het Nederlandse architectuurlandschap hebben gehad.

Zeer toepasselijk voor deze havenstad, is het stempel van Mei het duidelijkst aan de waterkant, waar hun Fenix I uitrijst boven het oude pakhuis van de Holland Amerika Lijn in Katendrecht, of in hun verbouwing van een fabriekscomplex uit de vroege twintigste eeuw in Delfshaven. En vooral ook in het Lloydkwartier, waar Mei de elektriciteitscentrale en pakhuizen van deze voormalige passagiersterminal van rond 1900 heeft omgevormd tot ankerpunten van een nieuwe buurt met woonhuizen, werkplaatsen en creatieve studio's.

Soms drukt Mei een subtieler, maar daarom niet minder betekenisvol stempel. Neem bijvoorbeeld hun restauratie van de baanbrekende naoorlogse winkelpromenade De Lijnbaan van Van den Broek en Bakema, of, met wat humor, de transformatie van een snackbar uit 1970 aan de Coolsingel. Die was ooit uitgeroepen tot het lelijkste gebouw van de stad, maar draagt nu de titel 'Fraaiste McDonald's ter Wereld'.

Of het nu in Rotterdam is of bij projecten door heel Nederland of daarbuiten, je komt de signatuur van Mei overal tegen – vaak gelaagd, op plekken waar historische verhalen diep verankerd liggen in hun stedelijke context, in de levens en herinneringen van mensen. Alleen daarom al zou je kunnen zeggen dat in dit boek over 'architectuur als middel voor een nieuwe toekomst', Mei altijd een toekomst heeft gezien voor het verleden en het verleden als iets van betekenis voor de toekomst.

Aric Chen

But while the firm has made a name for itself by rethinking the architectural and urban typologies of adaptive reuse—the warehouse conversions, dockland regeneration projects and so on—one can also argue that it has never been bound by them. Winkel recently explained that Mei's work is 'not about existing buildings, but existing situations', and besides evoking the very Dutch propensity, if I may, for recalibrating definitions, one can see the germ of this statement in some of his earliest efforts. Each day when I go to my office at the Nieuwe Instituut, I pass by the desks of Archined.nl, the invaluable website for contemporary architectural discourse (though now under different ownership) that Winkel co-founded with Piet Vollaard in 1996.

And so having had its sizable role in the post-industrial transition of cities such as Rotterdam, Mei is increasingly focused on the role of cities in the global transitions now called for—or, as Winkel puts it, on 'buildings that relate themselves to the urgent problems of our time'.

Along these lines, back in Rotterdam's Lloydkwartier, Mei is developing SAWA, a 50-metre-high circular project that, in addition to supporting urban biodiversity, will be the Netherlands' largest residential building constructed of CO_2-reducing wood when completed. The firm is also introducing urban farming to a commercial district of Utrecht, and designing new affordable student housing in Amsterdam.

There is no shortage of urgencies to address, and its flexibility of approaches makes Mei well-positioned to tackle them. Underlying it all, however, is a 'concern for what's already there', as Winkel puts it. And in this context, it's worth remembering that the future is not an autonomous state but rather a stratigraphy of forms, values and histories, and for architecture to provide a means to a better one, we will need the sensitivity that Mei advocates.

Aric Chen

General and Artistic Director of the Nieuwe Instituut, the Netherlands' national museum and institute for architecture, design and digital culture, in Rotterdam

Maar hoewel het bureau naam heeft gemaakt met het heruitvinden van de architecturale en stedelijke typologieën van flexibel hergebruik – verbouwingen van pakhuizen, vernieuwingsprojecten in havengebieden, enzovoort – kun je ook stellen dat ze zich daar nooit door hebben laten beperken. Winkel heeft onlangs nog uitgelegd dat het werk van Mei 'niet over bestaande gebouwen gaat, maar over bestaande situaties'. Afgezien van, als ik dit zo noemen mag, de zeer Nederlandse neiging om definities bij te stellen, waar deze uitspraak aan doet denken, is de kiem hiervan al te vinden in zijn vroegste werk. Als ik naar mijn kantoor ga bij het Nieuwe Instituut, kom ik elke dag langs de burelen van Archined.nl, de website van onschatbare waarde voor het debat over hedendaagse architectuur (weliswaar nu met een nieuwe eigenaar) die Robert Winkel in 1996 samen met Piet Vollaard is begonnen.

Mei heeft een belangrijke rol gespeeld in de postindustriële transitie van steden als Rotterdam en richt zich nu steeds meer op de rol van steden in de wereldwijde transities die thans nodig zijn – of, zoals Winkel het stelt, 'op gebouwen die in relatie staan tot de urgente problemen van onze tijd'.

Zo ontwikkelt Mei – wederom in het Rotterdamse Lloydkwartier – SAWA, een circulair project van 50 meter hoog dat niet alleen stedelijke biodiversiteit ondersteunt, maar ook het grootste wooncomplex in Nederland wordt dat is gemaakt van CO_2-reducerend hout. Ook brengt het bureau stadslandbouw naar een bedrijventerrein in Utrecht en ontwerpt het nieuwe, betaalbare studentenhuisvesting in Amsterdam.

Er zijn genoeg urgente problemen en hun flexibele benadering maakt Mei zeer geschikt om die aan te pakken. De basis onder alles is echter een 'betrokkenheid met wat er al is', zoals Winkel het formuleert. In die context doen we er goed aan te onthouden dat de toekomst geen autonome toestand is maar eerder het gelaagde resultaat van vormen, waarden en geschiedenissen. Als de architectuur een middel wil zijn tot een betere toekomst, zullen we de sensitiviteit waar Mei voor pleit hard nodig hebben.

Aric Chen

Algemeen en artistiek directeur van het Nieuwe Instituut, het nationale museum voor architectuur, design en digitale cultuur in Rotterdam

Leitmotiven

We asked five experts to discuss with Mei (Robert Winkel, Michiel van Loon and Robert Platje) the themes we find important as a company and which form a constant factor in our practice. In these talks, we strip these themes down to their essence and underline their importance for Mei. And for you.

Context—everything that constitutes an existing situation—lies at the heart of our work. We try to give the history of a place and its physical and social environment a meaningful role in our design. To make buildings that also have meaning for this context. With architectural historian Marinke Steenhuis, we delve deeper into the background and outcomes of this ambition.

We vroegen vijf experts om met Mei (Robert Winkel, Michiel van Loon en Robert Platje) in gesprek te gaan over de thema's die we als bureau belangrijk vinden en die een constante factor vormen in onze praktijk. In de gesprekken pellen we deze thema's af tot de kern en onderstrepen we het belang ervan voor Mei. En voor jou.

De context – alles wat een bestaande situatie vormt – ligt aan de basis van ons werk. De historie van een plek en de fysieke en sociale omgeving proberen we betekenis te geven in het ontwerp. Om gebouwen te maken die ook van betekenis zijn vóór deze context. Met architectuurhistoricus Marinke Steenhuis duiken we dieper in de achtergrond en uitkomsten van deze ambitie.

Leitmotiv
Context

Expert
Marinke Steenhuis

Context

Marinke Steenhuis is an architectural historian and an expert in the field of area identity. Together with Paul Meurs and Vita Teunissen, she runs the SteenhuisMeurs agency, which provides current spatial assignments with a cultural-historical foundation, commissioned by governments, real estate companies, and design firms, so that they can make good—fitting—choices in redevelopment or new construction, for example.
steenhuismeurs.nl

‘Your buildings help people to better organize themselves’

In a nutshell, the word ‘context’ means ‘the entire environment in which something acquires its meaning’. Marinke distinguishes six different contexts that she discusses with Mei. How important are these contexts for the result? How does a Mei building react to this given context? And how does sincerity play a part in this? Even before the conversation has properly started, Marinke expresses a number of outspoken ideas and analyses.

Prior to the conversation, Marinke, at her request, had a one-on-one meeting with Mei’s two youngest partners. A conversation in which she wanted to know about their childhood, personal life, and favourite places. She herself grew up in Drenthe and here, in the least populated province of the Netherlands, she developed a good antenna for authenticity and sincerity. It is a compass that she likes to use when assessing urban plans for the Randstad conurbation, because how much do the people involved really care about the context? As far as Marinke is concerned, concepts such as context, identity, and mentality are back on the agenda in spatial development, after decades of makeability and thinking in models. She pinpoints the ways in which she does or does not see this reflected in the Mei projects.

Het woord ‘context’ betekent in een notendop ‘de totale omgeving waarin iets zijn betekenis krijgt’. Marinke onderscheidt zes verschillende contexten waarover ze met Mei in gesprek gaat. Hoe belangrijk zijn die contexten voor het resultaat? Hoe reageert een Mei-gebouw op deze gegeven context? En hoe speelt waarachtigheid daarbij een rol? Nog voor het gesprek goed en wel begint, poneert Marinke een aantal uitgesproken ideeën en analyses.

Voorafgaand aan de conversatie had Marinke op haar verzoek al een een-op-een gesprek met de twee jongste partners van Mei. Een gesprek waarin ze wilde weten over hun jeugd, persoonlijk leven en lievelingsplekken. Zelf groeide ze op in Drenthe en ontwikkelde hier, in de dunstbevolkte provincie van Nederland, een goed kompas voor authenticiteit en waarachtigheid. Een kompas dat ze graag inzet bij het op waarde schatten van randstedelijke plannen, want hoe begaan met de context zijn de betrokken personen écht?

Wat Marinke betreft zijn begrippen als context, identiteit en mentaliteit, na decennia van maakbaarheid en modeldenken, weer terug op de agenda in de ruimtelijke ontwikkeling. Hoe ze dat in de Mei-projecten wel of niet terugziet, legt ze haarfijn uit.

Six Contexts
For Marinke, 'context' is not just about physical context. She distinguishes six contexts that are alternately discussed in the conversation, namely: 1) Context of the company, 2) Context of the commission (the challenges and values of the time), 3) Context of the physical, 4) Context of the client, 5) Context of urban life, and 6) Context of narrative.

Zes contexten
Voor Marinke gaat 'context' niet alleen om fysieke context. Ze onderscheidt zes contexten die afwisselend in de conversatie ter sprake komen, te weten: 1) Context van het bureau, 2) Context van de opdracht (de opgaven en waarden van de tijd), 3) Context van het fysieke, 4) Context van de opdrachtgever, 5) Context van stedelijk leven en 6) Context van narratief.

Why does the context of the company often clash with that of the commission?
The context of the commission relates to the values and practices of the times. In 2022, this means division, the rotten fruits of a neo-liberal system, and the march towards a Society of Distrust. Marinke registers a 'cheerful curiosity' in Mei's search for a new narrative, in order to revitalize the values of the time. That causes some friction.

Marinke Steenhuis: It strikes me that the three of you, as people, embody the entire company. With your different backgrounds and generations, you complement each other. Robert Winkel represents urban life, he grew up in the Pijp neighbourhood in the centre of Amsterdam. Robert Platje spent his childhood in the dreamed reality of the Flevopolders, the designed landscape par excellence. And Michiel van Loon grew up in a small village in the province of Brabant, surrounded by culture and conviviality. This beautifully reflects three different forms of living together. You always take something with you from where you grow up and I recognize that in you.

Robert Winkel: We are real people, not contrived personalities. But in my youth, the city was unpleasant, it was not a nice place for a child to grow up. That is why these new housing estates were built. I am not a street fighter, but I am streetwise. I became this way mainly because I was determined to achieve something. My curiosity and a strong will to change things drove me—and still drive me—to do that.

Robert Platje: We constantly ask ourselves why something happens in a certain way or why something can or cannot be done. There is a great sense of eagerness in our company.

Waarom schuurt de context van het bureau dikwijls met die van de opdracht?
De context van de opdracht heeft betrekking op de waarden en gebruiken van de tijd. Anno 2022 betekent dat verdeeldheid, de rotte vruchten van een neoliberaal systeem en de opmars naar een Society of Distrust. Marinke registreert bij Mei een 'vrolijke nieuwsgierigheid' in de zoektocht naar een nieuw narratief, om daarmee de waarden van de tijd opnieuw te laden. Dat schuurt soms.

Marinke Steenhuis: Het treft mij dat in jullie drieën, als mensen, het hele bureau zit. Met jullie verschillende achtergronden en generaties vullen jullie elkaar aan. Robert Winkel vertegenwoordigt het stedelijk leven, hij groeide op in de Pijp in Amsterdam. Robert Platje bracht zijn jeugd door in de gedroomde werkelijkheid van de Flevopolders, het ontworpen landschap bij uitstek. En Michiel van Loon groeide op in een klein Brabants dorpje, omringd door cultuur en gezelligheid. Het weerspiegelt mooi drie verschillende vormen van samenleven. Je neemt altijd iets mee van waar je opgroeit en dat herken ik in jullie.

Robert Winkel: Wij zijn echte mensen, geen aangemeten persoonlijkheden. Maar in mijn jeugd was de stad onaangenaam, het was geen fijne plek voor een kind om op te groeien. Dat is de reden dat die nieuwbouwwijken zijn gebouwd. Ik ben geen straatvechter, maar wel *streetwise*. Dat ben ik vooral geworden omdat ik per se iets wilde bereiken. Mijn nieuwsgierigheid en een sterke wil iets te veranderen dreven – en drijven – mij daarin.

Robert Platje: Wij vragen onszelf continu af waarom iets op een bepaalde manier gebeurt of waarom iets wel of niet kan. Er zit een grote *eagerness* in ons bedrijf.

'I am not a street fighter, but I am streetwise'

Michiel van Loon: My background was very different and more secure than that of Robert (Winkel). I built huts and worked on a farm. That is precisely why I found it interesting to leave that behind, to discover city life and go to New York. Now, I'm looking for the combination. Our backgrounds are very different, but our curiosity drove us to the same place. The direction one takes is partly in one's own hands.

MS: Yes, in the egalitarian country that the Netherlands was, that was possible. Since then, things have changed.

RW: We see this reflected in the accessibility of the housing market and the demographic distribution across the city. We try to include this in our projects, because we are very concerned about the growing differences and inequality of opportunity. With SAWA p.124, we are therefore realizing medium-tenancy flats and, in terms of the tenants, we are ensuring that the composition of the Rotterdam population is reflected by allocating the flats ourselves. In this way, we can guarantee this representation. We want to encourage mixing—of all kinds of different people—much more at the building level, rather than at the district or city scale, as is often the case today.

MS: Yes, that's how you create new ghettos. But the problem is broader. You see it in housing construction, but also in access to psychiatry, youth care and home care and in the decline of care homes. We have to be honest: in the seventeenth century we had peat and we could live on credit because we had very cheap fuel. And when did we have another moment like that? Oh yes, the twentieth century with the natural gas! In two periods of extreme growth, we

Michiel van Loon: Mijn achtergrond was heel anders en veiliger dan die van Robert (Winkel). Ik bouwde hutten en werkte bij de boer. Juist daarom vond ik het interessant om dat te verlaten, de stad te ontdekken en naar New York te gaan. Nu zoek ik de combinatie. Onze achtergronden zijn heel anders, maar onze nieuwsgierigheid dreef ons naar dezelfde plek. Waar je jezelf naartoe beweegt, heb je deels zelf in de hand.

MS: Ja, in het egalitaire land dat Nederland was, kon dat. Sinds die tijd is er wel wat veranderd.

RW: Dit zien we terug in de toegankelijkheid van de woningmarkt en spreiding van bevolkingsgroepen over de stad. We proberen dit in onze projecten mee te nemen, want we vinden die groeiende verschillen en kansenongelijkheid heel erg. Met SAWA p.124 realiseren we daarom middenhuur-appartementen en zorgen we qua invulling voor een afspiegeling van de Rotterdamse bevolkingssamenstelling, door zelf de woningen toe te wijzen. Zo kunnen we die afspiegeling garanderen. Wij willen menging – van allerlei verschillende mensen – veel meer op gebouwniveau realiseren, in plaats van op schaal van de wijk of de stad, zoals nu vaak de praktijk is.

MS: Ja, zo maak je nieuwe getto's. Maar het probleem is breder. Je ziet het in de woningbouw, maar ook in de toegang tot de psychiatrie, jeugdzorg en thuiszorg en in de neergang van de verzorgingstehuizen. We moeten eerlijk zijn: in de zeventiende eeuw hadden we turf en konden we leven op de pof omdat we heel goedkope brandstof hadden. En wanneer hadden we nog zo'n

have lived on credit and did not teach ourselves how things could be done differently. Now we have to kick the habit. All of us. The paradigm of endless growth is toxic. Everyone is a commodity, that is the neoliberal system. And we are all infected by it, even if you think you yourself are not.

RW: And that's why art and culture are being cut back: they do not provide an immediate return. We want to break this cycle and we are looking for people around us to help us.

MS: Your firm radiates this energy, the firm as a kind of ecosystem. That is how I think you are trying to shape it, as a breeding ground on which to grow. I like that, the care and attention I sense to create your own work culture that is different from most other firms. Please live up to these intentions! I find that I too have been infected by a kind of distrust. The Society of Distrust, which we all live in now because of everything that has happened in recent years. Imagine what it does to people who can't take control over their own lives. The toxic effects of that policy are now surfacing. But we don't have a new story as an alternative yet. A story in which we dare to let go of the narrative of endless growth, as you intend to do with SAWA.

RW: Do you know what we're going to do for SAWA? Trace all materials! To investigate the journey they make, because there is so much discussion about materials and their environmental impact. Apparently, there is a lot of unspecified transport. SAWA is not a Valhalla until we have proven it to be so. I still don't understand: why does all the CLT timber we build with have to be spruce? We have many types of high-quality wood in Europe. So, we are going to research that. Also strange: with good intentions, we want to reuse materials, but it is currently almost impossible to obtain guarantees for this. While the Netherlands has to be circular by 2050! How do we organize that?! Who will take charge?!

MS: See? This is what I like. This approach I would almost call systemic. It is also in your entry for The Wild North p.262. You ask yourself: how does a specific spatial situation arise? What are the mechanisms behind it? With cheerful curiosity, you set to work and then turn it into a new narrative. For me,

moment? Oh ja, de twintigste eeuw met het gas! In twee periodes van extreme groei hebben we op de pof geleefd en onszelf niet geleerd hoe het anders kan. Nu moeten we afkicken. Allemaal. Het paradigma van eindeloze groei is giftig. Iedereen is een verdienmodel, dat is het neoliberale systeem. En daar zijn we allemaal door geïnfecteerd, ook al denk je zelf dat het niet zo is.

RW: En daarom wordt er op kunst en cultuur bezuinigd: het levert geen direct rendement op. Wij willen dit doorbreken en zoeken mensen om ons heen die ons helpen.

MS: Die energie straalt het bureau ook uit, het bureau als een soort ecosysteem. Zo proberen jullie het volgens mij ook vorm te geven, als een voedingsbodem om op te groeien. Dat vind ik mooi, de zorg en aandacht die ik proef om een eigen werkcultuur te maken die verschilt van de meeste andere bureaus. Maak het alsjeblieft waar! Ik merk dat ook ik ben aangestoken door een soort wantrouwen. The Society of Distrust, waar we nu allemaal in leven door alles wat er de laatste jaren gebeurt. Kan je nagaan wat het doet met mensen die geen regie kunnen nemen over hun leven. De giftige effecten van dat beleid komen nu bovendrijven. Maar we hebben nog geen nieuw verhaal als alternatief. Een verhaal waarin we – zoals jullie met SAWA beogen – dat narratief van eindeloze groei durven loslaten.

RW: Weet je wat we voor SAWA gaan doen? Alle materialen nareizen! Om te onderzoeken welk traject ze afleggen, want er is zoveel discussie over materialen en hun milieu-impact. Blijkbaar is er veel onbestemd transport. SAWA is nog niet het walhalla totdat we het bewezen hebben. Ik snap nog steeds niet: waarom moet al het CLT-hout waarmee we bouwen van sparren zijn? We hebben heel veel soorten hout van hoge kwaliteit in Europa. Dat gaan we dus onderzoeken. Ook vreemd: met alle goede intenties willen we materialen hergebruiken, maar het is nu haast onmogelijk om daarvoor garanties te krijgen. Terwijl Nederland in 2050 circulair moet zijn! Hoe organiseren we dat?! Wie neemt hierover de leiding?!

MS: Kijk, dit vind ik leuk. Deze aanpak die ik bijna systemisch wil noemen. Dat zit ook in jullie inzending voor Het Wilde Noorden p.262. Jullie vragen je af:

this is the key factor of authenticity. I find that very interesting for the context of the firm. You transform distrust into an inquisitive mindset.

hoe ontstaat een specifieke ruimtelijke situatie? Welke mechanismen schuilen daarachter? Met een vrolijke nieuwsgierigheid gaan jullie aan de slag, om er vervolgens een nieuw narratief van te maken. Voor mij schuilt daarin de kernfactor van authenticiteit. Dat vind ik voor de context van het bureau erg interessant. *Distrust* transformeren jullie naar een onderzoekende mentaliteit.

'You transform distrust into an inquisitive mindset'

Techfix
Is a person sincere? Is a project driven by genuine intentions to do better and solve something? Marinke continuously searches for answers to these questions, in order to assess the quality and value of a (sometimes seemingly) progressive development. She coined the term 'techfix' for insincere 'technical' developments or spurious solutions. 'Then you supposedly solve something with technique, with which you give people room to continue their bad behaviour. With SAWA, too, my first thought was: new construction after all. Who is making money from this? I asked Robert. I had to dig a little deeper and found the sincerity and confirmation that the intentions are genuine. In my work, I try to grasp the soul of a place, and I try to do the same with people.'

Techfix
Is een persoon eerlijk? Is een project gedreven vanuit oprechte intenties om het beter te doen en iets op te lossen? Marinke speurt continu naar antwoorden op deze vragen, om de kwaliteit en waarde van een (soms ogenschijnlijk) vooruitstrevende ontwikkeling in te schatten. Voor onoprechte 'technische' ontwikkelingen of schijnoplossingen bedacht ze de term 'techfix'. 'Daarbij los je zogenaamd iets technisch op, waardoor het je ruimte geeft om slecht gedrag voort te zetten. Bij SAWA dacht ik eerst ook: toch weer nieuwbouw. Wie verdient hieraan? vroeg ik Robert. Ik moest wat dieper graven en vond de waarachtigheid en de bevestiging dat de intenties oprecht zijn. Ik probeer voor mijn werk de ziel van een plek te begrijpen en dat wil ik bij mensen ook.'

What is the ideal client like?
Marinke wants to know which clients Mei prefers to work with, and why. What went wrong in the past, why, and how did they learn from it?

MS: As far as the context of the client is concerned, I myself notice in my work that a Preliminary Design has become a Final Design. More and more steps are being dropped. Can you tell me something about that? When do things go wrong and how do you learn from that? You say you want to do nice projects with nice people, and that includes clients. What requirements do you have for them? Ideally, you would want clients who see your vision as enriching, I would think.

Hoe ziet de ideale opdrachtgever eruit?
Marinke wil weten met welke opdrachtgevers Mei het liefst werkt, en waarom. Wat ging er in het verleden mis, waarom en hoe leerden ze daarvan?

MS: Wat de context van de opdrachtgever betreft: zelf merk ik in het werk dat een voorlopig ontwerp een definitief ontwerp is geworden. Er vallen steeds vaker stappen uit. Kunnen jullie daarover iets vertellen? Wanneer gaat het mis en hoe leer je daarvan? Jullie zeggen leuke projecten te willen doen met leuke mensen, daar vallen ook opdrachtgevers onder. Aan welke voorwaarden moeten ze voldoen? Idealiter wil je opdrachtgevers die jullie visie als een aanvulling zien, lijkt me.

'The trick is not to make it too big or too difficult, but to make it human'

RP: We are indeed looking for developers who share our vision and who become excited about a complex task that we want to tackle. A party with the same commitment, who understands what drives us and can also inspire us. You want to see that same motivation in a client and feel that it is a real partnership. But of course, we too sometimes have to deal with clients who are only interested in profitability or who are primarily used to linear new construction processes. Transformation is a lot more complex. Sometimes the project starts very positively, but ends up different from what we wanted. The Ocean House is an example of this. We found the brief—a building for community living—incredibly interesting, as well as the required transformation. With our proposal to roughly double the surface area of the Ocean House, which was certainly not the maximum possible, the local residents began to object. It would block their view of the Euromast.

MS: So then the developer got cold feet?

RW: We were upset about this for weeks and eventually one layer came on top. The project lost its edge. If we had had a little more money at the time, we would have realized it ourselves. We are in it for the long haul and know what is possible in the end.

In 2020, Robert Winkel founded his own development company together with Mark Compeer: Nice Developers.

RP: We zoeken inderdaad ontwikkelaars die onze visie delen en enthousiast worden van een ingewikkelde opgave waarmee wij aan de slag willen gaan. Een partij met dezelfde betrokkenheid, die snapt wat ons drijft en ons ook kan inspireren. Je wil bij een opdrachtgever dezelfde motivatie zien en voelen dat het een daadwerkelijke samenwerking is. Maar natuurlijk hebben ook wij weleens te maken met opdrachtgevers die alleen in rendement geïnteresseerd zijn of vooral gewend zijn aan lineaire nieuwbouwprocessen. Transformatie is een stuk complexer. Soms start de opgave heel positief, maar eindigt het anders dan we wilden. Het Oceaanhuis is daar een voorbeeld van. We vonden de opgave – een gebouw voor *community living* – enorm interessant, net als de benodigde transformatie. Met ons voorstel om het Oceaanhuis ongeveer in oppervlakte te verdubbelen, wat zeker niet het maximaal mogelijke was, begonnen de omwonenden bezwaar te maken. Hun uitzicht op de Euromast zou verdwijnen.

MS: Dus toen durfde de ontwikkelaar niet meer?

RW: Toen hadden we wekenlang buikpijn en is er uiteindelijk één laag bovenop gekomen. Het werd een braaf project. Hadden we iets meer geld gehad in die tijd, dan hadden we het zelf gerealiseerd. Wij hebben een lange adem en weten wat er uiteindelijk mogelijk is.

In 2020 richtte Robert Winkel samen met Mark Compeer zijn eigen ontwikkelbedrijf op: Nice Developers.

How do boldness and ideas lead to a new narrative?

Marinke detects a determination in Mei to find novel solutions. These are invariably sought in the human experience and quite often lead to an inspired vision, room for surprise and a bold narrative.

MS: You are no stranger to bold narratives. You always do things a little differently and then announce that too. There sometimes seems to be a bit of bluff in that, with a mischievous tone. My experience with Mei is that if you have a good idea, you start working on it right away. Many people lose that capacity for spontaneity, but that playfulness is actually valuable and can lead to serious solutions. That realization can be liberating, I have noticed, now that I myself am able to be a little more playful and, as a result, come up with fresh ideas.

RW: Often our drive also comes from frustration or anger and you have to do something with that. The Wild North was a response to the question 'Who is afraid of the empty programme?'. We were angry about that, because there is no such thing as an empty programme. There is always a programme! You just have to look at it the right way and recognize it. Sometimes solutions become unnecessarily complex. The trick is not to make it too big or too difficult, but to make it human. It is all about people.

MS: Yes, the motives, the drives and the way of experiencing. This reminds me of Fenix I p.178. At the time, you were looking for a solution for the upper structure, for a way to keep it big, but also to make it small. We talked about Edmund Burke's book, *A Philosophical Enquiry Into the Origin of our Ideas of the Sublime and Beautiful*, and the experience of the sublime, for example, through the unquantifiability of elements. This eventually resulted in the characteristic 'muse frames'. I like the fact that you dive into such things and look for certain stylistic expressions. Where in language you have the hyperbole and the euphemism, each Mei project is also characterized by a stylistic device. With Fenix, it is the rhythm of the muse frames.

Hoe leiden durf en ideeën tot een nieuw narratief?

Marinke registreert bij Mei een vastbeslotenheid in het vinden van nieuwe oplossingen. Die worden steevast gezocht in de menselijke ervaring en leiden niet zelden tot een bezielde visie, ruimte voor verrassing en een vet narratief.

MS: Een vet narratief is jullie niet vreemd. Jullie doen het altijd net iets anders en roepen dat dan ook. Daarin lijkt soms wat bluf te schuilen, met een kwajongensachtige toon. Mijn ervaring met Mei is dat als jullie een goed idee hebben, jullie daar direct mee aan de slag gaan. Veel mensen verleren dat vermogen tot spontaniteit, maar die *spielerei* is juist waardevol en kan leiden tot serieuze oplossingen. Dat besef kan bevrijdend zijn, merk ikzelf nu ik dat wat meer kan toestaan en daardoor juist tot frisse ideeën kom.

RW: Vaak komt onze drive ook voort uit frustratie of boosheid, daar moet je dan iets mee. Het Wilde Noorden was een reactie op de uitvraag 'Wie is er bang voor het lege programma?' Daarover waren wij boos, want er is geen leeg programma. Er is altijd programma! Je moet alleen wel op de juiste manier kijken en het herkennen. Soms worden oplossingen onnodig complex gemaakt. De kunst is om het niet te groot of te moeilijk, maar menselijk te maken. Het is allemaal menselijk.

MS: Ja, de motieven, de drijfveren en de manier van beleven. Ik moet nu aan Fenix I p.178 denken. Destijds zocht je een oplossing voor de bovenbouw, naar een manier om het groot te houden, maar ook klein te krijgen. We spraken over het boek van Edmund Burke, *Een filosofisch onderzoek naar de oorsprong van onze denkbeelden over het sublieme en het schone*, en de beleving van het sublieme, bijvoorbeeld door ontelbaarheid van elementen. Dit leverde uiteindelijk de typerende mijmerbeugels op. Ik vind het leuk dat jullie hier induiken en zoeken naar bepaalde stijlfiguren. Daar waar je in taal de hyperbool en het eufemisme hebt, kenmerkt elk Mei-project zich ook door een stijlmiddel. Bij Fenix is dat het ritme van de mijmerbeugels.

Robert Platje

'We reserve space to wait for the unexpected'

RW: What I like about Burke is that he focuses on the experience. We, too, are always thinking about the experience of the resident or visitor.

MS: Yes, people are central. Those who see and experience your buildings. How does a five-year-old experience the city he walks through? How do you describe and translate that? Incorporating all these effects into your proposals contributes to the narrative. I think the unfinished facade of Jobsveem p.216 is a good example of that. That is simply brilliant. It surprises.

RW: Het fijne van Burke vind ik dat hij zich richt op de ervaring. Ook wij zijn continu bezig met de ervaring van de bewoner of bezoeker.

MS: Ja, de mens staat centraal. Degene die jullie gebouwen ziet en ervaart. Hoe ervaart een kleuter de stad waar hij doorheen loopt? Hoe beschrijf je dat en hoe vertaal je dat? Het verwerken van al die effecten in je voorstellen draagt bij aan het narratief. Ik vind de onafgewerkte gevel van Jobsveem p.216 daar ook een goed voorbeeld van. Dat is gewoon briljant. Het verrast.

ML: The unexpected is important here, that is what makes it surprising. We reserve space to wait for the unexpected. In the Cable District p.152, those surprises are part of the factory, because of its sheer size and complexity. The huge empty spaces are overwhelming, the long lines create tension. That is interesting and you want to preserve it. At the same time, that is the most difficult thing, because you quickly get into a programmatic discussion. For each development phase, we now look at what we want to achieve. We design from a soul that is quickly forgotten by other parties focused on the issues of the day and on a practical point of view. We want a place like this to grow. Now we have to tell where something is not coming. So now we point that out first. In transformation projects, you come to love the existing situation and are able to explain why it is important to preserve something. With new buildings, it is even more complicated to create a surprise.

MS: That also has to do with the fact that everything has to be a revenue model.

RW: All over the Netherlands we have the problem of the big wave of new construction that is going on. New housing estates are popping up like mushrooms, and we know what that looks like. How are we going to organize this layering there? At the time of the post-WW2 reconstruction, Rotterdam was planned with empty spaces and slow growth. That's a good strategy. You have to be able to keep places empty sometimes, also programmatically. You have to work a thousand times harder for the empty spot in the Cable District than for the things you build there. But it does yield something surprising and essential.

ML: Het onverwachte is daarbij belangrijk, dat maakt het verrassend. We reserveren ruimte om te wachten op het onverwachte. In het Kabeldistrict p.152 zijn die verrassingen onderdeel van de fabriek, de grootsheid en complexiteit ervan. De enorme lege ruimtes overweldigen, de lange lijnen zorgen voor spanning. Dat is interessant en wil je behouden. Dat is tegelijkertijd het moeilijkste, want je raakt al snel in een programmatische discussie. Per ontwikkelfase kijken we nu wat we willen maken. Wij ontwerpen vanuit een ziel die in de waan van de dag en vanuit praktisch oogpunt door andere partijen al snel vergeten wordt. We willen dat zo'n plek kan groeien. Nu moeten wij vertellen waar iets níet komt. Dat wijzen we nu dus eerst aan. Bij transformatieprojecten ga je van de bestaande situatie houden en kun je goed uitleggen waarom het belangrijk is dat iets behouden blijft. Bij nieuwbouw is het nog veel ingewikkelder om voor verrassing te zorgen.

MS: Dat heeft er ook mee te maken dat alles een verdienmodel moet zijn.

RW: We zitten overal in Nederland met het probleem van de grote nieuwbouwgolf die gaande is. Nieuwbouwwijken schieten als paddenstoelen uit de grond, en we weten hoe dat eruitziet. Hoe gaan we die gelaagdheid daar organiseren? Rotterdam is, ten tijde van de wederopbouw, gepland met lege plekken en langzame groei. Dat is een goede strategie. Je moet plekken soms leeg kunnen houden, ook programmatisch. Voor het lege plekje in het Kabeldistrict moet je duizend keer meer je best doen dan voor dat wat je er bouwt. Maar het levert wel iets verrassends en wezenlijks op.

‘Your playfulness is actually valuable and can lead to serious solutions’

MS: Just like the unfinished facade of Jobsveem, which is all the more striking in the mass of the new buildings around it. Then such a place is a welcome change. During my studies, I read a wonderful book by Camillo Sitte, *City Planning According to Artistic Principles*. In it, he asks at what spot in a square a snowman will be made. It always happens where people don’t walk, in an unexpected corner. I’ve always remembered that.

RW: Besides space and humanity, we find the environment very important. More important than the individual buildings. I feel the need to keep saying this: buildings are part of an environment. Me, Michiel, Robert, perhaps a female partner in the future, and the rest of our company: everyone has to feel and understand these roots and their importance.

MS: The roots of buildings are indeed important, but so are those of the individual. That’s why I always ask people about their roots. You can’t separate those roots from who you will become. That is beautiful and strengthens the narrative. Because of that I also see that what you do is genuine, not a trick. But before I realized that, I had to look past that bold narrative.

MS: Net als de ongestucte gevel van Jobsveem, die des te meer opvalt in de massaliteit van de nieuwbouw eromheen. Dan is zo’n plekje een welkome afwisseling. Tijdens mijn studie las ik een mooi boek van Camillo Sitte, *De stedebouw volgens zijn artistieke grondbeginselen*. Daarin stelt hij de vraag waar op het plein de sneeuwpop wordt gemaakt. Dat gebeurt altijd op de plek waar niemand loopt, in een onverwachts hoekje. Dat heb ik altijd onthouden.

RW: Naast ruimte en menselijkheid, vinden wij de omgeving erg belangrijk. Belangrijker dan de individuele gebouwen. Ik voel de noodzaak dit te blijven vertellen: gebouwen zijn onderdeel van een omgeving. Ik, Michiel, Robert, in de toekomst misschien nog een vrouwelijke partner, en de rest van ons bedrijf: iedereen moet die wortels en het belang ervan voelen en snappen.

MS: De geworteldheid van gebouwen is inderdaad belangrijk, maar ook die van het individu. Daarom vraag ik daar altijd naar. Je kunt dat niet losknippen van wie je wordt. Dat is mooi en versterkt juist het narratief. Daardoor zie ik ook: wat jullie doen, is waarachtig, geen trucje. Maar voordat ik dat doorhad, moest ik eerst even door dat vette narratief.

Why is it that intangible elements are essential within the physical context in Mei projects?
As an architect, you design buildings, it seems so simple. Nothing could be further from the truth. At Mei, they fight for free, unbuilt corners and empty, unprogrammed spaces. Not the building, but the social and physical environment seems to be leading. Marinke finds out what their motivations are and analyses these.

MS: What I find interesting about your buildings is that you can pick out a whole series of them—the Cheese Warehouse p.192, the Bastille, the Jobsveem—in which you have added a lot of light and collective space with a relatively simple intervention. This opens up and reorganizes the entire building. All those atria, that is really a common thread. You transform a functional use and a past value into the present by opening and clearing it up.

RW: We create emptiness.

ML: At MENU p.116 in Utrecht, we start from the outside, from the opening of the closed facade. Based on this logic, we bring as much light as possible into the building, but we don't do any programming yet. We want to let something grow here and not make plans for every nook and cranny. This place should really provide space for the local community. With a market place and, right in the heart of the building, room for urban agriculture. Local production, selling, and consuming will make this a valuable place for the neighbourhood.

Waarom zijn juist immateriële elementen essentieel binnen de fysieke context in Mei-projecten?
Als architect ontwerp je gebouwen, het lijkt zo simpel. Niets is minder waar. Bij Mei vechten ze voor vrije, onbebouwde hoekjes en lege, ongeprogrammeerde ruimten. Niet het gebouw, maar de sociale en fysieke omgeving lijkt leidend. Marinke achterhaalt en analyseert de motivaties.

MS: Wat ik aan jullie gebouwen interessant vind, is dat je er een hele rij uit kunt halen – het Kaaspakhuis p.192, de Bastille, het Jobsveem – waarin je met een eigenlijk vrij simpele ingreep veel licht en collectieve ruimte toevoegt. Het ontsluit en organiseert heel zo'n gebouw opnieuw. Al die atria, dat is echt een rode lijn. Je transformeert een gebruiksmotief en een vroegere waarde naar het nu, door het open te maken en op te ruimen.

RW: We maken leegte.

ML: Bij MENU p.116 in Utrecht gaan we allereerst uit van de buitenkant, van het openen van de gesloten gevel. Vanuit die logica brengen we zoveel mogelijk licht naar binnen, het gebouw in, maar we programmeren nog niet. Hier willen we iets laten groeien en niet elk hoekje vol plannen. Deze plek moet juist ruimte bieden aan de lokale gemeenschap. Met een marktplaats en, midden in het gebouw, ruimte voor stadslandbouw. Lokale productie, verkoop en consumptie zorgen ervoor dat dit een waardevolle plek wordt voor de wijk.

'I feel the need to keep saying this: buildings are part of an environment'

Michiel van Loon

RW: This producing, selling, and consuming in one place is really very important. In the meantime, the building also becomes a shelter for plants, brilliant! Michiel came up with that.

MS: Back to those free nooks, that is so fundamental. The outdoor space being completely programmed is one of the reasons why I moved back to the north of the country. I wanted my children to be able to explore and fool around, because that's what makes you creative and gives you ideas. This may be possible in the city too, but you have to think about it more and look for it. And because of the high price of land, there is less and less room for it.

RW: It is still relatively affordable in the Delft Cable District, because there is no parking garage under it or tower on top of it. The municipality of Delft really safeguards this.

RW: Dat maken, verkopen en consumeren op één plek is echt heel belangrijk. Geniaal is dat het gebouw in de tussentijd ook een asiel wordt voor plantjes. Dat heeft Michiel bedacht.

MS: Nog even terug naar die vrije hoekjes, dat is zo wezenlijk. Het plat programmeren van de buitenruimte is één van de redenen waarom ik terug ben verhuisd naar het noorden. Ik wilde dat mijn kinderen konden scharrelen en klooien, want daar word je creatief van en zo kom je op ideeën. Dat kan misschien ook in de stad, maar daar moet je er dan wat beter over nadenken en naar zoeken. En vanwege de hoge grondprijzen is er steeds minder ruimte voor.

RW: In het Kabeldistrict Delft is het nog relatief betaalbaar, want er zit geen parkeergarage onder of toren op. De gemeente Delft beschermt dat ook.

‘We take revenge on architecture with a capital A!’

RP: I think that really is a task for the government, otherwise it just doesn’t happen. You can’t leave that to the market.

RW: The things we are talking about now—a certain layering, leaving spaces empty, postponing programming and making the spaces accessible—this has not been regulated or laid down anywhere. We are very committed to it, but if you don’t make clear agreements about that, it will not happen. And municipalities, too, are letting themselves be taken in.

MS: Two things play a role here, I think. The public sector has been eroded. The fact that top incomes are so high elsewhere is also a factor. Because let’s face it, we ourselves are not in the municipal council either. In the 1980s, my mother and I went to The Hague to demonstrate against nuclear weapons. Now, thank heavens, there are protests again. Despite all the abundance, things are now starting to hurt.

RW: But we don’t just want to talk about it, we want to do things! We are trained as engineers, who design a plan and carry it out.

MS: I know this myth of the engineer who prides himself on the making very well. But I think that coming up with a good idea, and planting that seed, is just as much of an act of making. Writing is designing too. Sometimes you may have as much or even more influence with it.

RP: Dat vind ik ook echt een taak van de overheid, anders gebeurt dit niet. Je kunt dat niet aan de markt overlaten.

RW: De zaken waar we nu over spreken – een zekere gelaagdheid, ruimte laten, uitstellen van programmeren en het toegankelijk maken van de ruimtes – dat is nergens geregeld of vastgelegd. Wij maken ons er hard voor, maar als je daar geen duidelijke afspraken over maakt, dan gaat het niet door. En ook gemeenten laten zich in de luren leggen.

MS: Het zit in twee dingen, denk ik. De publieke sector is uitgehold. Dat de topinkomens elders zo hoog zijn, speelt ook mee. Want laten we eerlijk zijn, wij zitten zelf ook niet in de raad. In de jaren tachtig ging ik met mijn moeder demonstreren tegen kernwapens in Den Haag. Nu, godzijdank, komen er weer demonstraties. In alle volgevretenheid begint het toch nu te schrijnen.

RW: Maar wij willen er niet alleen over praten, we willen het doen! We zijn opgeleid als ingenieurs, die ontwerpen een plan en voeren het uit.

MS: Ik ken die mythe van de ingenieur die prat gaat op het maken heel goed. Maar ik denk dat een goed idee maken, en dat zaadje planten, net zo goed maken is. Schrijven is ook ontwerpen. Soms heb je daarmee misschien wel evenveel of meer invloed.

RW: The implementation of our own ideas is right up our street. We like to show what we believe in. Show, don't tell. It is our revenge on architecture with a capital A, which does not serve humanity.

MS: You don't see much of that capital A architecture anymore. Maybe it is up to you to redefine it.

RW: What I think is important is that there is an interest in the story from the bottom up, without being activist or angry about it. We want to encourage a movement in that direction. People in the neighbourhood are hardly listened to at all now. Not by politicians and not by civil servants. This is a major gap in spatial planning.

MS: If it was not in the people first, it is not in the building either. Your authenticity lies in the message that a building is not the core. The surroundings and especially the people make up the building. In it, there must be room for the unexpected and spontaneous. With buildings, you help people to better organize themselves, to create new functions. You actually form a community yourself. Mei is doing something in a way that people want to be part of, almost like a movement.

If we had had this conversation in the 1970s, you would have been a radical left-wing firm.

RW: I've been called a hippy-dippy architect on occasion.

Mei in conversation with Marinke Steenhuis

Text: Priscilla de Putter
Photography: Jerry Lampen

RW: Het uitvoeren van onze eigen ideeën is ons op het lijf geschreven. Dat waar we van overtuigd zijn, willen we graag tonen. *Show, don't tell.* Het is onze wraak op architectuur met de grote A, die de mensheid niet dient.

MS: Die Architectuur met de grote A zie je nog maar heel zelden, hoor. Misschien is het aan jullie om die te herdefiniëren.

RW: Wat ik belangrijk vind, is dat er interesse is voor het verhaal van onderaf, zonder daarin activistisch of bozig te zijn. Wij willen zorgen voor een beweging daarin. Mensen in de buurt, daar wordt nu niet of nauwelijks naar geluisterd. Niet door de politiek en niet door ambtenaren. Dat is een groot hiaat in de ruimtelijke ordeningsopgave.

MS: Als het niet eerst in de mensen zit, dan zit het ook niet in het gebouw. Jullie authenticiteit schuilt in de boodschap dat een gebouw niet de kern is. De omgeving en vooral de mensen maken het. Daarin moet ruimte zijn voor het onverwachte en spontane. Met gebouwen helpen jullie mensen om zichzelf beter te organiseren, om nieuwe functies te maken. Zelf vormen jullie eigenlijk ook een community. Mei doet iets op een bepaalde manier waar mensen bij willen horen, als een soort beweging bijna.

Als we dit gesprek in de jaren zeventig hadden gevoerd dan waren jullie een linksradicaal bureau geweest.

RW: Ik ben wel eens een geitenwollensokken-architect genoemd.

Mei in gesprek met Marinke Steenhuis

Tekst: Priscilla de Putter
Fotografie: Jerry Lampen

We asked five experts to discuss with Mei (Robert Winkel, Michiel van Loon and Robert Platje) the themes we find important as a company and which form a constant factor in our practice. In these talks, we strip these themes down to their essence and underline their importance for Mei. And for you.

We vroegen vijf experts om met Mei (Robert Winkel, Michiel van Loon en Robert Platje) in gesprek te gaan over de thema's die we als bureau belangrijk vinden en die een constante factor vormen in onze praktijk. In de gesprekken pellen we deze thema's af tot de kern en onderstrepen we het belang ervan voor Mei. En voor jou.

Architecture can play a role in fostering social cohesion and ensuring the inclusiveness of neighbourhoods and districts. With Arzu Ayikgezmez, architect and expert in participation processes, we talk about responsibilities, pitfalls and opportunities.

Architectuur kan een rol spelen in het stimuleren van sociale verbondenheid en het waarborgen van de toegankelijkheid van buurten en wijken. Met Arzu Ayikgezmez, architect en expert in het vormgeven van participatieprocessen, praten we over verantwoordelijkheden, valkuilen en kansen.

Leitmotiv
Community

Expert
Arzu Ayikgezmez

Community

Arzu Ayikgezmez runs Vitibuck, a Rotterdam-based agency for participation and urban innovation, together with her partner Sander Hazevoet. As spatial designers, they work on the city on the basis of equality, together with residents, municipalities and housing corporations. Not next to, but with each other.
vitibuck.nl

‘People don’t form connections in a vacuum. This requires encounters’

Arzu Ayikgezmez studeerde Bouwkunde in Delft en Stuttgart, maar stelt al jarenlang niet de stenen, maar de sociale verbondenheid in een stad centraal. Als autoriteit op het gebied van (offline) communityvorming neemt ze de projecten van Mei onder de loep en gaan we in gesprek. De gemene deler van de gemeenschappen die we hier bespreken is – niet verrassend – locatie. Het gaat om de groepen mensen die we in een buurt aantreffen en/of willen aantrekken: de al bestaande en de te vormen gemeenschap.

Arzu Ayikgezmez studied Architecture in Delft and Stuttgart, but for many years now, the social connection in a city, not the bricks, has been central to her work. As an authority in the field of (offline) community building, she will take a closer look at Mei’s projects and we will discuss them together. The common denominator of the communities we are discussing here is—hardly surprisingly—location. It is about the groups of people we find in a neighbourhood and/or want to attract to it: the existing community and the community that is to be formed.

In de vergaderruimte van Mei architects and planners in de Schiecentrale spreken zes mensen bevlogen over de actualiteit van architectuur. Ook hier vindt gemeenschapsvorming plaats: gedeelde interesses en meningen worden rap bespeurd en bevestigd. Een gemeenschap heeft altijd betrekking op iets wat je samen deelt: een mechanisme dat bijna automatisch ook zaken – mensen – uitsluit. Over de werking en het belang van gemeenschappen bij stedelijk ontwerp en architectuur gaan we de komende uren praten. Op de wanden hangen foto’s van diverse projecten die de revue zullen

In the meeting room of Mei architects and planners in the Schiecentrale, six people passionately discuss the topicality of architecture. Community building also takes place here: shared interests and opinions are quickly discovered and confirmed. A community always involves something that is shared: a mechanism that almost automatically excludes other things—and people. We will be talking about the functioning and importance of communities in urban design and

architecture in the coming hours. On the walls there are photographs of various projects that will be discussed: the Cable Factory in Delft, the Silk Factory in Russia, Fenix I and SAWA in Rotterdam and The Scout in Utrecht. Arzu is the first expert to take the stage, ready to share her findings and to fire off questions.

How do we anticipate the existing community and its needs?
The design and development of a new residential building is not an isolated event: the building lands in a neighbourhood that already has people and communities living in it.

Arzu Ayikgezmez: What strikes me about your projects is a great respect for the environment as a connecting factor. Mei pays attention to history, the built environment, but also to people and stories. These are aspects that I, too, find important. But during a building project, the emphasis often

passeren: Kabeldistrict in Delft, Zijdefabriek in Rusland, Fenix I en SAWA in Rotterdam en De Verkenner in Utrecht. Als eerste expert bijt Arzu het spits af, klaar om haar bevindingen te delen en vragen af te vuren.

Hoe anticiperen we op de bestaande community en diens behoeften?
Het ontwerp en de ontwikkeling van een nieuw woongebouw staan niet op zichzelf: het gebouw landt in een buurt waar al mensen en gemeenschappen aanwezig zijn.

Arzu Ayikgezmez: Wat mij opvalt aan jullie projecten is een groot respect voor de omgeving als verbindende factor. Mei heeft aandacht voor historie, gebouwde omgeving, maar ook voor mensen en verhalen. Dat zijn aspecten die ook ik belangrijk vind. Maar de nadruk lijkt vaak te liggen op het vormen van een gemeenschap tijdens een bouwproject,

Robert Winkel

‘It is important that people start thinking “this could be my place soon”. It creates a sense of belonging’

seems to be on forming a community, with new people as the starting point. While in fact, there is already something there, wherever you go. Residents, a community. How do you approach this existing situation and environment?

Robert Winkel: You are now assuming a residential environment, but I think an interesting example here is the Cable Factory p.152 in Delft. There, it is actually lots of companies that form the existing environment. At the start of the project, we looked very specifically at what was already there: a colossal 6000 m² factory with all sorts of young entrepreneurs.

Michiel van Loon: We decided to give room to this existing ecosystem and let it develop further. We do this by involving both start-ups and corporates, so they can learn from each other and strengthen each other. That way, the community becomes stronger. We designed the new Cable Factory as a working landscape where entrepreneurs can start *and* grow.

RW: The municipality of Delft contributes to this with a subsidy for companies with limited budgets so that they can make an easier start. As for the existing community, we want to make these entrepreneurs part of the area’s identity.

waarbij nieuwe mensen het uitgangspunt zijn. Terwijl er al iets aanwezig is, waar je ook komt. Bewoners, een gemeenschap. Hoe gaan jullie met die bestaande situatie en omgeving om?

Robert Winkel: Je gaat nu direct uit van een woonomgeving, maar een interessant voorbeeld hier vind ik de Kabelfabriek p.152 in Delft. Daar vormen juist veel bedrijven de bestaande omgeving. Bij aanvang van het project keken we eerst heel specifiek naar dat wat er al was: een gigantische fabriek van 6000 m² met allerlei jonge ondernemers.

Michiel van Loon: We besloten ruimte te geven aan dit bestaande ecosysteem en het verder te laten ontwikkelen. Dat doen we door zowel start-ups als corporates te betrekken, zodat ze van elkaar kunnen leren en elkaar versterken. Zo wint de gemeenschap aan kracht. We ontwierpen de nieuwe Kabelfabriek als een werklandschap waarin ondernemers kunnen starten én groeien.

RW: Daar draagt de gemeente Delft aan bij, met een subsidie voor minder draagkrachtige bedrijven die daardoor laagdrempelig kunnen starten. Wat de bestaande gemeenschap betreft: we willen deze ondernemers juist onderdeel maken van de gebiedsidentiteit.

AA: When you say 'area identity', do you mean that you want to use placemaking to create that identity? Because you often see the opposite happen. Creatives and start-ups are brought in to make a neighbourhood more attractive, but it remains to be seen whether they will be allowed to stay if the development is successful. I myself have a restaurant in Rotterdam South [Paviljoen ...aan het Water, ed.], but if the Maashaven continues to develop, the question is whether we will be allowed to stay there. And if we are allowed to stay, the question is how much more we will have to pay. With this kind of development, what it often comes down to is that if you don't make enough money, you can't stay. You are demolishing some of the buildings in the Cable District, so some of the tenants will not be coming back, I guess? How will that go?

ML: Who can or cannot stay has nothing to do with affordability here. The district is aimed at entrepreneurs in the High-Tech Systems and Materials sector: design, engineering, and assembly of prototypes. Companies are selected on the basis of expertise, creating a community of entrepreneurs, high-tech entrepreneurs in a low-tech building. Some of the old halls will indeed remain, some will disappear. To ensure a mix of large and smaller companies within this community, we introduced a rent-level guarantee together with the developer. Not because the municipality imposes it, but because it is in the interests of development. There is not much here yet, so you have to give people an incentive to come. For that, we need those young, enthusiastic entrepreneurs. With them, the sector—and this neighbourhood—can really flourish. This affordability is possible because no large facade budgets are required here. This is not a manicured new housing estate. In fact, we like to allow for a bit of unmanaged 'messiness'.

AA: So good to hear that all parties in the chain are on board here, from the municipality who subsidizes, to the developer who sees the importance of it, to you who cherish the raw edge. It is important, too, because otherwise, as an architect, you are downright facilitating gentrification.

AA: Als je zegt 'gebiedsidentiteit', bedoel je dan dat je hier placemaking wilt inzetten om tot die identiteit te komen? Want daarbij zie je vaak het tegenovergestelde ontstaan. Creatieven en startups worden ingezet om een buurt aantrekkelijker te maken, maar moeten maar afwachten of ze mogen blijven als de ontwikkeling succesvol is. Zo heb ik zelf een restaurant in Rotterdam Zuid [Paviljoen ...aan het Water, red.], maar als de Maashaven zich ontwikkelt, is het de vraag of we daar mogen blijven. En als we mogen blijven, is de vraag hoeveel meer we gaan betalen. Bij dit soort ontwikkelingen komt het er vaak op neer dat als je niet genoeg verdient, je niet kunt blijven. Jullie slopen bij het Kabeldistrict een deel van de gebouwen, dus een deel van de huurders keert niet terug, denk ik? Hoe zit dat?

ML: Wie er wel of niet kan blijven heeft hier niets met betaalbaarheid te maken. Het gebied richt zich op ondernemers in de High-Tech Systems and Materials sector: ontwerp, engineering en assemblage van prototypes. Bedrijven worden geselecteerd op basis van expertise, zodat er een community van ondernemers ontstaat, hightech ondernemers in een lowtech gebouw. Een deel van de oude hallen blijft inderdaad staan, een deel verdwijnt. Om menging van grote en kleinere bedrijven te garanderen binnen deze gemeenschap, introduceerden we samen met de ontwikkelaar een borging op huurniveau. Niet omdat dat door de gemeente is opgelegd, maar omdat het in het belang is van de ontwikkeling. Er is namelijk nog weinig aanwezig in dit gebied, dus je moet mensen een doel geven om erheen te komen. Daarvoor hebben we die jonge, enthousiaste ondernemers nodig. Met hen kan de sector – en deze buurt – pas echt tot bloei komen. Die betaalbaarheid is te realiseren doordat hier geen grote gevelbudgetten nodig zijn. Dit is geen aangeharkte nieuwbouwwijk. Sterker nog, we geven wat ongeregisseerde 'rommeligheid' graag de ruimte.

AA: Wat goed om te horen dat alle partijen in de keten hieraan meewerken, van de gemeente die subsidieert tot de ontwikkelaar die het belang ervan ziet tot jullie, die het rauwe randje koesteren. Belangrijk ook, want anders werk je als architect *gentrification* volledig in de hand.

ML: When it comes to that cherishing, we go quite far. We have reserved sites full of identity in and around the factory without assigning them a specific use. These were deliberately not included as commercial space in the land exploitation. It is intended for cultural-social programme and is also designated as such. A hundred-metre-long hall has been reserved as a general area for entrepreneurs and visitors to use. The reservation of these kinds of large spaces, a substantial number of square metres in the total land exploitation, is part of the plan. It safeguards what is already there and what can develop from there, without us controlling it.

AA: Was this preceded by a placemaking process? Or did the developer decide how it should be done? I ask this because placemaking can create ownership. There may not be many local residents here, but it is important that people start thinking 'this could be my place soon'. It creates a sense of belonging.

ML: We started with a profile for the area and then looked at what companies and facilities would fit in, including a number of parties that were already there. Together we looked for possible new parties and the necessary facilities. Spatially, we worked synchronously with the temporary and the final situation: everything we add temporarily also ties in with the final structure of the site. Everything we do here also makes sense in the long run. This way of working strengthens the connection with the place.

RW: The factory itself, the building and its history, are important for this connection. From the start, we wanted to preserve its recognizable parts.

AA: Have you talked to former employees of the factory?

ML: Yes, several of them. One of them was a man, a structural engineer, who knew everything about the history of the factory. He had filing cabinets full of calculations of the Cable Factory.

AA: It's always so great to meet these people and hear their stories, isn't it?

ML: In dat koesteren gaan we best ver. We hebben identiteitsvolle plekjes in en rondom de fabriek gereserveerd zonder daar een concrete bestemming aan te koppelen. In de grondexploitatie is dit bewust niet meegenomen als commerciële ruimte. Het is bedoeld voor cultureel-maatschappelijk programma en ook als zodanig vastgelegd. Een honderd meter lange hal is gereserveerd als algemene ruimte, voor ondernemers en bezoekers om te gebruiken. De reservering van dit soort grote plekken, een substantiële hoeveelheid vierkante meters in de totale grondexploitatie, is onderdeel van het plan. Het borgt wat er al is en wat er vandaaruit kán ontstaan, zonder dat we dat sturen.

AA: Ging hieraan een placemakingtraject vooraf? Of vertelde de ontwikkelaar hoe het moest gaan? Ik vraag dit omdat placemaking eigenaarschap kan creëren. Hier zijn misschien niet zoveel omwonenden, maar belangrijk is dat mensen gaan denken 'dit kan mijn plek straks zijn'. Het geeft een gevoel van binding.

ML: We zijn hier begonnen met een profiel voor de plek en hebben vervolgens gekeken naar welke bedrijven en voorzieningen daarop aansluiten, waaronder een aantal zittende partijen. Samen hebben we naar mogelijk nieuwe partijen en de benodigde faciliteiten gezocht. Ruimtelijk werkten we daarbij synchroon aan de tijdelijke en definitieve situatie: alles wat we tijdelijk toevoegen, sluit ook aan op de definitieve structuur van de plek. Alles wat we hier doen, heeft ook echt zin op de langere termijn. Die manier van werken versterkt de binding met de plek.

RW: Bij die binding is de fabriek zelf, het gebouw en de historie ervan, belangrijk. Vanaf de start wilden we de herkenbare onderdelen ervan behouden.

AA: Hebben jullie met oud-medewerkers van de fabriek gesproken?

ML: Ja, verschillende. Waaronder een man, een constructeur, die de hele geschiedenis van de fabriek kent. Hij had archiefkasten vol met berekeningen van de Kabelfabriek.

AA: Dat is toch altijd fantastisch, om die mensen te ontmoeten en hun verhalen te horen!?

‘You have to create gifts for the city’

RW: It is part of the extensive preliminary research that we do. It showed, among other things, that the separation of living, working, traffic, and recreation in Delft started a long time ago. A gunpowder explosion on the Paardenmarkt in the city centre was the reason for taking ‘work’ out of the city centre. Since the early modern period, there has been a separation of functions in cities, but now we want to bring them together again. This is complex, because you also want to ensure safety, so that children can play in the streets.

ML: We give the community more space here by making the public space low-traffic. This creates compact streets with a fabric that invites you to wander. It also enables us to create spaces at the facade. Inspired by the sixteenth-century Delft pavement—a zone in front of the house that the residents could appropriate—we have introduced a similar front space here. In principle, it is 1.20 metre wide, but it can be extended as required. If a business needs four metres in front of their building, then that is possible.

AA: So, customization is possible here? I think that is important if you want to engage the community. It is precisely this ‘tailor-made’ view that is often lacking with municipalities. You have to see the situation for yourself before you can design anything. Go and talk to people in the neighbourhood, I say. Find out who is there, what they do, and what their needs are.

Robert Platje: Exactly, because behind your computer you start planning, instead of reacting to the place, the task and the community present.

RW: Het hoort bij het uitgebreide vooronderzoek dat we doen. Daar bleek onder andere uit dat het scheiden van wonen, werken, verkeer en recreatie in Delft al lang geleden is ingezet. Een kruitontploffing op de Paardenmarkt in de binnenstad vormde de aanleiding om ‘werk’ uit de binnenstad te halen. Sinds de vroegmoderne tijd vond er in de steden een scheiding van functies plaats, die wij nu juist weer willen samenbrengen. Dat is complex, want je wilt ook voor veiligheid zorgen, zodat kinderen op straat kunnen spelen.

ML: We geven de gemeenschap hier meer ruimte door de openbare ruimte autoluw te maken. Dat zorgt voor compacte straten met een weefsel dat uitnodigt om doorheen te dwalen. Het stelt ons ook in staat om plekken aan de gevel te maken. Geïnspireerd op de zestiende-eeuwse Delftse stoep – een zone voor de woning die de bewoners zich konden toeëigenen – hebben we hier een soortgelijke voorruimte geïntroduceerd. In de basis is deze 1 meter 20 breed, maar hij kan naar behoefte worden opgerekt. Als een bedrijf vier meter voorrijruimte nodig heeft, dan kan dat.

AA: Dus er is hier maatwerk mogelijk? Ik denk dat dat belangrijk is als je de community eraan wilt koppelen. Precies deze ‘op maat’ blik ontbreekt bij gemeenten vaak. Je moet de situatie eerst zelf zien, voordat je iets kunt ontwerpen. Ga eens met mensen in de buurt praten, denk ik dan. Achterhaal wie er komen, wat ze er doen en waar behoefte aan is.

Robert Platje: Precies, want achter je computer ga je plannen, in plaats van reageren op de plek, de opgave en de aanwezige gemeenschap.

AA: Yes, while meeting people is so valuable. That is also my experience in Rotterdam-South, where we went looking for former employees of the waste incinerator that was to be redeveloped. Many people from the immediate vicinity turned out to have worked there and they were very eager to visit the factory again. What I mean is: even if you don't see them straight away, there will be many people in Delft who worked at the Cable Factory. They already have a sense of ownership and if you talk to them, you can incorporate that into your design. That is also part of community building. People will recognize their own input later. My advice? Involve everyone who has a connection with the neighbourhood or the building.

AA: Ja, terwijl het ontmoeten van mensen zo waardevol is. Dat is ook mijn ervaring in Rotterdam-Zuid, waar we op zoek gingen naar voormalige werknemers van de vuilverbrander die herontwikkeld zou worden. Veel mensen uit de directe omgeving bleken er te hebben gewerkt en er was ontzettend veel animo om de fabriek nog een keer te bezoeken. Daarmee wil ik zeggen: ook al zie je ze niet direct, er zullen veel mensen in Delft zijn die bij de Kabelfabriek hebben gewerkt. Zij dragen al eigenaarschap in zich en als je met ze praat, dan kan je dat terugbrengen in je ontwerp. Dat is namelijk ook een onderdeel van communityvorming. Mensen zullen hun eigen input later herkennen. Mijn advies? Betrek iedereen erbij die een lijntje heeft met de buurt of het gebouw.

How do you create a bond within the existing community?

It takes time, attention, recognition and commitment to create a bond and an accessible, inclusive community, says Arzu. Not being seen or heard makes people angry. And rightly so!

RW: In Naro-Fominsk, Russia, we are working on a project in a former silk factory p.136, where there is a lot of focus on the community. There, the developer goes out into the streets to ask people what they need in their neighbourhood. I love that.

ML: The silk used to be dried in a huge shaft of that factory. We suggested that local artists should relate the history of the place. The developer immediately picked up on that. A national competition followed with many good entries. The developer also felt it was important to involve people in the development at this stage. We were happily surprised.

AA: I get that, because it doesn't happen enough here. The municipality does not facilitate it, the developer often avoids it. While in fact there is often a great need for such involvement. I noticed this when we organized the open day at the waste incinerator. When you redevelop a place, you have the opportunity to give something back. For every building you demolish or create, you have to give something to the city and the local community.

Hoe zorg je voor binding binnen de bestaande gemeenschap?

Om tot binding en een toegankelijke, inclusieve gemeenschap te komen is tijd, aandacht, erkenning en betrokkenheid nodig, vindt Arzu. Niet gezien of gehoord worden, dat maakt mensen boos. En terecht!

RW: In Naro-Fominsk in Rusland werken we aan een project in een voormalige Zijdefabriek p.136, waar veel aandacht is voor de gemeenschap. Daar gaat de ontwikkelaar de straat op om mensen te vragen waar ze in hun buurt behoefte aan hebben. Ik vind dat fantastisch.

ML: In een enorme schacht van die fabriek werd vroeger de zijde gedroogd. Wij stelden voor om hier lokale kunstenaars het historische verhaal van de plek te laten vertellen. De ontwikkelaar pakte dat direct goed op. Er volgende een nationale prijsvraag en veel goede inzendingen. Ook de ontwikkelaar vond het belangrijk om mensen bij de ontwikkeling te betrekken in dit stadium. Wij waren blij verrast.

AA: Dat snap ik, want hier gebeurt dat te weinig. De gemeente faciliteert het niet, de ontwikkelaar onttrekt zich er vaak aan. Terwijl er juist vaak een grote behoefte is aan die betrokkenheid. Dat merkte ik bij de open dag die we organiseerden

RW: I am a firm believer in that too, that you have to create gifts for the city. During our development of the Spaardersbad [p.164] in Gouda—where half of the city got their swimming diploma—we asked for photographs through the newspaper. Lots of people reacted, because of their attachment to the swimming pool and the memories they have of it. We have compiled all these responses.

AA: Communities are already there, but you have to bind them to you. In fact, I think it works against you if you don't and you keep your eyes and ears shut to the people who live there. That is what people in Rotterdam-South are experiencing, that they are not being seen and heard. It makes them angry, and rightly so.

bij de vuilverbrander. Bij een herontwikkeling heb je de kans om iets terug te geven. Voor elk gebouw dat je sloopt of maakt, moet je iets doen voor de stad en de lokale gemeenschap.

RW: Daar geloof ik ook heilig in, dat je cadeautjes moet maken voor de stad. Bij onze ontwikkeling van het Spaardersbad [p.164] in Gouda – waar half Gouda een diploma haalde – vroegen we via de krant om foto's. Heel veel mensen reageerden, vanuit binding en herinnering. Deze reacties hebben we gebundeld.

AA: Gemeenschappen zijn er al, maar je moet ze aan je binden. Ik denk zelfs dat het tegen je werkt als je dat niet doet en blind en doof blijft voor de mensen die er wonen en leven. Dat maken mensen in Rotterdam-Zuid mee, dat ze niet worden gezien en gehoord. Dat maakt ze boos, en terecht.

What elements contribute to the diversity, affordability and accessibility of a community?

From financial accessibility to cultural openness, a community benefits from diversity in the broadest sense. According to Arzu, this is not something you can just do on the side, but something you have to take into account from the start.

ML: Arzu, how do you think you can create the right conditions for a diverse community? How do you ensure that things do not become too exclusive and that you give everyone the chance to be part of it?

AA: That's the question I wanted to ask you. Because I read in the description of the Cable District that the residents have 'the same mindset'. That sets off all alarm bells for me. I am not saying that planned mixing is the answer, because research shows that people do in fact prefer to live among like-minded people. But you want to prevent a community from becoming a bubble.

Welke elementen dragen bij aan diversiteit, betaalbaarheid en toegankelijkheid van een gemeenschap?

Van financiële toegankelijkheid tot culturele openheid: een gemeenschap is gebaat bij diversiteit in de breedste zin. Volgens Arzu is dit niet iets wat je erbij doet, maar waar je van meet af aan rekening mee moet houden.

ML: Arzu, hoe denk jij dat je de juiste voorwaarden schept voor een diverse community? Hoe zorg je ervoor dat het niet te exclusief wordt en dat je dus iedereen de kans biedt om erbij te horen?

AA: Die vraag wilde ik jullie stellen. Ik las namelijk in de beschrijving van het Kabeldistrict dat de bewoners 'dezelfde mindset' hebben. Dan rinkelen bij mij alle alarmbellen. Ik zeg niet dat geregisseerd mengen het antwoord is, want onderzoek wijst inderdaad uit dat mensen het liefste tussen gelijkgestemden wonen. Maar je wilt voorkomen dat een gemeenschap een bubbel wordt.

'It is about a shared love for the project, for its ambience and appearance'

RW: I would like to nuance the word 'mindset' in this context, because it is about a shared love for the project, for its ambience and appearance. With us it is often so black-and-white, you love it or you hate it. So that mindset has nothing to do with the exclusion of certain people, except those people who think it's ugly.

AA: So people with small budgets can also buy or rent a house in the Cable District?

RW: Ik wil het woord 'mindset' in dit kader nuanceren, want dat gaat hier over een gedeelde liefde voor het project, voor de sfeer en uitstraling ervan. Bij ons is die vaak zo uitgesproken, *you love it or you hate it*. Die mindset heeft dus niets met uitsluiting van bepaalde mensen te maken, behalve dan van die mensen die het lelijk vinden.

AA: Dus ook mensen met een kleine portemonnee kunnen in het Kabeldistrict een huisje kopen of huren?

ML: Certainly. In Delft slightly less so than in many other projects, because there, workspace is also offered at lower rents.

AA: Look, I don't have a solution for that bubble myself. That is also a question and a struggle for me. I think it is important to work on a community, but also to be careful that it does not become an introverted one. It has to be widely accessible, and this can be done by involving as many different people as possible. At the Paviljoen ...aan het Water in Rotterdam-South, we have four different cooking teams from four different neighbourhoods, with four different cultural backgrounds. So it never becomes a bubble. This approach can also be translated to a residential building or neighbourhood. You have to think about this social mixture in the early stages of a project. It takes time, money and energy to get that right.

RW: In the case of SAWA p.124 we sold the rental properties to an investor, on the condition that we would do the allocation. We want SAWA to be a reflection of the population of Rotterdam. We would have preferred to realize social housing as well, but we are not allowed to do so because only social housing corporations are allowed to do that.

What could the architect's role be in protecting existing neighbourhoods, both physically and socially?
Is demolition always necessary? Arzu wonders how, as an architect, you can maintain and even enhance the existing value of a neighbourhood and community.

AA: An existing neighbourhood—an existing place—already has value. I think it is important for architects to see and recognize that. All too often we look for value in new buildings, and demolition is often cheaper. Along the way, we have forgotten that something already exists in a place, and that it has value. As an architect, how can you make sure that something is preserved after all?

RW: On the one hand, you have to tell people that it is important, and why. From a social and cultural-historical perspective, but also to reduce the

ML: Zeker. In Delft is het percentage sociale huurwoningen wel net iets lager dan bij veel andere projecten, omdat daar ook werkruimte tegen een lage huurprijs wordt aangeboden.

AA: Kijk, ik heb zelf ook geen oplossing voor die bubbel. Dat is voor mij ook een vraag en een worsteling. Ik denk dat het belangrijk is om te werken aan een community, maar daarbij op te passen dat het geen in zichzelf gekeerde gemeenschap wordt. Het moet breed bereikbaar zijn en dat kan door zoveel mogelijk verschillende mensen erbij te betrekken. Bij het Paviljoen ...aan het Water op Zuid hebben wij vier verschillende kookteams uit vier verschillende wijken op Zuid, met vier verschillende culturele achtergronden. Daardoor wordt het nooit een bubbel. Die aanpak is ook naar een woongebouw of buurt te vertalen. Over deze sociale menging moet je in de beginfase van een project denken. Er is tijd, geld en energie voor nodig om dat goed te krijgen.

RW: Bij SAWA p.124 hebben we de huurwoningen aan een belegger verkocht, met als voorwaarde dat wij de toekenning deden. We willen dat SAWA een afspiegeling van de Rotterdamse bevolkingssamenstelling is. Het liefste hadden we ook sociale huurwoningen gerealiseerd, maar dat mogen wij niet want dat is aan de corporaties voorbehouden.

Wat kan de rol van de architect zijn bij het bestendigen van bestaande buurten, in fysiek en sociaal opzicht?
Is slopen wel altijd nodig? Arzu vraagt zich af hoe je de bestaande waarde van een buurt en gemeenschap overeind houdt en zelfs kunt versterken als architect.

AA: Een bestaande wijk – een bestaande plek – heeft al waarde. Ik denk dat het belangrijk is dat architecten dat zien en erkennen. We zoeken de waarde te vaak in nieuwbouw en slopen is vaak goedkoper. We zijn onderweg vergeten dat er al iets is, en dat dat ook waarde heeft. Hoe kun je er als architect voor zorgen dat iets toch blijft staan?

RW: Je moet enerzijds vertellen dat het belangrijk is, en waarom. Vanuit sociaal en cultuurhistorisch perspectief, maar ook voor het reduceren van energie- en materiaalgebruik dat nodig is voor

‘It is important to work on a community, but also to be careful that it does not become an introverted one’

energy and material use necessary for demolition and new construction. You furthermore have to come up with a plan to make it financially feasible.

RP: And then there always comes a time when they want to remove it anyway. And it is precisely this discussion that we enjoy as a challenge.

AA: As an architect, are you that dependent on the developer and civil servants? Does it stop when they do not recognize certain values? What is the responsibility of the architect in this regard?

RP: We always start a dialogue first. For The Scout project, in the Kanaleneiland district in Utrecht, we made a residential building for housing corporation Mitros. We wanted to make this a special place with its own identity, with a facade that tells the story of Kanaleneiland. We came up with the idea of incorporating narrative tiles in the facade, but Mitros didn't have any money for art. And yet it is so important; it makes a building site-specific and ensures that people can identify with it.

RW: Having such a tile made and incorporated into the facade quickly becomes expensive and unfeasible. We then pushed all the challenges to the forefront by first sorting out everything—production and processing—in detail. We asked Tichelaar in Makkum for the cheapest tile: a ridge tile. We wanted to do something with that. And we even came up with a new method. In the end, 13,000 clay tiles were incorporated into the concrete facade. In this way, we succeeded in creating a place of identity for the community. That's taking responsibility as an architect.

sloop en nieuwbouw. Daarnaast moet je een plan bedenken om het financieel haalbaar te maken.

RP: En dan komt er altijd een moment dat ze het toch willen weghalen. En juist die discussie vinden wij een leuke uitdaging.

AA: Ben je als architect dan zo afhankelijk van de ontwikkelaar en ambtenaren? Houdt het op als zij bepaalde waarden niet herkennen? Hoe moeten we de verantwoordelijkheid van de architect hierin zien?

RP: We gaan allereerst het gesprek aan. Voor het project De Verkenner, op het Kanaleneiland in Utrecht, hebben we een woongebouw gemaakt voor woningcorporatie Mitros. We wilden hier een bijzondere plek met eigen identiteit maken, met een gevel die het verhaal van Kanaleneiland vertelt. We opperden het idee om verhalende tegels in de gevel op te nemen, maar Mitros had geen geld voor kunst. Terwijl het juist zo belangrijk is, het maakt zo'n gebouw locatiespecifiek en zorgt ervoor dat mensen zich ermee kunnen identificeren.

RW: Zo'n tegel laten maken en in de gevel opnemen wordt al gauw kostbaar en onhaalbaar. Toen hebben we alle uitdagingen naar voren gehaald door alles – productie en verwerking – eerst tot in detail uit te zoeken. Bij Tichelaar in Makkum vroegen we naar de goedkoopste tegel: een nokvorst. Daar wilden we iets mee doen. We bedachten daarvoor zelfs een nieuwe methodiek. Uiteindelijk zijn er 13.000 kleitegels meegestort in de betonnen gevel. Het lukte ons zo om een identiteitsvolle plek voor de gemeenschap te maken. Dat is je verantwoordelijkheid nemen als architect.

How can design contribute to community building?

The way a community is formed is less coincidental than one might think. Arzu believes that creating shared spaces and opportunities for joint activities should already be considered at the design stage of a building or neighbourhood.

RW: Loneliness is a typical example of something you can anticipate with your design. In the case of SAWA, we thought about this very carefully beforehand. There we created shared spaces like a tool room and we facilitated community cooking. But in previous projects too we have reserved space in the design where people can meet each other, such as the atria in Jobsveem p.216 and the Factory Delfshaven p.202, the passage and galleries in Fenix I p.178, the squares and streets in the urban development plan for De Binckhorst New Halls p.146, the winter gardens and roof terraces in work buildings Max & Moore p.142. Next door, in the 25kV building p.254, we made a large internal gallery. We have never really abandoned this approach since.

AA: It is true that you have been doing this for a long time. I saw an ancient project from 1992, Ravages of Time p.270. This project, too, already included space that people could appropriate together. There, you could also buy cubic metres instead of square metres, so that you could really determine how you lived.

RW: Yeah, you see?! Bizarre, right? There, we had an inner street where residents could meet each other and an area that people could use for shared programming, such as hobby clubs. Uniting people by doing something together, that was the idea there too.

AA: You see it in all your projects. The Cheese Warehouse p.192 has it too, those galleries and inner space. They really do work as a meeting place.

RW: At least there, people see each other. In an apartment building people just don't meet each other.

AA: People don't form connections in a vacuum. You have to see each other, bump into each other from time to time. Coincidental encounters are important. I live in Blijdorp, in one of those blocks with interconnected gardens.

Hoe kan ontwerp bijdragen aan de vorming van een gemeenschap?

Een gemeenschap ontstaat minder toevallig dan je zou denken. Het maken van gedeelde plekken en aanleiding bieden voor gezamenlijke activiteiten zou al in de ontwerpfase van een gebouw of buurt aandacht moeten krijgen, vindt Arzu.

RW: Eenzaamheid is typisch een voorbeeld van iets waarop je met ontwerp kunt anticiperen. Bij SAWA hebben we daar vooraf goed over nagedacht. Daar maken we gedeelde ruimtes als een gereedschapskamer en faciliteren we *community cooking*. Maar ook in eerdere projecten hebben we in het ontwerp ruimte gereserveerd waar mensen elkaar kunnen ontmoeten, zoals de atria in Jobsveem p.216 en de Fabriek Delfshaven p.202, de passage en galerijen in Fenix I p.178, de pleintjes en straten in het stedenbouwkundige plan voor De Binckhorst Nieuwe Hallen p.146, de wintertuinen en dakterrassen in werkgebouwen Max & Moore p.142. Hiernaast, in het 25kV gebouw p.254, hebben we een grote interne galerij gemaakt. Die aanpak hebben we daarna eigenlijk nooit meer losgelaten.

AA: Het klopt dat jullie dat al lang doen. Ik zag een oeroud project uit 1992, Tand des Tijds p.270. Ook daarin was al ruimte opgenomen die mensen zich gezamenlijk konden toeëigenen. Daar kon je bovendien kubieke meters kopen in plaats van vierkante meters, dus daar bepaalde je daadwerkelijk zelf hoe je woonde.

RW: Ja, zie je wel?! Bizar toch? We hadden daar een binnenstraat waar bewoners elkaar ontmoetten én een zone die mensen konden invullen met gedeeld programma, zoals hobbyclubs. Het verenigen van mensen door iets samen te doen, dat was daar ook al de insteek.

AA: Het komt overal terug. In het Kaaspakhuis p.192 zit het ook, die galerijen en binnenruimte. Dat werkt toch echt als ontmoetingsruimte.

RW: Daar zien mensen elkaar tenminste. In een portiekflat kom je elkaar niet tegen.

AA: Verbinding ontstaat niet in een vacuüm. Je moet elkaar zien, af en toe tegenkomen.

During the lockdown, three guys, students, had invited everyone in the block to a game of balcony bingo. That was so much fun. We won't become friends, but it's nice to be in touch in this way.

Toevallige ontmoetingen zijn belangrijk. Ik woon in Blijdorp, in zo'n blok met aaneengesloten tuinen. Tijdens de lockdown hadden drie jongens, studenten, iedereen in het blok uitgenodigd voor een potje balkonbingo. Dat was ontzettend leuk. We worden geen vrienden, maar het is leuk om op die manier in verbinding te staan met elkaar.

'We need to look beyond our own assumptions more often'

The conversation is coming to an end, a lot has been said and heard. To conclude, Arzu wants to share another important lesson. 'To retain a broad view of what people really want, we need to look beyond our own assumptions and talk to people more often. I, too, still come up against this, as I did during CityLab Maashaven. During a workshop session with five groups of ten people each, we talked about current affairs, the residential programme, and recreational functions. A group of white, old men and one young man, about 18 years old and of Hindustani descent, were talking about a beautiful old industrial building on the Maashaven that has made way for a DIY store. Everyone, including me, thought: how could you do that in such a beautiful place?! But the young man felt differently. He lives there, as do his friends and family. He said that they are happy with it and regularly take a walk to the DIY store and to the quay. For them, it is a nice outing. Everyone fell silent. It shows that needs differ so much per person and per community. That's why you should talk to people in specific locations and ask them about their needs. I too thought a DIY store was a bad idea at first, but now I got to hear why others did like it. And those people also have a voice that needs to be heard.'

Het gesprek loopt ten einde, er is veel gezegd en geluisterd. Als afsluiter wil Arzu nog een belangrijke les delen. 'Om een brede blik te houden op wat mensen echt willen, moeten we vaker over onze eigen aannames heenstappen en met mensen praten. Ook ik loop hier nog tegenaan, zoals tijdens Stadslab Maashaven. Tijdens een workshopsessie met vijf groepen en tien man per groep, praatten we over actualiteiten, woonprogramma en recreatieve functies. Een groep van witte, oude mannen en één jongen van ongeveer 18 jaar oud en van Hindoestaanse komaf, spraken over een prachtig, oud industrieel gebouw aan de Maashaven dat plaats heeft gemaakt voor een bouwmarkt. Iedereen, inclusief ik, vond: hoe kan je dat nu doen op zo'n mooie plek?! Maar de jongen dacht daar anders over. Hij woont daar, net als zijn vrienden en familie. Hij vertelde dat zij er blij mee zijn en regelmatig een wandeling maken naar de bouwmarkt en naar de kade. Voor hen is dat een geweldig uitje. Iedereen was stil. Het toont aan dat behoeften zo verschillen per persoon en per gemeenschap. Daarom moet je praten met mensen op specifieke plekken en hen vragen naar hun behoeften. Ook ik vond een bouwmarkt eerst een slecht idee, maar nu hoor je waarom het wel goed is voor anderen. En die mensen hebben ook een stem die gehoord moet worden.'

RW: There are some strange ideas about what people are and want. That's because many architects and developers don't talk to people. They are afraid of people. It is conceived, filled in.

AA: They talk about customers and consumers, create profiles. Which user groups are there? Blue, red and yellow. The reality is very different, you can be a little bit of everything.

RW: On Sundays I'm a bit purple.

AA: That is possible, depending on what you drink. The market has a uniform way of looking at people, but people are not uniform.

Mei in conversation with Arzu Ayikgezmez

Text: Priscilla de Putter
Photography: Jerry Lampen

RW: Er bestaan rare ideeën over wat mensen zijn en willen. Dat komt omdat veel architecten en ontwikkelaars niet met mensen praten. Ze zijn bang voor mensen. Het wordt bedacht, ingevuld.

AA: Ze spreken over klanten en consumenten, maken profielen. Welke gebruikersgroepen zijn er? Blauw, rood en geel. De realiteit is heel anders, je kunt van alles een beetje zijn.

RW: Op zondag ben ik een beetje paars.

AA: Dat kan, afhankelijk van wat je drinkt. Vanuit de markt is er een uniforme kijken op mensen, maar mensen zijn niet uniform.

Mei in gesprek met Arzu Ayikgezmez

Tekst: Priscilla de Putter
Fotografie: Jerry Lampen

'Loneliness is a typical example of something you can anticipate with your design'

Leitmotiv
Community

Expert
Arzu Ayikgezmez

We asked five experts to discuss with Mei (Robert Winkel, Michiel van Loon and Robert Platje) the themes we find important as a company and which form a constant factor in our practice. In these talks, we strip these themes down to their essence and underline their importance for Mei. And for you.

We vroegen vijf experts om met Mei (Robert Winkel, Michiel van Loon en Robert Platje) in gesprek te gaan over de thema's die we als bureau belangrijk vinden en die een constante factor vormen in onze praktijk. In de gesprekken pellen we deze thema's af tot de kern en onderstrepen we het belang ervan voor Mei. En voor jou.

With architect and architecture critic Piet Vollaard, we talk about the social and ecological importance of architecture that is user-centred and knows how to move with changing needs. To use our resources responsibly, we need to design buildings and building components with a view to the next hundred to two hundred years.

Met architect en architectuurcriticus Piet Vollaard spreken we over het sociale én ecologische belang van architectuur die uitgaat van de gebruiker en weet mee te bewegen met veranderende behoeften. Om zorgvuldig om te gaan met onze grondstoffen moeten we gebouwen en gebouwonderdelen ontwerpen voor de komende honderd tot tweehonderd jaar.

Leitmotiv
Flexibility

Expert
Piet Vollaard

Flexibility

Expert
Piet Vollaard

Piet Vollaard is an architect and architectural critic. He was the director of ArchiNed and is a co-founder of Stad in de Maak (City in the Making) and Stichting De Natuurlijke Stad (Foundation The Natural City). With the former, he works on alternative management of vacant real estate, with the latter on the objective of improving the ecology and biodiversity in the city. He also spreads his ideas as a guest lecturer, writer and publicist.
stadindemaak.nl
denatuurlijkestad.nl

‘People should determine how they live, not the architect’

The common denominator of Piet Vollaard’s views—on appropriation, informal architecture, and sustainability, among other things—is a certain degree of flexibility. Adaptability as a condition for moving with the times. Not for the sake of change itself, but to meet changing needs. The fact that these needs—necessities even—seem to be structurally ignored is a thorn in the side of this architecture critic and advocate of civil movements. The need for flexibility is great, in building and in thinking about it. Piet Vollaard likes to think ahead and is surprised that others do not do so enough. He talks to Mei about this issue.

While studying Architecture at TU Delft, Piet Vollaard became critical of his own field. The activist and critic in him prevailed over the architect and he got his own online means of expression with ArchiNed, the first Dutch architecture platform, which he founded with Robert Winkel in 1996. Piet does not only criticize, though, he also provides solutions: initiatives such as Stad in de

De gemene deler van Piet Vollaards overtuigingen – over onder andere toe-eigening, informele architectuur en duurzaamheid – is een zekere mate van flexibiliteit. Plooibaarheid als voorwaarde om mee te kunnen bewegen met de tijd. Niet omwille van de verandering zelf, maar met als doel te beantwoorden aan de veranderende behoeften. Dat die behoeften – noodzakelijkheden zelfs – structureel genegeerd lijken te worden, is een doorn in het oog van deze architectuurcriticus en pleitbezorger van burgerbewegingen. De behoefte aan flexibiliteit is groot, in het bouwen én in het denken erover. Piet Vollaard denkt graag vooruit en verbaast zich erover dat anderen dat niet genoeg doen. Met Mei gaat hij erover in gesprek.

Tijdens zijn studie Architectuur aan de TU Delft ontwikkelde Piet Vollaard een kritische blik op zijn eigen vakgebied. De activist en criticus in hem overstemde de architect en kreeg met ArchiNed, het eerste Nederlandse architectuurplatform dat hij in 1996 met Robert Winkel oprichtte, een eigen online uitlaadklep. Maar naast kritiek, levert Piet ook oplossingen:

Maak (City in the Making) and Stichting De Natuurlijke Stad (Foundation The Natural City) are examples. Piet's career seems to be a succession of aha experiences in which he moves from barricade to vanguard again and again. Looking through 25 years of Mei projects, there was a lot of recognition: he was even involved in some of them. 'We were way ahead of our time, but I already knew that. In 1996, Robert and I organized meetings with a group of designers about informal architecture, under the name CIA. That stood for Club—or committee or centre, everyone could decide for themselves—for Informal Architecture.' They wanted to knock the architects off their pedestal: not their artistic vision, but the user's needs should be leading. The fervour behind this conviction is as strong as ever.

initiatieven als Stad in de Maak en Stichting De Natuurlijke Stad zijn daar voorbeelden van. De carrière van Piet lijkt een aaneenschakeling van aha-erlebnissen waarin hij steeds weer van barricade naar voorhoede beweegt. Bij het doorbladeren van 25 jaar aan Mei-projecten, was er vooral veel herkenning: bij sommige projecten was hij zelfs betrokken. 'We waren onze tijd ver vooruit, maar dat wist ik eigenlijk al. In 1996 organiseerden Robert en ik met een groepje ontwerpers bijeenkomsten over informele architectuur, onder de naam CIA. Dat stond voor Club – of committee of centrale, dat mocht iedereen zelf invullen – voor Informele Architectuur.' De architect wilden ze van zijn voetstuk stoten: niet diens artistieke visie, maar de gebruikersbehoeften moesten leidend zijn. Het vuur achter die overtuiging brandt nog steeds onverminderd fel.

How does informal architecture offer the user more flexibility?
Informal architecture does not dictate, but offers the users the space to fill it in according to their own wishes and needs, Piet says. This seems self-evident, but proves to be a scarce ingredient in our built environment.

Piet Vollaard: Informal architecture is more about processes and less about products. With CIA, we were not aiming for projects that looked good in photographs, but for buildings that users could appropriate.

Robert Platje: What is the main difference?

PV: In our case, there was no clear-cut final outcome. We were tired of that glossy look of architecture. With CIA, we sent out a manifesto for more informal architecture. People themselves should determine how they live, not the architect. Architects are there, first and foremost, to steer processes in the right direction. Our message was completely different from what was heard at the time. Our own informality brought us down, by the way: we didn't do meetings or take minutes. It only lasted about a year, but it did yield much in the way of content.

Hoe biedt informele architectuur de gebruiker meer flexibiliteit?
Informele architectuur dicteert niet, maar biedt de gebruiker de ruimte om deze naar eigen wens en behoefte in te vullen, zegt Piet. Dat lijkt een vanzelfsprekendheid, maar blijkt een schaars ingrediënt in onze gebouwde omgeving.

Piet Vollaard: Informele architectuur gaat meer over het proces en minder over product. Wij streefden met CIA niet naar een goede fotografeerbaarheid van projecten, maar naar gebouwen die gebruikers zich konden toe-eigenen.

Robert Platje: Wat is het voornaamste verschil?

PV: In ons geval bestond er geen vastomlijnd eindbeeld. We waren die glossy look van architectuur zat. Met CIA stuurden we een manifest de wereld in voor meer informele architectuur. Mensen bepalen daarbij zelf hoe ze wonen, niet de architect. Architecten zijn er in de eerste plaats om processen in goede banen te leiden. Onze boodschap was totaal anders dan het geluid van die tijd. We zijn overigens aan onze eigen informaliteit te gronde gegaan: vergaderingen of notulen, daar deden we niet aan. Het duurde al met al ongeveer een jaar, maar er kwam inhoudelijk wel veel uit voort.

Robert Winkel: The Wild North [p.262] in Groningen, for example, in which we responded to the question 'Who is afraid of the empty programme?' A question based on the idea that the province of Groningen did not have a programme yet. Which is nonsense, of course, because there is always a programme.

PV: All architects crammed the given space, of course, but we embraced the emptiness: Groningen as a free zone.

RP: So, your entry was not about architecture. How did people react to this?

PV: Of course, it did not meet the brief in any way, because it was a typical informal architecture expression. We did receive an honourable mention for our statement.

RW: Reversing the question is always a good strategy.

Robert Winkel: Het Wilde Noorden [p.262] in Groningen bijvoorbeeld, waarbij we reageerden op de vraag 'Wie is er bang voor het lege programma?' vanuit de gedachte dat Groningen nog geen programma had. Wat natuurlijk onzin is, want er is altijd programma.

PV: Alle architecten plempten de gegeven ruimte natuurlijk vol, wij omarmden de leegte: Groningen als free zone.

RP: Jullie inzending draaide dus niet om de architectuur. Hoe werd hierop gereageerd?

PV: Het voldeed natuurlijk van geen kanten aan de voorwaarde, want het was een typische informele architectuur-uiting. We kregen een eervolle vermelding voor ons statement.

RW: Het omkeren van de vraag is altijd een goede strategie.

How can architecture be appropriated and why is that important?

Appropriation is not only about the physical possibilities for flexibility, as Piet's argument shows. It is also about self-determination. This is expressed from the design phase to the sales phase: too often, people do not think in conjunction with the users, but for them. In the Glass House and Mei's 25kV building, among others, he sees a countermovement.

Michiel van Loon: You just spoke about architecture without a clear-cut final outcome and non-architecture as an ideal. Which of Mei's projects comes closest to that idea?

PV: The plans with the highest degree of appropriation options. This applies, for example, to the design of the Glass House [p.266]. Of the built projects, 25kV [p.254] comes close, where the glass zone in the building had to be conquered, as it were, by the users. I had my own office there with ArchiNed for a couple of years and it's a nice building to work in. The fact that it is bright in the front and dark in the back is really an advantage. There is quite a lot of flexibility and options for appropriation.

Hoe is architectuur toe te eigenen en waarom is dat belangrijk?

Toe-eigening gaat niet alleen om de fysieke mogelijkheden voor flexibiliteit, blijkt uit Piets betoog. Het gaat ook om zelfbeschikking. Van ontwerp- tot verkoopfase komt dit tot uiting: te vaak wordt er niet met, maar voor de gebruikers gedacht. In onder andere het Glazen Huis en het 25kV gebouw van Mei ziet hij het tegengeluid.

Michiel van Loon: Je sprak net over architectuur zonder vastomlijnd eindbeeld en niet-architectuur als ideaal. Welk project van Mei komt daarbij het dichtst in de buurt?

PV: Dat zijn plannen met de hoogste graad van toe-eigeningsopties. Dat geldt bijvoorbeeld voor het ontwerp van het Glazen Huis [p.266]. Van de gebouwde projecten komt 25kV [p.254] in de buurt, waarbij de glazen zone in het gebouw als het ware veroverd moest worden door de gebruikers. Ik heb daar zelf met ArchiNed een paar jaar kantoor gehouden, het is een leuk werkgebouw. Dat het voorin licht en achterin juist donker is, is echt een voordeel. De flexibiliteit en opties voor toe-eigening zijn best groot. De scheidings-

The partitions can be removed, but it is a pity that nobody does that. That is the disadvantage in such a building: your neighbour has to agree with the changes.

RW: Now it does happen, with the redevelopment of the building. You design that flexibility not only for the present moment, but also for the long term.

PV: Perhaps that's how it works now. But actually, you have to force such a change. Once every five years, you say, 'Go repartition it all!'. Task rotation is a way of keeping things fresh within the sociocratic mode of governance. That also applies to the way a building is used, I think.

RW: I still remember presenting the plan: 25kV was to be a media building. An important design element were the toilets: normally they are located in the dark part of the building. We chose to place them at the front, on the bright side. And that's how we presented it, with the toilets directly behind the glass facades and in the open air. This became a meeting place. Over the years, the pioneers were replaced by more corporate companies, who wanted toilets in their own offices.

ML: We are now working on an update of the building. The cavity, which also had a good indoor climate in the original design, will now be transformed into a green lung.

PV: That outdoor space really worked. The glass facade was a necessity, of course, because the other facades have no windows and you simply need daylight. This facade, a hanging glass box with galleries, stairs and lifts, ensures that this is not just another stuffy office building with dark corridors and boring offices. The glass walls between the offices and the gallery area, and the void between the glass outer wall and the galleries—that was quite a brilliant idea. You moreover created more lettable space.

RW: And we made the bustle of the media companies in the building visible.

wanden zijn eruit te halen, maar het is jammer dat niemand daar gebruik van maakt. Dat is dan weer het nadeel in zo'n gebouw: je buurman moet het met de wijzigingen eens zijn.

RW: Nu gebeurt dat wel, met de herontwikkeling van het gebouw. Je ontwerpt die flexibiliteit niet alleen voor het moment, maar ook voor de langere termijn.

PV: Misschien werkt het nu zo. Maar eigenlijk moet je zo'n verandering afdwingen. Eens in de vijf jaar zeg je 'ga het maar opnieuw verdelen met z'n allen!' Taakroulatie is een manier om de boel fris te houden binnen de sociocratische bestuurswijze. Dat geldt voor de invulling van een gebouw denk ik ook.

RW: Ik weet nog goed dat ik het plan presenteerde: 25kV moest een mediagebouw worden. Een belangrijk ontwerpelement waren de wc's: normaal bevinden die zich in het donkere gedeelte van het gebouw. Wij kozen er juist voor om deze aan de voorkant, aan de lichtzijde, te plaatsen. En zo presenteerden we dat ook, met de wc's direct achter de glazen gevels en in de buitenlucht. Dit werd een plek voor ontmoeting. In de loop der jaren zijn de pioniers vervangen door meer corporate bedrijven, die wc's in hun eigen kantoorruimte wilden.

ML: We werken nu aan een update van het gebouw. De spouw, die ook in het oorspronkelijke ontwerp een goed binnenklimaat had, wordt nu getransformeerd tot groene long.

PV: Die buitenruimte werkte echt. Die glazen gevel was natuurlijk noodzaak, omdat de overige gevels geen ramen hebben en je nu eenmaal daglicht nodig hebt. Die voorgevel, een hangende glazen doos met galerijen, trappen en liften, zorgt ervoor dat dit niet weer zomaar een doodsuf kantoorgebouw werd met donkere gangen en saaie kantoortjes. De glazen wanden tussen de kantoren en galerijzone en de vide tussen de glazen buitengevel en de galerijen, dat was een vrij briljant idee. Jullie hebben daarmee bovendien meer verhuurbaar oppervlak gemaakt.

‘On their own, people will just make a mess of things, was the common view of architects’

PV: Of course, it was also a way of naturally ventilating the building. Discussions about sustainability at the time were mainly about that, not about recycling, for example.

RW: Sustainability at that time was also about energy, but nobody was talking about reuse. Everything was newly built in those days. Recycling in general was a topic, but it did not play a role in construction.

PV: Still, the Glass House was the best example of informal architecture. People became really angry when they saw this design, in which every piece of furniture was visible. ‘And then what? You're going to put one of those Biedermeier chairs in there?!’, they cried.

RW: People were provoked, because surely you can't make a house with the stuff of ordinary people!

PV: No, an architect has to help with that! On their own, people will just make a mess of things, was pretty much the view of many architects. Robert's design for the Glass House was a response to that, by incorporating that ‘mess’ into a model. In a sense, 25kV is a tamed version of the Glass House. There is room for ‘clutter’, it is not sleek, not ‘super Dutch’. Dutch architecture was hot at the time. It was characteristic that life was taken out of architecture. There was no room for everyday scenes or messiness, let alone cosiness, because that was simply not done. The media reinforced this by only

RW: En we maakten de bedrijvigheid van de mediabedrijven in het gebouw zichtbaar.

PV: Het was natuurlijk ook een manier om het gebouw op een natuurlijke wijze te ventileren. Discussies over duurzaamheid gingen destijds vooral daarover, niet over bijvoorbeeld recycling.

RW: Duurzaamheid ging toen ook over energie, maar over hergebruik had niemand het. Alles was in die tijd nieuwbouw. Recycling in het algemeen was wel een onderwerp, maar in de bouw speelde dat geen rol.

PV: Toch was het Glazen Huis wel het beste voorbeeld van informele architectuur. Mensen werden echt boos bij het zien van dit ontwerp, waarin alle meubels zichtbaar waren. ‘En dan zet je daar zo'n Biedermeier stoel in?!’ riepen ze dan.

RW: Mensen werden geprovoceerd, want je kunt toch niet met de spullen van gewone mensen een huis maken?!

PV: Nee, daar moet een architect bij helpen! Mensen maken er zelf alleen maar een bende van, dat was zo'n beetje de opvatting van architecten. Met zijn ontwerp voor het Glazen Huis reageerde Robert daarop, door die ‘bende’ in een maquette te verwerken. In zekere zin is 25kV een getemde versie van het Glazen Huis. Er is ruimte voor ‘rommel’, het is niet strak, niet ‘super Dutch’. In deze tijd was Nederlandse architectuur *hot*. Kenmerkend was dat het leven uit de architectuur werd gehaald. Er was geen ruimte voor alledaagse taferelen of rommeligheid, laat staan voor gezelligheid, want dat kon écht niet.

showing photographs of stylized buildings. Without people, without peelings and without cat hair. Photographs were completely sterile. Dutch architecture had stature, but it did not match our idea of informal architecture.

RP: Have things improved?

PV: More than that: now all renderings are full of fun! Full of expensive bicycles and elegant people. Especially sales brochures now prescribe a certain lifestyle. And that is not your lifestyle or mine, but an idealized, non-existent lifestyle. Then you are still not leaving it up to the user!

De media versterkten dit door alleen maar foto's van gestileerde gebouwen te tonen. Zonder mensen, zonder schillen en zonder kattenharen. Foto's waren zo steriel als wat. Nederlandse architectuur betekende iets, maar het voldeed niet aan ons idee van informele architectuur.

RP: Is dat nu beter?

PV: Sterker nog: nu staan alle renderings bomvol met gezelligheid! Vol met dure fietsen en dure mensen. Zeker verkoopfolders schrijven nu bij voorbaat al een levensstijl voor. En dat is niet de levensstijl van mij of jou, maar een geïdealiseerde, niet-bestaande levensstijl. Daarmee laat je het net zomin aan de gebruiker!

Why is breaking away from the standard necessary for progress?
A cooperative system and the standard that comes from it may be efficient, but it can nip innovation in the bud. Today, the standard is increasingly a curse, and that opinion is shared here at the table.

RW: Did I tell you about the lesson we learned from SAWA [p.124]? We are used to incorporating all kinds of installations into buildings. Here at the Schiecentrale 4B [p.226], you can see those installations. For the sake of flexibility and detachability, we have kept them separate from the structure. The biggest pipe is the poop pipe. In addition, we have installed mechanical ventilation for the in- and outflow of air. Everything is controlled by a system. Because the pipes have an industrial look, they fit well with the concrete construction. But then SAWA: such a metal pipe does not look as good on a wooden ceiling. We had to think about installations in a completely different way. How do you deal with that in a wooden building?

RP: But it also brought new insights. We ended up handling the ventilation here in a much more natural way, which is nice, because air from outside is almost always healthier than air from inside. Instead of supplying air through pipes, fresh air comes directly from outside. An extraction system that only switches on when too much CO_2 is measured in the air prevents too much heat loss The system does not run continuously, but only when it is needed. In that case, small vents at the windows open automatically to provide fresh air.

PV: That's the way it works in my house too, with fresh air constantly coming in through all sorts of cracks and crannies. It's annoying that you have to fight against conventions here, while it's perfectly normal to open a window.

RW: In order to limit the energy consumption of the installations, we didn't want any underfloor cooling. But the installation consultant said 'No, that's not possible'. I suggested outdoor sun protection, but that was a bad idea too. It made me so angry. Sun protection is never considered interesting, while it is incredibly effective. It's a conspiracy!

Waarom is losbreken van de norm noodzakelijk voor vooruitgang?
Een coöperatief systeem en de norm die daaruit voortkomt is misschien efficiënt, maar kan vernieuwing in de kiem smoren. Anno nu is de norm steeds vaker een vloek, en die mening wordt hier aan tafel gedeeld.

RW: Heb ik je al verteld over de les van SAWA [p.124]? We zijn gewend om allerlei installaties in gebouwen te verwerken. Hier in de Schiecentrale 4B [p.226] zie je die installaties hangen. Voor de flexibiliteit en losmaakbaarheid hebben we ze los van de constructie gehouden. De dikste pijp is de poep- en piespijp. Daarnaast hebben we mechanische ventilatie, voor de in- en afvoer van lucht. Alles wordt via een systeem geregeld. Doordat de pijpen industrieel ogen, passen ze goed bij de betonnen constructie. Maar dan SAWA: op een houten plafond staat zo'n metalen pijp minder goed. We moesten hier volledig anders over installaties nadenken. Hoe ga je daarmee om in een houten gebouw?

RP: Maar het bracht ook nieuwe inzichten. De ventilatie hebben we hier uiteindelijk veel natuurlijker opgelost, wat fijn is want buitenlucht is vrijwel altijd gezonder dan binnenlucht. In plaats van luchtaanvoer via buizen komt verse lucht direct van buiten. Een afzuiginstallatie die alleen aanslaat als er te veel CO_2 in de lucht wordt gemeten, voorkomt te veel warmteverlies. Het systeem draait niet continu, maar alleen wanneer het nodig is. In dat geval gaan er automatisch klepjes open bij de ramen, voor frisse lucht.

PV: Zo werkt het in mijn huis ook, via allerlei kieren en gaten komt er continu frisse lucht naar binnen. Het is vermoeiend dat je hier een gevecht moet voeren om tegen de conventies in te gaan, terwijl het doodnormaal is om even een raam open te zetten.

RW: Om energiegebruik door installaties te beperken, wilden we geen vloerkoeling. 'Nee, dat kan niet', zei de installatieadviseur. Ik opperde buitenzonwering, maar ook dat was een slecht idee. Daar werd ik zo boos van. Zonwering wordt nooit interessant bevonden, terwijl het ontzettend effectief is. Het is een complot!

'Polder thinking in the building sector blocks real innovation'

Do you know what the funny thing is? Do you know who makes the software that calculates all this? The installation consultants who don't sell blinds, but extractors! No wonder the computer says no.

PV: I think it's bizarre that this is how things are arranged in the Netherlands. That it is possible for consultants to recommend only their own stuff. And to think that the profession of installation consultant did not even exist forty years ago. Only then did the indoor climate start to play a role. Reyner Banham wrote a good book about this, *The Architecture of the Well-Tempered Environment*, about the history of installation technology and how that changed buildings.

RP: This also plays a role in the current competition between timber and concrete construction. In the Netherlands, standards are developed through a cooperative system. Various parties—from suppliers and architects to residents—are involved in the decision-making process. What we call a true Dutch 'polder model'. But this means that there are no real innovations.

PV: After all, there is no competition or competitive drive, so why would the concrete industry innovate? They will only do so if they really have no choice. Leaving the measurement and calculation methods for sustainability to the market has an effect on the development of the market. Because all standards are based on concrete, other building materials often come out worse, or require more research to design and build with them properly. This is an issue now with the emergence of CLT construction, but potentially steel and timber could have been worthy competitors before. In other countries,

Weet je wat de grap is? Weet je wie de software maken die dit alles berekent? De installatie-adviseurs die geen zonwering verkopen, maar afzuiginstallaties! Geen wonder dat de computer 'nee' zegt.

PV: Ik vind het bizar dat dit in Nederland zo geregeld is. Dat het mogelijk is dat adviseurs alleen hun eigen spullen adviseren. En dan te bedenken dat het vak van installatieadviseur veertig jaar geleden nog niet bestond. Pas toen begon het binnenklimaat een rol te spelen. Reyner Banham schreef daar een goed boek over, *The Architecture of the Well-Tempered Environment*, over de geschiedenis van installatietechniek en hoe dat gebouwen veranderde.

RP: Dit speelt ook een rol in de huidige strijd tussen hout- en betonbouw. Normen worden in Nederland in een coöperatief systeem ontwikkeld. Verschillende partijen – van leveranciers en architecten tot bewoners – denken en beslissen mee. Een echt poldermodel. Maar echte innovaties blijven daardoor uit.

PV: Er is immers geen concurrentie of competitiedrang, dus waarom zou de betonindustrie innoveren? Dat doen ze alleen maar als ze echt niet anders kunnen. Doordat de meet- en rekenmethodieken voor duurzaamheid aan de markt worden overgelaten, heeft dit effect op de ontwikkeling van de markt. Omdat alle normen uitgaan van beton, komen andere bouwmaterialen er vaak ongunstiger uit, of vergt het meer onderzoek om hier goed mee te ontwerpen en bouwen. Dit speelt nu met de opkomst van CLT-bouw, maar in potentie waren staal en hout ook al eerder waardige concurrenten geweest. In andere landen is dat veel meer in balans. De

this is much more balanced. The concrete lobby is so strong here that other materials hardly get a chance.

betonlobby is hier zo sterk dat andere materialen nauwelijks een kans krijgen.

RW: The last real innovation in concrete was tunnel formwork: a reusable steel formwork for pouring a combination of two concrete cross walls and a floor in one go. This was a Dutch invention during the reconstruction period when many houses had to be built in a short time. Like a kind of concrete matchbox, a construction is built with all the pipes and ducts in it. Very efficient, but the problem with this method of construction today is that it cannot be dismantled and therefore cannot be reused.

RW: De laatste echte beton-innovatie is de tunnelkist geweest, een Hollandse uitvinding tijdens de wederopbouw, toen er in korte tijd veel woningen moesten worden gebouwd. Als een soort betonnen luciferdoosjes wordt hiermee een constructie gebouwd waar al het pijp- en leidingwerk in is gegoten. Heel efficiënt, maar het probleem van deze bouwwijze vandaag de dag is dat je het niet kunt demonteren en dus niet kunt hergebruiken.

PV: Tunnel formwork did make the typical Dutch terraced house possible, with the living room stretching from the front of the house to the back. Before that, the standard house in the Netherlands had two sections, because of the maximum span of the wooden floors. The narrow section contained the kitchen, toilet and corridor, the wide section the living quarters. With the six to ten metre span that could be achieved with tunnel formwork, there was suddenly enormous freedom. Millions of these houses were built and within 15 years there were lots of variants. The new technology made innovation in design possible. I'm a big fan of the *doorzonwoning*, as it offers the most appropriation options. But then they decided to keep building like this for fifty years and they stopped innovating. That was a pity.

PV: De tunnelkist maakte wel het typische rijtjeshuis mogelijk. Daarvóór had de standaardwoning in Nederland twee beuken, vanwege de maximale overspanning van de houten vloeren. De smalle beuk bevatte de keuken, toilet en gang, de brede beuk de leefruimtes. Met de zes tot tien meter overspanning die met de tunnelkist gerealiseerd kon worden ontstond ineens enorme vrijheid. Er werden miljoenen doorzonwoningen gebouwd en binnen 15 jaar waren er allemaal varianten. De nieuwe techniek maakte innovatie in het ontwerp mogelijk. Ik ben een enorme fan van de doorzonwoning, als woning die het meest toegeëigend kan worden. Maar toen besloten ze om vijftig jaar lang op deze manier te bouwen en bleef vernieuwing uit. Dat is jammer.

'I'm a big fan of the *doorzonwoning*, as it offers the most appropriation options'

RW: Moreover, this way of building is bad for the environment. The terraced house represents an extensive way of living, with a large carbon footprint.

RW: Het is bovendien slecht voor het milieu, deze manier van bouwen. Het rijtjeshuis staat voor een extensieve manier van wonen, met een grote koolstofvoetafdruk.

PV: I don't agree with you. This is a myth that is dominant since the 2020s, that terraced houses are inefficient. But these houses can be adapted to the times. When you talk about flexibility and building without architecture, then those houses with a through lounge are quite literally that: the *doorzonwoning* has no architect. It originates from the traditional house. You keep copying a type that was indeed conceived by an architect: Van Tijen's gallery flat. You can't call it plagiarism, but....

RW: Yes, you can. But Brinkman in Spangen has been my inspiration.

The gallery flat
The Justus van Effen Complex is a residential complex in the district Spangen in Rotterdam, designed by Michiel Brinkman and built in 1922. It was a milestone in Dutch public housing, due to the innovative communal facilities, green courtyards and the revolutionary 'upper street'. This is a gallery more than two metres wide, to which the residences adjoin. This 'high-up residential street' has greatly influenced architecture. In 1933, the Bergpolderflat was designed by architect Willem van Tijen in cooperation with the firm Brinkman and Van der Vlugt (who also designed the Van Nelle factory) and in the style of the new building: functional, sleek, light and airy. Through standardization and prefabrication, it was possible to keep rents low. The Bergpolderflat in Rotterdam's Bergpolder district is also considered the first gallery flat, because it was here that features that were to become commonplace for this type of building were first applied: the balcony, central stairwell and the open glass walls.

PV: Actually, the gallery flat is a smarter option than the porch flat. It is easier to fit flats in it than in a tower. Now that I think about it, you could actually call it a stacked *doorzonwoning*.

PV: Dat ben ik niet met je eens. Dat is een mythe die sinds de jaren twintig heerst, dat rijtjeshuizen niet efficiënt zouden zijn. Maar deze woningen zijn aan te passen aan de tijd. Als je het hebt over flexibiliteit en architectuurloos bouwen, dan is de doorzonwoning dat heel letterlijk: de doorzonwoning heeft namelijk geen architect. Die is ontstaan vanuit de traditionele woning. Jij maakt steeds een type na dat wél door een architect is bedacht: de galerijflat van Van Tijen. Je mag het geen plagiaat noemen, maar....

RW: Jawel, dat mag. Maar Brinkman in Spangen is voor mij de inspirator geweest.

De galerijflat
Het Justus van Effencomplex is een wooncomplex in Spangen, ontworpen door Michiel Brinkman en gerealiseerd in 1922. Het was een mijlpaal in de Nederlandse volkshuisvesting, vanwege de vernieuwende gemeenschappelijke voorzieningen, groene binnenterreinen en de revolutionaire 'bovenstraat'. Dit is een ruim twee meter brede galerij waaraan de woningen grenzen. Deze 'woonstraat op hoogte' had grote invloed op de architectuur. In 1933 werd de Bergpolderflat ontworpen door architect Willem van Tijen in samenwerking met bureau Brinkman en Van der Vlugt (onder meer de Van Nellefabriek) en in de stijl van het nieuwe bouwen: functioneel, strak, licht en luchtig. Door standaardisatie en prefabricage was het mogelijk de huurprijzen laag te houden. De Bergpolderflat in de Rotterdamse buurt Bergpolder wordt ook wel als eerste galerijflat gezien, omdat hier voor het eerst zaken werden toegepast die algemeen zouden worden voor dit bouwtype: het balkon, centrale trappenhuis en de open glaswanden.

PV: De galerijflat is trouwens een slimmere optie dan de portiekflat. Je kunt er beter woningen in kwijt dan in een toren. Nu ik erover nadenk: eigenlijk zou je het een gestapelde doorzonwoning kunnen noemen.

'A gallery or atrium is accessible to all and crucial to the design'

Why is flexibility important to architects not only as a built result, but also as a quality?
Architects and their designs must adapt to the task at hand. But do the real challenges sufficiently come to light?

PV: It has often been debated what role an architect should assume. That of programmer, director or art director? You are often pushed into the role of intellectual art director and are not really supposed to stray too far from that role. But some projects simply don't ask for that. A social problem requires not just an aesthetic design, but social solutions at the lowest possible cost. Sometimes other things are important. The role of the architect should therefore depend on the situation, on the real challenge.

ML: Here, too, creating a certain space is important. In our project MENU [p.116] in Utrecht, we noticed that it is still quite complicated to embed emptiness and space in the project. Not to programme, in other words. We have a capacity of 4000 m^2 at our disposal there and what we do there is define and claim emptiness. That is a role you might not normally expect from an architect, but it is at least as important here. So, we reserve a part and programme the rest. That is important for residential buildings, but I think it works the same way for cities: constantly looking which places you can or must leave empty, so that there is room for initiative and the unexpected. These are things you cannot plan in advance.

PV: At the building level, this is still difficult to defend, but if you scale it up to the city, everyone understands immediately. Because of course you can't fill every inch of the city with programme!

RW: That has often been our design method, to create visible space for residents. The space on a gallery or the space of an atrium is visible and accessible to everyone. These are the places where people meet and talk. This crucial space is included in the design, so it is permanent. We like to create space that is collective, truly public space rather than privatized.

Waarom is flexibiliteit niet alleen als gebouwd resultaat, maar ook als eigenschap voor architecten van belang?
Een architect moet zich, net als zijn ontwerp, voegen naar de opgave. Maar dringt daarbij de daadwerkelijke opgave wel voldoende door?

PV: Het is vaak een onderwerp van gesprek geweest, welke rol een architect moet aannemen. Die van programmeur, regisseur of art director? Je wordt vaak in een rol van intellectueel art director geduwd en mag daar dan niet te veel buiten stappen. Maar sommige projecten vragen daar simpelweg niet om. Een sociaal probleem vraagt niet om alleen een esthetisch ontwerp, maar om sociale oplossingen tegen zo laag mogelijke kosten. Soms zijn andere zaken belangrijk. De rol van de architect zou dus afhankelijk moeten zijn van de vraag, van de échte uitdaging die er ligt.

ML: Ook hier is een bepaalde ruimte scheppen belangrijk. Wij merken bij ons project MENU [p.116] in Utrecht dat het nog aardig ingewikkeld is om leegte en ruimte in te bedden in het project. Om dus niet te programmeren. We hebben daar een capaciteit van 4000 m^2 tot onze beschikking en wat we daar doen is leegte definiëren en claimen. Dat is een rol die je normaal misschien niet van een architect verwacht, maar hier minstens zo belangrijk. We reserveren dus een deel en programmeren de rest. Dat is voor woongebouwen belangrijk, maar ik denk dat het voor steden hetzelfde werkt: continu kijken welke plekken je leeg kunt of moet houden, zodat er ruimte blijft voor initiatief en het onverwachte. Dat zijn dingen die je van tevoren niet kunt plannen.

PV: Op gebouwniveau is het nog lastig te verdedigen, maar als je dat opschaalt naar de stad dan snapt iedereen het direct. Want natuurlijk kun je niet elke centimeter van de stad volplannen met programma!

RW: Dat is al vaker onze ontwerpmethode geweest, om zichtbare ruimte te realiseren voor bewoners. De ruimte op een galerij of de ruimte van een atrium is voor iedereen zichtbaar en toegankelijk. Dit zijn de plekken waar je elkaar ontmoet en spreekt. Die cruciale ruimte

is opgenomen in het ontwerp, dus blijvend. Wij willen graag ruimte maken die collectief is, echt publieke ruimte in plaats van geprivatiseerd.

PV: Then you have to define exactly what you mean by 'public space'. Many communal areas are behind a fence and that is not necessarily a bad thing. If neighbours share gardens within a block of flats and there is a fence around it so that others cannot simply enter, that is not so bad at all. But then it is no longer a real public space. Public space is space that no one, except the state, has any authority over.

PV: Je moet dan goed formuleren wat je onder 'publieke ruimte' verstaat. Heel veel collectieve ruimtes bevinden zich achter een hek en dat hoeft niet erg te zijn. Als buren binnen een woningblok tuinen delen en daar staat een hek omheen zodat anderen er niet zomaar in kunnen, dan is dat helemaal niet zo gek. Maar dan is het al geen echte openbare ruimte meer. Openbare ruimte is waar niemand, behalve de staat, iets over te zeggen heeft.

ML: If the car is no longer part of that public space, then residents are able to claim the streets for something other than just logistical connection. With the car gone, the street becomes available to residents and the neighbourhood.

ML: Als de auto geen onderdeel meer is van die openbare ruimte, dan ben je als bewoners in staat om de straten te claimen voor iets anders dan alleen logistieke verbinding. Als de auto eruit is, staat de straat weer ter beschikking van de bewoners en de buurt.

PV: I don't think taking the car out is a guarantee for more space. Then the space will be claimed by something else, by outdoor cafés, for example. You have no guarantee that there will actually be more space to move around in. It is indeed the job of the architect to include this in the design, to ensure that it remains spacious and that something will not be there.

PV: Ik denk niet dat de auto wegnemen een garantie is voor meer ruimte. Dan wordt de ruimte wel weer door iets anders geclaimd, door terrassen bijvoorbeeld. Je hebt niet de garantie dat er daadwerkelijk meer ruimte komt om je vrijer te bewegen. Het is inderdaad de taak van de architect om dit mee te nemen in het ontwerp, om te zorgen dat het ruimtelijk blijft en er iets níet komt.

How can architects contribute to successful independent citizens' movements and why is this important?
According to Piet, we have lost sight of where we should be heading because we have gone down the beaten track. He sees a solution in the commons. Can Mei projects contribute to this?

Hoe kan de architect bijdragen aan succesvolle, onafhankelijke burgerbewegingen en waarom is dat belangrijk?
Volgens Piet zijn we door de gebaande paden de juiste richting uit het oog verloren. In de commons – gemene gronden – ziet hij een oplossing. Kunnen Mei-projecten daaraan bijdragen?

RW: Before modernism, we applied clever things in our lives that we have gradually forgotten and certain values that make life more enjoyable were lost. Piet, you know a lot about the commons, that's an example of that. How does it work? You organize certain things together and thus create more freedom and flexibility?

RW: Vóór het modernisme pasten we in ons leven slimme dingen toe die we gaandeweg vergeten zijn en bepaalde waarden die het leven vrolijker maken gingen verloren. Piet, jij weet veel over de commons, dat is daar een voorbeeld van. Hoe werkt het? Je organiseert bepaalde zaken samen en realiseert daarmee meer vrijheid en flexibiliteit?

PV: The commons is about shared goods, spaces, or facilities by a certain group. I attended a meeting once where someone asked who owns the street. Half of the people replied 'the street belongs to all of us' and the other half said 'the street belongs to no one'. There is a fundamental difference. When the street belongs to no one, there are no rules, or only unwritten ones. In the Netherlands, the street basically belongs to all of us, but the state controls its use through legislation. This was not the case in earlier cultures. Instead, groups of farmers, for instance, organized it together. So that is a commons. It is a position between privatized land ownership and that which the state controls. Between state and capital, between market and government. You can translate it into cooperative living, where you as a resident rent from the cooperative of which you are a part. The problem we face today is that everything is dominated by a capitalist, neo-liberal system in which private property prevails over shared use and ownership. This has led us to believe that we only have a few options. In the Netherlands, there are only two flavours in housing: private ownership or renting. Much more is possible; cohousing is one example. This is very common in Germany. Citizens must be given more control again so that informal appropriation is possible.

PV: De commons gaat over gedeelde goederen, ruimten of voorzieningen door een bepaalde groep. Ik was eens bij een bijeenkomst waarbij iemand vroeg van wie de straat was. De ene helft antwoordde 'de straat is van ons allemaal' en de andere helft 'de straat is van niemand'. Er is een wezenlijk verschil. Wanneer de straat van niemand is, zijn er geen regels, of alleen ongeschreven regels. In Nederland is de straat in de basis van ons allemaal, maar de staat controleert door middel van wetgeving het gebruik ervan. In vroegere culturen was dat niet het geval. Daar organiseerden groepen, bijvoorbeeld boeren, het samen. Dat is dus een commons. Het is een positie tussen geprivatiseerd grondeigendom en dat wat de staat controleert. Tussen staat en kapitaal, tussen markt en overheid. Je kunt het vertalen naar coöperatief wonen, waarbij je als bewoner huurt van de coöperatie waar je zelf onderdeel van bent. Het probleem waar we nu mee kampen, is dat alles gedomineerd wordt door een kapitalistisch, neoliberaal systeem waarin privé-bezit prevaleert boven gedeeld gebruik en bezit. We zijn gaan denken dat we daardoor maar een paar opties hebben. In Nederland zijn er maar twee smaken in wonen: privé-eigendom of huur. Er is veel meer mogelijk, daar zijn de woongemeenschappen een voorbeeld van. In Duitsland is dat heel gangbaar. Burgers moeten weer meer zeggenschap krijgen zodat informele toe-eigening mogelijk is.

'Architecture should facilitate the necessary conditions for collaboration'

RW: Nowadays we are completely dependent on all kinds of parties and the question is how to free ourselves from that. With solar energy you can fully meet your own energy needs, except in December and January. Then the demand is too great, while you produce too much the rest of the year. If you manage to store energy properly, you can be truly independent.

RW: We zijn tegenwoordig volledig afhankelijk van allerlei partijen en de vraag is hoe je je daarvan kunt bevrijden. Met zonne-energie kun je volledig in je eigen energiebehoefte voorzien, behalve in december en januari. Dan is de vraag te groot, terwijl je de rest van het jaar te veel produceert. Als het lukt om energie goed op te slaan, ben je echt onafhankelijk.

PV: Yes, small cooperatives are already emerging in relation to energy. It is more efficient to organize this with a small group or association. Together you can invest in storage and negotiate a good deal with the corporates that supply energy. You can also make one individual house self-sufficient, but that is difficult and expensive. It is comparatively easier to make a group of houses—between twenty and a hundred—self-sufficient. Then you can benefit from economies of scale. Together, you can set up a system to manage the whole thing. People may be too lazy for it nowadays, but saving money is a good incentive. Whichever way it is done, it slowly disconnects small businesses and residents from the big Moloch, and that is what matters.

RW: And then you get happy, fun people who are healthy and get energy from each other?

PV: The risk is something called 'the tragedy of the commons'. One of the risks of sharing is that one person will take the lot. If one farmer has the whole pasture grazed or if one fisherman catches all the fish in the pond, everything will be exhausted in no time and no one will profit from it. We now find ourselves in that tragedy in all sorts of ways: there is a small group of people who profit from things that we should be sharing together. In a well-functioning commons, the commoners therefore also establish and enforce their own rules of use.

RW: In Darwinism this is called reciprocity.

PV: Classical economics assumes that all people are selfish and only seek personal gain, whereas you see everywhere that people also care for each other and are concerned about each other. I think that architecture should facilitate the necessary conditions for collaboration and collective sharing. That way, you stimulate people to actually live together, but a lot of architecture is not based on that. As an architect, you shouldn't make things beautiful, you should make them possible. Or, as Cedric Price once put it: 'The art of architecture is to enable.'

PV: Ja, op het gebied van energie ontstaan al kleine coöperaties. Het is efficiënter om dit met een beperkte groep of vereniging te organiseren. Gezamenlijk kun je investeren in opslag en een goede deal sluiten met de corporates die energie leveren. Je kunt één huis ook zelfvoorzienend maken, maar dat is lastig en duur. Het is in verhouding eenvoudiger om een groep huizen – tussen de twintig en honderd – zelfvoorzienend te krijgen. Dan profiteer je van schaalvoordelen. Met elkaar zet je dan een systeem op om de boel te beheersen. Mensen zijn er tegenwoordig misschien te lui voor, maar geld besparen is een goede stimulans. Hoe het ook gebeurt: je koppelt zo langzaam kleine bedrijven en bewoners los van de grote Moloch, daar gaat het om.

RW: En dan krijg je vrolijke, leuke mensen die gezond zijn en energie van elkaar krijgen?

PV: Het gevaar is iets dat *the tragedy of the commons* wordt genoemd. Een gevaar van samen delen is dat er één met de buit vandoor gaat. Als één boer de gezamenlijke wei leeg laat grazen of één visser de hele vijver leeg vist. Dan is binnen de kortste keren de boel uitgeput en profiteert er niemand meer. In die tragedie bevinden we ons nu op allerlei manieren: er is een kleine groep mensen die profiteert van dingen die we samen zouden moeten delen. In een goed functionerende commons stellen de commoners dus ook eigen gebruiksregels op en handhaven die zelf.

RW: In het Darwinisme heet dat wederkerigheid.

PV: De klassieke economie gaat ervan uit dat alle mensen zelfzuchtig zijn en alleen uit zijn op eigen gewin, terwijl je overal ziet dat mensen ook voor elkaar zorgen en begaan zijn met elkaar. Ik denk dat we in de architectuur moeten zorgen voor de juiste condities voor samenwerking en collectief delen. Dan stimuleer je dat mensen ook daadwerkelijk samenleven, maar veel architectuur is daar niet op gebaseerd. Als architect moet je niet mooi maken, maar mogelijk maken. Of, zoals Cedric Price het ooit stelde: 'The art of architecture is to enable.'

‘You can’t design nature, but you can design the conditions for it’

RW: We try to support this living together by introducing common functions and spaces in our buildings, such as shared bicycles and cars, a vegetable garden and a tool room in SAWA. But we also strongly believe in distinctive architecture that is capable of uniting people, in buildings that people love and the connection that emanates from that. I think SAWA can do that.

PV: Of course the distinctiveness of the building matters, but that cannot be its only feature. There have to be facilities for experiencing a sense of belonging. There needs to be cooperation and trust. There have to be rules so that no one will take advantage. So, you have to be able to come to an agreement with each other. Our smallest common is the family, beyond that we don’t really have anything. We must first learn to arrange things together again in larger groups, with an extended family. An architect can contribute to this.

RW: Dit samenleven proberen we te ondersteunen door gemeenschappelijke functies en ruimtes in onze gebouwen te introduceren, zoals deelfietsen en -auto’s, een moestuin en een gereedschapsruimte in SAWA. Maar we geloven ook sterk in uitgesproken architectuur die in staat is om mensen te verenigen, in gebouwen waar mensen van houden en de verbinding die daarvan uitgaat. Ik denk dat SAWA daartoe in staat is.

PV: Natuurlijk doet de eigenheid van het gebouw ertoe, maar dat kan het niet alleen zijn. Er moeten voorzieningen zijn om het gevoel van saamhorigheid te kunnen beleven. Er is samenwerking nodig en vertrouwen. Er moeten regels zijn, zodat niemand er misbruik van maakt. Je moet dus in staat zijn iets met elkaar af te spreken. Onze kleinste common is het gezin, daarbuiten hebben we eigenlijk niets meer. We moeten eerst weer leren om in grotere groepen, met een *extended family*, weer dingen samen te regelen. Een architect kan daaraan bijdragen.

In the conversation of almost three hours, much was said about the importance of flexibility, appropriation, and the role of the architect. Piet would like to conclude with an important point that he also considers to be partly the architect's responsibility. 'I already said that I think that architects should make certain things possible, and biodiversity is such a thing. We are facing major problems with the loss of biodiversity, phosphorus, and the nitrogen problem. It really frustrates me that far too little attention is paid to this in the visions for the next 15 years. They talk a lot about flooding, but that is the least of the problems. Because water retention is a problem for people, heat stress is a problem for the whole ecosystem. We may still be able to reverse climate change, but not the loss of biodiversity and the leaching of nitrogen and phosphorus into the soil, air, and water. The Dutch soil is as dead as a doornail because of the agricultural industry. A project like SAWA is what I mean by making things possible: you can't design nature, but you can design the conditions for it. I hope that SAWA will be followed. Someone has to do it, to break the main resistance. Now people say it is not possible, but when a building like SAWA is realized, that argument no longer holds.'

In het gesprek van bijna drie uur is er veel gezegd over het belang van flexibiliteit, toe-eigening en de rol van de architect. Piet wil tot slot nog een belangrijk punt aanstippen dat hij eveneens tot de mede-verantwoordelijkheid van de architect rekent. 'Ik zei al dat ik vind dat de architect bepaalde zaken mogelijk moet maken, biodiversiteit is zoiets. We staan voor grote problemen met het verlies van biodiversiteit, fosfor en het stikstofprobleem. Het frustreert mij enorm dat hier in de visies voor de komende 15 jaar nog veel te weinig aandacht voor is. Het gaat veel over wateroverlast, maar dat is het minste probleem. Waterretentie is namelijk het probleem van mensen, hittestress voor het hele ecosysteem. De klimaatverandering kúnnen we misschien nog keren, maar het verlies van biodiversiteit en de afvloeiing van stikstof en fosfor in bodem, lucht en water niet. De Nederlandse bodem is door de agrarische industrie zo dood als een pier. Een project als SAWA is wat ik bedoel met dingen mogelijk maken: je kunt de natuur niet ontwerpen, maar wel de condities ervoor. Ik hoop dat SAWA navolging krijgt. Iemand moet het doen, om de belangrijkste weerstand te breken. Nu wordt er gezegd dat het niet mogelijk is, maar wanneer een gebouw als SAWA gerealiseerd is, gaat dat argument niet meer op.'

Mei in conversation with Piet Vollaard

Text: Priscilla de Putter
Photography: Jerry Lampen

Mei in gesprek met Piet Vollaard

Tekst: Priscilla de Putter
Fotografie: Jerry Lampen

'Sustainability at that time was about energy, nobody was talking about reuse'

Leitmotiv
Flexibility

Expert
Piet Vollaard

We asked five experts to discuss with Mei (Robert Winkel, Michiel van Loon and Robert Platje) the themes we find important as a company and which form a constant factor in our practice. In these talks, we strip these themes down to their essence and underline their importance for Mei. And for you.

We vroegen vijf experts om met Mei (Robert Winkel, Michiel van Loon en Robert Platje) in gesprek te gaan over de thema's die we als bureau belangrijk vinden en die een constante factor vormen in onze praktijk. In de gesprekken pellen we deze thema's af tot de kern en onderstrepen we het belang ervan voor Mei. En voor jou.

The current crises underline the urgency of a conversation about new values. A commitment to broadening the value of projects is however already evident in Mei's early—from minimizing the environmental impact of buildings to facilitating circular use of materials. With architect and theatre maker Sophie Stravens we reflect on the tools available to architects to generate social value.

In de context van actuele crises is de urgentie van een gesprek over nieuwe waarden duidelijk. Een streven naar het verbreden van de waarde van projecten is echter al vanaf het vroege werk van Mei zichtbaar – van het minimaliseren van de milieu-impact van gebouwen tot het faciliteren van circulair materiaalgebruik. Met architect en theatermaker Sophie Stravens reflecteren we op de instrumenten die architecten ter beschikking hebben om maatschappelijke meerwaarde te genereren.

Leitmotiv
New values

Expert
Sophie Stravens

Sophie Stravens holds a Master's degree in Architecture, Urbanism and Building Sciences from TU Delft and a Master of Music from the Academy of Music and Performing Arts in Tilburg. As a presenter, programme maker and performer, she connects these two worlds, the spatial and the social. She believes in the persuasive power of personal stories and in the power of the collective to find solutions to the problems facing our modern world. sophiestravens.com

'New concepts must serve a human, liveable city'

Laten we het nu eens niet over waarde, maar over de waarden van onze gebouwde omgeving hebben. Hoe kan architectuur beantwoorden aan wat we als samenleving nastreven? De wenselijkheid die de term Nieuwe Waarden impliceert, maken we expliciet in een gesprek met Sophie Stravens. Met een achtergrond in zowel Bouwkunde als Muziektheater heeft ze haar voelsprieten gericht op de samenleving en zoekt ze naar wat mensen beweegt. We bespreken waarom Nieuwe Waarden nodig zijn en of de Mei-projecten voldoen aan Sophies waarden van menselijkheid, duurzaamheid, toekomstbestendigheid en verbondenheid.

Let's not talk about value, but about the values of our built environment. How can architecture respond to what we as a society strive for? The desirability implied by the term New Values is made explicit in a conversation with Sophie Stravens. With a background in both Architecture and Musical Theatre, she has turned her attention to society and tries to find out what moves people. We will discuss why New Values are needed and whether the Mei projects meet Sophie's values of humanity, sustainability, future-proofing and connection.

As a presenter, performer, and programme maker, Sophie Stravens uses both her architecture and theatre background. An unconventional combination, which, precisely because of that, can lead to surprising visions. In all her roles, she interacts with people: spectators, audiences, visitors, residents. Her work consists of constantly detecting, analysing, anticipating, reacting and reflecting. So, through which lens does she look at the Mei projects? And what New Values does she recognize in them?

Sophie Stravens zet als presentatrice, performer en programmamaker zowel haar architectuur- als theaterachtergrond in. Een onconventionele combinatie, die juist daardoor voor verrassende visies kan zorgen. In al haar rollen reageert ze op mensen: toeschouwers, publiek, bezoekers, bewoners. Haar werk bestaat uit steeds weer detecteren, analyseren, anticiperen, reageren en reflecteren. Met welke ogen kijkt ze daardoor naar de Mei-projecten? En welke Nieuwe Waarden herkent ze hierin?

Are new concepts needed to respond to new values?
If we want to move in a different direction, does our current toolbox suffice, Sophie wonders. Because how can you create something new if you only have the old tools and ways of thinking at your disposal?

Sophie Stravens: When preparing for this talk, I wondered what New Values meant exactly. Are the new values that we are striving for not actually old values that we have lost sight of? The industrial revolution, with its drive for efficiency and productivity and an even sharper definition of time—from circular to linear; and from days to hours, to minutes, to seconds—changed how we live together and how we shape our environment. But with that, perhaps certain values were also lost. In your projects, I recognize many things that I consider important, but which, for example, received little or no attention when I studied Architecture in 2009. One of your first projects, Ravages of Time p.270, is a good example of this. Things like flexibility and adaptability, community and inclusiveness already play a role in this, whereas Architecture was mainly about the aesthetic value of buildings. The same goes for sustainability: that didn't involve much more than putting a few solar panels on the roof, whereas in your projects it seems to be woven into everything. With its lightweight construction, the modular Smarthouse p.242 for example, reduces energy use in transport and construction. Thanks to the design of the new facade zone, the 25kV building p.254 is naturally ventilated and has fewer installations.

Zijn er nieuwe concepten nodig om aan nieuwe waarden te beantwoorden?
Als we een andere richting op willen bewegen, volstaat onze huidige toolbox dan wel, vraagt Sophie zich af. Want hoe kun je tot iets nieuws komen, als je alleen de oude middelen en denkwijzen tot je beschikking hebt?

Sophie Stravens: In de voorbereiding op dit gesprek vroeg ik me af wat het nou precies betekent, Nieuwe Waarden. Zijn de nieuwe waarden waar wij naar streven niet eigenlijk oude waarden die we uit het oog zijn verloren? De industriële revolutie veranderde door het streven naar efficiëntie en productiviteit en door een nog scherpere definitie van tijd – van circulair naar lineair; en van dagen, naar uren, naar minuten, naar seconden – hoe we met elkaar samenleven en hoe we onze omgeving vormgeven. Maar daarmee gingen wellicht ook bepaalde waarden verloren. In jullie projecten herken ik veel zaken die ik belangrijk vind, maar waarvoor bijvoorbeeld tijdens mijn studie Bouwkunde in 2009 nog weinig tot geen aandacht was. Een van jullie eerste projecten, Tand des Tijds p.270 is daar een goed voorbeeld van. Zaken als flexibiliteit en aanpasbaarheid, de gemeenschap en inclusiviteit spelen daarin al een rol, terwijl het bij Bouwkunde vooral om de esthetische waarde van gebouwen draaide. Hetzelfde geldt voor duurzaamheid: dat ging over niet veel meer dan een paar zonnepanelen op het dak leggen, terwijl het in jullie projecten overal in verweven lijkt. Met een lichte constructie zorgt het modulaire Smarthouse p.242 bijvoorbeeld voor beperking van energiegebruik tijdens transport en bouw. Het 25kV gebouw p.254 is door het ontwerp van de nieuwe gevelzone op natuurlijke wijze geventileerd en installatiearm.

'Being distinctive is important, but so is becoming part of the city and neighbourhood'

What I mean by this is that as a student of Architecture, I was not familiar with this design attitude. It is precisely because of this that I wonder whether we don't urgently need new concepts that reflect the New Values. Concepts that serve a human city, a more liveable city. That serve the community and deal with mobility in a different way. That, in short, break with current design and construction methods. Perhaps SAWA [p.124] can be an example of this? It responds to many urgent social and ecological challenges. Its aesthetics seem to stem from the building's functions.

Robert Winkel: As architects, we are directors of aesthetics, although we are somewhat less rigid in this respect. The outcome of a design process is not a coincidence. If we only responded to values and demands, we would get a grey product. A director of aesthetics knows precisely how to tie everything together—functions and values—in a design that is also aesthetically pleasing.

SS: In your case, this often leads to buildings that make a statement on the one hand, but also respect the surroundings on the other. The context and the users are taken into account. There is a certain modesty in Mei buildings, without them becoming grey or flat. I find that special, making something unique that is exciting, but also feels logical for the location. A good example is the Schiecentrale 4B [p.226], where we are now. The woven screen of stainless steel as a facade material and the hanging storage units at the front are statements, but at the same time fit in with the surroundings. In red, the storage units would have been dominant, but now they are distinctive in a friendly way.

RW: The storage units are indeed brown because that fits well with the area. Architects often opt for grey, but we like to work with brown. To me, this colour does exactly what it is supposed to do here: stand out, without being too prominent.

SS: I see the same thing with Fenix I [p.178]. It is an icon and makes a veiled statement, without that being the purpose behind it. It is grand and striking, yet friendly in that particular location.

Wat ik hiermee wil zeggen: als student Bouwkunde was ik niet bekend met deze ontwerphouding. Juist daardoor vraag ik me af of er niet dringend nieuwe concepten nodig zijn, die beantwoorden aan de Nieuwe Waarden. Concepten die in dienst staan van een menselijke stad, een meer leefbare stad. Die de gemeenschap dienen en anders omgaan met mobiliteit. Die, kortom, de huidige ontwerp- en bouwwijze doorbreken. Misschien kan SAWA [p.124] daarvan een voorbeeld zijn? Het beantwoordt aan veel urgente sociale en ecologische opgaven. De esthetiek ervan lijkt voort te komen uit de functies van het gebouw.

Robert Winkel: Als architecten zijn wij regisseurs van de esthetiek, al zitten wij daar iets minder geharnast in. De uitkomst van een ontwerpproces is geen toevalstreffer. Als we alleen aan waarden en wensen zouden beantwoorden, dan kregen we een grijs product. Een regisseur van de esthetiek weet juist alles – functies en waarden – te verbinden in een ontwerp dat ook esthetisch aantrekkelijk is.

SS: In jullie geval leidt dat vaak tot gebouwen die aan de ene kant een statement maken, maar aan de andere kant juist ook de omgeving respecteren. De context en de gebruikers tellen mee. Er zit een bescheidenheid in Mei-gebouwen, zonder grijs of vlak te worden. Dat vind ik bijzonder, iets unieks maken dat spannend is, maar toch ook logisch voelt voor de plek. Ik denk hierbij aan de Schiecentrale 4B [p.226], waar we nu zitten. Het geweven doek van RVS als gevelmateriaal en de hangende bergingen aan de voorzijde zijn statements, maar sluiten tegelijkertijd aan bij de omgeving. Rood gekleurd waren de bergingen dominant geweest, maar nu zijn ze op een vriendelijke manier onderscheidend.

RW: De bergingen zijn inderdaad bruin omdat dat goed past bij het gebied. Er wordt door architecten vaak voor grijs gekozen, maar wij werken graag met bruin. Voor mij doet die kleur daar precies wat die moet doen: onderscheiden, zonder te veel op te vallen.

SS: Hetzelfde zie ik bij Fenix I [p.178]. Het is een icoon en maakt een stiekem statement, zonder dat dat het doel erachter was. Het is groots en opvallend, maar toch ook vriendelijk op die plek.

'Nowadays, many plans are designed as object cities. Creating a neighbourhood in which old and new, future and history are interwoven, is much more complicated'

Robert Platje: That's because the building leaves a lot of space to the user, which makes it distinctive. It really is a building made for people.

SS: I know what you mean. I like architectural statements, but a city cannot be made up only of those kinds of buildings. The Market Hall in Rotterdam, for example, was designed first and foremost as a market hall, as a unit based on a strict concept. As a result, the personal belongings of the residents on the balconies in some places detract from the design. In Fenix I, on the other hand, the balconies look like a collage, a reflection of the city. The building gives residents space and makes the way they want to furnish it part of how it looks. But it also has its own unique identity. So being distinctive is important, but so is becoming part of the city and neighbourhood.

RW: Yes, people derive part of their identity from their neighbourhood, residential building, and home. That's precisely why it makes me angry to see the cubicles that some people have to live in. It is absurd and sad that there are so many anonymous buildings in the social housing sector. Grey and poorly maintained buildings with Trespa panels. In Spangen, we once de-renovated houses that had been renovated in the 1980s. By bringing them back to their original state and making them feel human again.

Robert Platje: Dat komt omdat het gebouw veel ruimte laat aan de gebruiker, dat maakt het onderscheidend. Het is echt een gebouw gemaakt voor mensen.

SS: Ik snap wat je bedoelt. Ik hou van architectonische statements, maar een stad kan niet alleen daaruit bestaan. De Markthal in Rotterdam bijvoorbeeld, is in de eerste plaats als een markthal ontworpen, als eenheid vanuit een strak concept. Met als gevolg dat de persoonlijke spullen van bewoners op de balkons op sommige plekken afbreuk doen aan het ontwerp. Bij Fenix I ogen de balkons juist als een collage, een weerspiegeling van de stad. Het gebouw geeft bewoners de ruimte en maakt de manier waarop zij deze willen inrichten onderdeel van het beeld. Maar het heeft ook zelf een unieke identiteit. Dus onderscheidend zijn is wel degelijk belangrijk, maar onderdeel worden van de stad en buurt is dat ook.

RW: Ja, mensen ontlenen een deel van hun identiteit aan hun woonbuurt, woongebouw en huis. Ik kan me er juist daarom boos om maken als ik zie in welke hokken sommige mensen moeten leven. Het is absurd en triest dat er zoveel anonieme gebouwen zijn in de sociale verhuur. Grijze en slecht onderhouden gebouwen met Trespa platen. Wij hebben in Spangen ooit woningen die in de jaren tachtig gerenoveerd waren, ontrenoveerd. Door ze terug te brengen in de oorspronkelijke staat en weer menselijk te maken.

SS: Humanity, that's what I see in your projects and this is something that should be at the centre of new concepts. Humanity as an important New Value. It is about identity, but also about human dimensions and scale, something you can relate to. Your projects pay a lot of attention to that. During my studies, I was annoyed by grand floor plans, especially at the urban planning level, and always that bird's eye view, because I always wanted to know what people would really experience there. Because we don't sit in helicopters that often, do we? It is crucial not to forget the experience of residents and users in the design.

Michiel van Loon: Exactly for that reason, we make different leaps in scale in that user experience. Fenix I is a good example of this, with transitions from private to semi-public to public within the building. Talking about size and scale: a statement here was the immense footing that we made visible, near the underground bicycle parking facility. It wasn't the easiest job to realize, but now when you go downstairs with your bicycle, you are confronted with that enormous thing and thus with the scale of the building. You realize: I am standing in a warehouse; I live in a warehouse. That contributes to your connection with the building. It is important to make such elements part of everyday routes.

SS: This is exactly why I like this work so much and find it so important: architecture is about all of us. Everything is planned and designed, especially in the Netherlands. That is why values are so important, because spatial design and architecture determine how we live our lives. They determine whether you feel safe somewhere, feel connected with other people or with the neighbourhood. This awareness is not always present or shared by everyone, but it is precisely then that such a confrontation with the design can help. Behind it lie certain choices that have been made. I think the time is ripe for other choices, new values and concepts. Designers who do not think about this are effectively also making a choice.

SS: Menselijkheid, dat is wat ik herken in jullie projecten en iets wat centraal zou moeten staan bij nieuwe concepten. Menselijkheid als belangrijke Nieuwe Waarde. Dat gaat over identiteit, maar ook over de menselijke maat en schaal, iets waartoe je je kunt verhouden. In jullie projecten is daar veel aandacht voor. Tijdens mijn studie ergerde ik me aan grootse plattegronden, met name op stedenbouwkundig niveau, en steeds maar weer dat vogelvluchtperspectief, omdat ik me altijd afvroeg: maar hoe ervaar je het daar nu straks écht? Zo vaak zit ik namelijk niet in een helikopter. Het is cruciaal om de beleving van bewoners en gebruikers niet te vergeten in het ontwerp.

Michiel van Loon: Precies om die reden maken wij verschillende schaalsprongen in die gebruikerservaring. Daar is Fenix I een goed voorbeeld van, met binnen het gebouw overgangen van privaat naar semi-publiek naar openbaar. Over maat en schaal gesproken: een statement hier was de immens grote poer die we zichtbaar hebben gemaakt, bij de ondergrondse fietsenstalling. Het was niet de makkelijkste klus om te realiseren, maar als je nu naar beneden gaat met je fiets, word je geconfronteerd met dat enorme ding en dus met de schaal van het gebouw. Je beseft: ik sta in een loods, ik woon in een loods. Dat draagt bij aan de binding met het gebouw. Het is belangrijk om dit soort elementen onderdeel te laten zijn van dagelijkse routes.

SS: Dit is precies waarom ik dit werk zo leuk en belangrijk vind: architectuur gaat over iedereen. Alles is bedacht en ontworpen, vooral in Nederland. Daarom zijn waarden zo belangrijk, omdat ruimtelijk ontwerp en architectuur bepalen hoe wij ons leven leiden. Die bepalen of je je ergens veilig voelt, verbonden voelt met andere mensen of met de buurt. Dat bewustzijn is er lang niet altijd en bij iedereen, maar juist dan kan zo'n confrontatie met het ontwerp helpen. Daarachter liggen bepaalde keuzes die gemaakt zijn. Ik denk dat de tijd rijp is voor andere keuzes, nieuwe waarden en concepten. Ontwerpers die daarover niet nadenken, maken eigenlijk ook een keuze.

How does a balance between directing and leaving space, innovating and preserving, contribute to a valuable plan?
No blank canvas for Mei: the company designs with attention to what is already there. In a city, the mutual cohesion is more important than the individual objects, Sophie, Robert and Michiel conclude. History contributes to this, as do greenery and 'residual space', where unplanned or experimental forms of use can find a place.

SS: Conservation and reuse are high on the agenda at the moment, but unfortunately, we are still a long way from large-scale implementation. You have been working with these for a long time.

RW: The developments in the Lloydkwartier from the late 1990s were ground-breaking in Rotterdam at the time. The cultural-historical value of the existing buildings and infrastructure was really taken as a starting point in the plans. This appreciation, for history and its preservation, was growing at the time. This did not only concern monumental buildings: the appreciation for other buildings and components of buildings, and the space in between, also grew.

ML: The in-between space—public space, but also transitional zones to private space—can create cohesion in an area. This space also plays a key role in the urban development plans for the Cable District, the Binckhorst and the former Silk Factory in Naro Fominsk.

RW: Nowadays, many plans are designed as object cities. This is characteristic of the post-modern city, formed by individual objects: a market hall, a church. Creating a neighbourhood in which old and new, future and history are interwoven, is much more complicated. The Cable District p.152 will be interlaced with existing, historical elements. In order to achieve this, you have to bend over backwards, quite literally, in terms of design. Instead of simply demolishing, you come up with a plan for that long brick wall. Sometimes, as an architect, you even have to become a developer to get it done.

Hoe draagt een balans tussen regisseren en ruimte laten, vernieuwen en behouden, bij aan een waardevol plan?
Geen blanco canvas voor Mei: het bureau ontwerpt met oog voor wat al aanwezig is. In een stad is de onderlinge samenhang belangrijker dan de losse objecten, concluderen Sophie, Robert, Michiel en Robert. Historie draagt daaraan bij, net als groen en 'restruimte', waar nog ongeplande of experimentele vormen van gebruik een plek kunnen vinden.

SS: Behoud en hergebruik staan op dit moment hoog op de agenda, maar we zijn helaas nog ver verwijderd van implementatie op grote schaal. Jullie zijn hier al lang mee bezig.

RW: De ontwikkelingen in het Lloydkwartier vanaf eind jaren negentig waren destijds vernieuwend in Rotterdam. De cultuurhistorische waarde van de bestaande bebouwing en infrastructuur werd in de plannen echt als uitgangspunt genomen. Die waardering, voor historie en het behoud ervan, nam in die tijd toe. Dat ging dan niet alleen om monumentale panden: ook de waardering voor andere gebouwen en gebouwdelen groeide, en de ruimte daartussen.

ML: De tussenruimte – de publieke ruimte, maar ook overgangszones naar private ruimte – kan samenhang creëren in een gebied. Ook in de stedenbouwkundige plannen voor het Kabeldistrict, de Binckhorst en de voormalige Zijdefabriek in Naro Fominsk speelt deze ruimte een sleutelrol.

RW: Tegenwoordig worden veel plannen vormgegeven als objectenstad. Dit is kenmerkend voor de postmoderne stad, gevormd door losse objecten: een markthal, een kerk. Een buurt maken waarin oud en nieuw, toekomst en historie met elkaar verweven zijn, is veel ingewikkelder. Het Kabeldistrict p.152 is straks dooraderd met bestaande, historische elementen. Daarvoor moet je je, ontwerptechnisch vrij letterlijk, in allerlei bochten wringen. In plaats van simpelweg af te breken, bedenk je een plan voor die lange bakstenen muur. Soms moet je als architect zelfs ontwikkelaar worden om het voor elkaar te krijgen.

SS: This reminds me of something I read the other day, from architect and researcher Clare Lyster. She wrote the book *Learning from Logistics, How Networks Change Our Cities*, in which she describes how logistics provides new insights for the design of cities. In her introduction, she describes cities as places of objects and the transition from cities to places of all kinds of flows. Buildings are there first and foremost to give form to that. That idea, the city and the buildings in it as a form for flows, is an interesting vision, I think.

ML: I would add that bringing those flows to a halt is also a function of those buildings. I recognize this in what we are doing in the Cable District, an area of which the car is not a part. Here, the streets are not thoroughfares, but places where you can just hang out.

RW: Giving people a place in a neighbourhood and meeting their needs is the primary goal.

SS: Designing for quality of life: you would think that this is self-evident. That sometimes not doing something or leaving space is the best choice is apparently less obvious.

SS: Dit herinnert me aan iets wat ik laatst las, van architect en onderzoeker Clare Lyster. Ze schreef het boek *Learning from Logistics, How Networks Change Our Cities* en beschrijft daarin hoe de logistiek nieuwe inzichten oplevert voor het ontwerp van de stad. In haar inleiding beschrijft ze steden als plekken van objecten en de transitie van steden naar plekken van allerlei soorten stromen. Gebouwen zijn er vooral om daaraan vorm te geven. Die visie op de stad vind ik interessant.

ML: Daar zou ik nog aan toevoegen dat het tot stilstand brengen van die stromen ook een functie is van die gebouwen. Dat herken ik in wat we doen bij het Kabeldistrict, een gebied waarvan de auto geen onderdeel is. Hier zijn de straten geen doorgangswegen, maar plekken waar je gewoon kunt zijn.

RW: De mens zelf een plek geven in een buurt en aan diens behoeften beantwoorden, dat is het hogere doel.

SS: Ontwerpen voor levenskwaliteit, je zou denken dat dat vanzelfsprekend is. Dat daarbij soms iets niet doen of ruimte laten juist de beste keuze is, is blijkbaar minder vanzelfsprekend.

ML: For us, quality is linked to the provision of space. In Utrecht, too, we reserve space for different types of use—not just the usual programming, with hospitality and retail chains—aimed at the local community. Under the name MENU p.116, we are turning the former bicycle depot into a special place, with a market hall, cafés and restaurants, creative businesses, and urban agriculture. The characteristic building will be preserved in its entirety and we will add new qualities to it. This will be a centrepiece for the new urban district of Merwede and the local community.

RW: The most innovative aspect is indoor food production, whereby vegetables to be grown absorb and utilize CO_2. That could yield 100,000 kilos of food a year! Everything grown there is also prepared and eaten on site, and sold to neighbours and the local supermarket. In this way we make local production part of the neighbourhood and encourage interactions in the hall. We are transforming an introverted and not particularly beautiful building, once designed for the Onderlinge Pharmaceutische Groothandel (OPG), into the most attractive and inviting spot for the neighbourhood.

ML: In the coming years, it will be a building site where a lot of the existing greenery will disappear. We adopt all the trees and plants that are removed during the construction and give them a place in the plant and tree shelter on the roof. After the construction, the neighbourhood will get this greenery back. The whole concept of MENU is about circularity and paying attention to all the qualities that are already present in the area.

ML: Kwaliteit is voor ons verbonden aan het bieden van ruimte. Ook in Utrecht reserveren we ruimte voor verschillende vormen van gebruik – niet alleen gangbare programmering, met horeca- en winkelketens – gericht op de lokale gemeenschap. Onder de naam MENU p.116 maken we een bijzondere plek van het voormalige fietsendepot, met een markthal, horeca, creatieve bedrijven en stadslandbouw. Het karakteristieke gebouw blijft geheel behouden en daaraan voegen we nieuwe kwaliteiten toe. Dit wordt voor de nieuwe stadswijk Merwede en de lokale gemeenschap een middelpunt.

RW: Het meest vernieuwende is de inpandige voedselproductie, waarbij te verbouwen groenten CO_2 opnemen en benutten. Dat kan 100.000 kilo aan voedsel per jaar opleveren! Alles wat daar wordt verbouwd, wordt er ook klaargemaakt, gegeten en verkocht aan buurtbewoners en de lokale supermarkt. Zo maken we lokale productie onderdeel van de wijk en stimuleren we ontmoetingen in de hal. Een niet al te mooi, introvert gebouw, ooit ontworpen voor de Onderlinge Pharmaceutische Groothandel (OPG), transformeren we zo tot de allerleukste en uitnodigende plek voor de buurt.

ML: De komende jaren is het een bouwterrein waarbij veel aanwezig groen verdwijnt. Wij adopteren alle bomen en planten die verwijderd worden tijdens de bouw en geven ze een plek in het planten- en bomenasiel, op het dak. Na de bouw krijgt de omgeving dit groen weer terug. Het hele concept van MENU gaat over circulariteit en oog hebben voor alle kwaliteiten die al aanwezig zijn in de omgeving.

‘Because we live with misguided expectations of infinite growth, there is too little regard for what is already there’

Can architects design to take away fear?

How far does the responsibility of the architect extend in the design process and the materialization of buildings, Sophie would like to know. She hopes that in spatial design, architects can contribute to preventing or breaking down barriers by designing more for interaction.

SS: Someone recently asked me about my worldview for 2035. Based on the challenges we are facing now, I thought of two scenarios. Either we repent, take the necessary steps and make things better. Or we continue as we are, making the situation worse, depleting our resources and turning doomsday scenarios into reality. One scenario is based on hope, the other is a dystopia. The steps we need to take to avoid doomsday scenarios are big and all interconnected. Climate change, extended periods of drought, the threat of water, extreme precipitation, rising sea levels: this means that large areas of land will no longer be inhabitable in the future. Living space is already a problem, and with less space at our disposal, that problem—and the social divide—will become even bigger. The book *How are we going to explain this*, by climate journalist Jelmer Mommers, also assumes two scenarios: either we plant tons of forests to save the earth, or walls are created, with a society in which it is every person for themselves. The latter is what I fear, because this trend is so visible.

RW: At the moment, some of those problems result in something called 'deferred living' among young people. Their income is too low to pay for a house of their own, so they still live with their parents, which means they cannot move in together and therefore have no children or only later. It is awful to have so little power over your own life.

Kan de architect ontwerpen om angst weg te nemen?

Hoe ver reikt de verantwoordelijkheid van de architect in het ontwerpproces en de materialisering van gebouwen, wil Sophie weten. Ze hoopt dat architecten in het ruimtelijk ontwerp kunnen bijdragen aan het voorkomen of doorbreken van muren, door meer te ontwerpen voor ontmoeting.

SS: Iemand vroeg mij laatst naar mijn wereldbeeld voor 2035. Op basis van de uitdagingen waar we nu voor staan, dacht ik aan twee scenario's. Of we komen tot inkeer, nemen de stappen die nodig zijn en zorgen voor verbetering. Of we gaan door op de huidige voet, waardoor de situatie verslechtert, we onze bronnen uitputten en doemscenario's waarheid worden. Het ene scenario gaat uit van hoop, de ander is een dystopie. De stappen die we moeten nemen om doemscenario's te voorkomen, zijn groot en allemaal onderling verbonden. De klimaatverandering, grotere perioden van droogte, de dreiging van het water, extreme neerslag, zeespiegelstijging: daardoor zijn grote stukken land in de toekomst niet meer bewoonbaar. Woonruimte is al een probleem en met minder oppervlakte tot onze beschikking wordt dat probleem – en de sociale kloof – alleen maar groter. Ook het boek *Hoe gaan we dit uitleggen*, van klimaatjournalist Jelmer Mommers, gaat uit van twee scenario's: of we planten massaal bossen aan om de aarde te redden, of er ontstaan muren, met een samenleving waarin het ieder voor zich is. Dat laatste is mijn angst, omdat die tendens zo zichtbaar is.

RW: Op dit moment resulteert een deel van die problemen in iets wat ze 'uitgesteld leven' noemen, onder jongeren. Zij verdienen te weinig om een eigen huis te bekostigen, wonen daarom nog bij hun ouders, kunnen dus niet samenwonen en krijgen daardoor geen of pas later kinderen. Het is vreselijk als je zo onmachtig bent over je eigen leven.

SS: We thought things would always just keep getting better. We grew up with the idea of infinite growth and inexhaustibility. And that's not true. Because we are so focused on growth, we have less regard for what is already there. But the group of people who are financially struggling to make it to the end of the month or have no roof over their heads, is growing. Recently, I heard about a mother who fled domestic violence with her two children. She now has temporary accommodation that is inadequate, but she is afraid to do something about it. She fears that her husband wants to take the children away from her, but also that Youth Care will take her children away if she reports this. To me, this indicates a major system failure. If you translate it into the spatial domain, then there must simply be homes for these people, period. And more meeting places where people can share their story. There is an important task for spatial designers to create more accessible and attractive meeting places.

RW: In the past you had the church and the family to fall back on, those were the aid structures. Now the elderly are more lonely and there are fewer aid structures. Much has been cut back and must be regulated locally, but there is no money for it.

SS: First of all, the problem is indeed systemic, as you can see in other areas. For example, I think that too much construction is still done in steel and concrete. That's what companies are set up for, what people are familiar with and it still makes money. So, there are too few incentives to innovate. And within our capitalist economic system, value is expressed solely in terms of money. And this while sustainability is such an important New Value. For me, it means that a building can last for several generations and that it is sustainable in terms of materials, circularity, and energy. But I also link inclusiveness, biodiversity, and diversity of residents directly to sustainability. How do you see the role of the architect in this? What can you do to prevent the outlined doomsday scenarios, for example?

SS: We dachten het alleen maar beter te krijgen. We zijn opgegroeid met het idee van oneindige groei en onuitputtelijkheid. En dat klopt niet. Doordat we zo gericht zijn op groei, hebben we minder oog voor wat er al is. Maar de groep mensen die financieel het eind van de maand niet halen of geen dak boven hun hoofd hebben, groeit. Onlangs hoorde ik over een moeder die met haar twee kinderen vluchtte voor huiselijk geweld. Ze heeft nu tijdelijke woonruimte die niet volstaat, maar ze durft niets te ondernemen. Ze is bang dat haar man de kinderen wil afpakken, maar ook dat de jeugdzorg haar kinderen weghaalt wanneer ze daar melding van doet. Dit wijst voor mij op een grote systeemfout. Als je het vertaalt naar het ruimtelijke domein dan moeten er gewoonweg woningen zijn voor deze mensen, punt. En meer ontmoetingsplekken waar mensen hun verhaal kunnen delen. Er ligt een belangrijke taak voor ruimtelijk ontwerpers om meer toegankelijke en aantrekkelijke ontmoetingsplekken te maken.

RW: Vroeger had je de kerk en de familie om op terug te vallen, dat waren de hulpstructuren. Nu zijn ouderen eenzamer en zijn de hulpstructuren minder aanwezig. Veel is wegbezuinigd en moet lokaal geregeld worden, maar lokaal is er geen geld voor.

SS: In de eerste plaats is het probleem inderdaad systemisch, dat zie je ook op andere vlakken. Ik vind bijvoorbeeld dat er nog te veel in staal en beton wordt gebouwd. Dat is waarop bedrijven zijn ingesteld, wat mensen kennen en er wordt nog steeds geld mee verdiend. Er zijn dus te weinig prikkels om te vernieuwen. En binnen ons kapitalistische economische systeem wordt waarde enkel en alleen in geld uitgedrukt. En dat terwijl duurzaamheid zo'n belangrijke Nieuwe Waarde is. Voor mij betekent het dat een gebouw meerdere generaties kan overleven en dat het qua materialen, circulariteit en energie duurzaam is. Maar ook inclusiviteit, biodiversiteit en diversiteit van bewoners verbind ik direct aan duurzaamheid. Hoe zien jullie de rol van de architect hierin? Wat kunnen jullie bijdragen om bijvoorbeeld de geschetste doemscenario's te voorkomen?

ML: The materialization of buildings is a tool that we, as architects, have at our disposal to do things differently. Although people are now mainly looking at what the industry provides, as an architect you can take the initiative yourself to change course. We have the will to change and want to show that things can be done differently. Why, for example, is the impact of materials not visible at a glance? Only then can you make a conscious choice for the materials with the least environmental impact. Also, as an architect, you are obliged to educate yourself about the impact of your design.

SS: Do architects have the time, space, and knowledge to do that?

ML: I think many architects are completely unaware that they can make such an impact with materials. They are not yet in control of this aspect.

SS: So truly building differently, with different materials, starts with the motivation, knowledge, and drive of the architect?

RW: Yes, actually it does. The government does not make any demands in terms of biodiversity or design to prevent loneliness, for example. All those values that are so relevant especially today are not targeted by the government and, as a result, solutions are all too often lacking. This also applies to the re-use of buildings: if the main load-bearing structure is designed in such a way that it will allow for flexible use, it can last two hundred years. As with our infrastructure—dykes, canals, roads—the government should take responsibility and create better frameworks for the design of these built structures.

ML: De materialisering van gebouwen is een middel dat wij als architecten in handen hebben om het anders te doen. Hoewel er nu vooral wordt gekeken naar wat de industrie levert, kun je als architect zelf ook het initiatief nemen om van koers te veranderen. Wij hebben de wil om te veranderen en willen laten zien dat het anders kan. Waarom is de impact van materialen bijvoorbeeld niet in één oogopslag zichtbaar? Pas dan kan je bewust kiezen voor de materialen met de minste milieu-impact. Ook als architect ben je verplicht om jezelf wijzer te maken over wat de impact van jouw ontwerp nu eigenlijk is.

SS: Is die tijd, ruimte en kennis er, om dat te doen?

ML: Ik denk dat veel architecten zich er helemaal niet van bewust zijn dat ze zo'n impact kunnen maken met materialen. Ze zijn daarin nog niet sturend.

SS: Het daadwerkelijk anders bouwen, met andere materialen, begint dus bij de motivatie, kennis en drive van de architect?

RW: Ja, eigenlijk wel. De overheid stelt namelijk helemaal geen eisen aan biodiversiteit of aan ontwerpen tegen eenzaamheid, om maar iets te noemen. Al die waarden die juist nu zo relevant zijn, daar wordt niet op gestuurd en daardoor blijven oplossingen te vaak uit. Dat geldt ook voor het hergebruik van gebouwen: als de hoofddraagconstructie ervan zo is ontworpen dat die ruimte biedt voor flexibel gebruik, kan die wel tweehonderd jaar meegaan. Net als met onze infrastructuur – dijken, kanalen, wegen – zou de overheid zich hierom moeten bekommeren en sterkere kaders moeten creëren voor het ontwerp van deze gebouwde structuren.

'Materialization is a tool that architects have at their disposal to do things differently'

‘In a project like SAWA, you yourself have to become wood to make the right choices’

RP: We consciously design from the potential lifespan of the various building layers—main structure, facade, installations, and finishing—by separating them from each other. If you stand for something and want to make it happen, you need a lot of knowledge and skills as well as ambition. You have to invent or develop certain techniques yourself.

RW: With SAWA, we wanted to create a wooden building in an expandable column structure. Wooden panels, Cross-Laminated Timber, are placed on the frame. But what happens with many wooden buildings? They pour a layer of concrete of ten centimetres on top. Wood shrinks and moves, so it needs some ballast. But we want to be able to take it apart again and reuse it, for a new building or for furniture. Wood is the material that potentially lasts the longest and it stores CO_2, so you shouldn’t cover it with concrete, because that makes recycling impossible. In such a project, you yourself have to become wood in a sense in order to understand it and make the right choices. We then came up with the idea of putting dry ballast on it. No no, they said, you can’t do that. But you can, as we discovered after some research. Knowledge about these things is so important and for us this is an argument to always do research. Many parties are afraid of a different approach. We then confront them in a friendly but determined manner. The same applies to advisers: we don’t just take their word for things. If something cannot be done or does not fit, I want to know exactly why not. Then I can think with them about how it can be done.

RP: Wij ontwerpen bewust vanuit de potentiële levensduur van de verschillende gebouwlagen – hoofddraagconstructie, gevel, installaties en afbouw – door deze van elkaar te scheiden. Als je ergens voor staat en het mogelijk wil maken, dan is er naast ambitie ook veel kennis en kunde nodig. Bepaalde technieken moet je zelf uitvinden of ontwikkelen.

RW: Wij wilden met SAWA een houten gebouw maken in een uitbreidbare kolommenstructuur. Op het frame komen houten platen, Cross-Laminated Timber. Maar wat wordt er bij veel houten gebouwen gedaan? Daar wordt een laagje beton van tien centimeter op gestort. Hout krimpt en beweegt en dat heeft dus wat ballast nodig. Maar wij willen het weer uit elkaar kunnen halen en hergebruiken, voor een nieuw gebouw of voor meubels. Hout is het materiaal dat in potentie het langst meegaat en het slaat CO_2 op, daar moet je dus geen beton overheen smeren, want dat maakt hergebruik onmogelijk. Je moet bij zo’n project zelf een beetje hout worden om het te snappen en de juiste keuzes te maken. Wij bedachten toen: er moet droge ballast op komen. Nee nee, werd er gezegd, dat kan niet. Maar het kan dus wél, ontdekten wij na wat onderzoek. Kennis hierover is zo belangrijk en voor ons een constant argument voor onderzoek. Veel partijen zijn bang voor een andere aanpak. Wij gaan dan de confrontatie aan op een vriendelijke, maar doortastende manier. Hetzelfde geldt voor adviseurs: wij geloven ze niet zomaar. Als iets niet kan of past, dan wil ik precies weten waarom niet. Dan kan ik meedenken over hoe het wel mogelijk is.

SS: Your initiative is to plant three trees for every tree used in SAWA, right? That is also something you can do yourself. I recently had a conversation with someone who works at Air France KLM and asked her what they are actually doing to reduce the footprint. She gave some small examples, to which I asked why they aren't planting lots and lots of trees. 'Well, then I do have to point to the EU', was the answer. This attitude won't get us anywhere! Then you get walls instead of forests. Each individual and each organization for itself, us versus them.

RW: SAWA grows back in just over twenty minutes. European forestry produces the required volume of CLT in 22 minutes, in a sustainable way. Everyone should follow this example.

SS: You make it sound so easy. We have been in a negative spiral as far as the climate is concerned for so long. Is it even possible to turn this around?

RW: Yes, I believe so. SAWA has caused an awful lot of trouble, lawsuits even. But every day has its challenges, so why not take them up? After all, something very nice may come out of it. With 5,000 tonnes of CO_2- storage, for example, almost a kilometre of planters, a vegetable garden on the roof, shared cars and bicycles and a common tool shed, where people meet. It doesn't have to be difficult, that is what we want to show with this. People have already told us that it is 'stacked ambition' and that it is not possible. We refuse to believe that.

SS: So why is it possible with you then? Because you are not out to maximize profits? Or because you design it in such a way that it can be done?

RW: One of the capacities of a designer is to dispel fears. I want to come up with solutions and show that things can be done differently, instead of making more of the same. By also developing projects ourselves, we can really show that it can be done, to convince others.

SS: Jullie initiatief is toch om voor elke boom die in SAWA wordt gebruikt, er drie terug te planten? Dat is ook zoiets wat je zelf in de hand kunt hebben. Ik had laatst een gesprek met iemand die bij Air France KLM werkt en vroeg haar wat zij nu eigenlijk doen om de voetafdruk te verkleinen. Ze gaf wat kleine voorbeelden, waarop ik vroeg waarom ze niet als een malle heel veel bomen plantten. 'Ja, dan wijs ik toch even naar de EU', was het antwoord. Met die houding komen we er niet. Dan krijg je dus muren, in plaats van bossen. Elk individu en elke organisatie voor zich, wij versus zij.

RW: SAWA is in ruim twintig minuten teruggegroeid. De Europese bosbouw produceert de benodigde hoeveelheid CLT in 22 minuten, op een duurzame manier. Iedereen zou dat voorbeeld moeten volgen.

SS: Als je dat zegt, lijkt het zo makkelijk. We zitten al zo lang in een negatieve spiraal wat het klimaat betreft. Kunnen we dit überhaupt nog omdraaien?

RW: Ja, dat geloof ik. SAWA heeft ontzettend veel ellende veroorzaakt, rechtszaken zelfs. Maar elke dag heeft zijn uitdagingen, dus waarom zouden we dit niet aangaan? Er kan immers iets heel leuks uitkomen. Met 5000 ton aan CO_2-opslag bijvoorbeeld, bijna een kilometer aan plantenbakken, een moestuin op het dak, gedeelde auto's en fietsen en een gedeelde gereedschapsschuur, waar mensen elkaar ontmoeten. Het hoeft niet moeilijk te zijn, dat willen we hiermee laten zien. We kregen al reactie dat het 'gestapelde ambitie' is en dat het niet mogelijk is. Dat weigeren wij te geloven.

SS: Waarom is het bij jullie dan wel mogelijk? Omdat je niet uit bent op winstmaximalisatie? Of omdat je het zo ontwerpt dat het wel kan?

RW: Eén van de capaciteiten van een ontwerper is om angsten weg te nemen. Ik wil oplossingen bedenken en laten zien dat het anders kan, in plaats van meer van hetzelfde maken. Door ook zelf te ontwikkelen, kunnen we echt laten zien dat het kan, om anderen over de streep te trekken.

SS: In the series Abstract on Netflix, MIT professor Neri Oxman talks about the four domains of Science, Engineering, Design and Art. Architects, in my opinion, are constantly moving between these domains. They ask questions, look for solutions, visualize, concretize, test it with people and that raises new questions. I think that is the way to arrive at architecture from the right values. Architecture can thus be a catalyst, part of the transformation that actually concerns all of us.

RW: If all architects learn to do that, because that is indeed what it is about, then we can contribute to improvement. But without that determination and drive it won't work.

SS: Then it will just be new values and concepts on paper. How do you get all parties, such as developers, on board with this? They, too, have to understand the importance of this and look beyond profits alone.

RW: As far as technical innovations are concerned the general rule is that you have to be able to explain the method of working and its added value to your neighbour. If I cannot explain technical applications and innovations properly, there is something wrong with them. And as for developers and other cooperation partners, in the end it is also about the people you are working with. The people within companies—their drive and vision—make the difference.

SS: That actually takes us back to where our conversation started, with humanity as the most important value.

Mei in conversation with Sophie Stravens

Text: Priscilla de Putter
Photography: Jerry Lampen

SS: In de serie Abstract op Netflix vertelt MIT-professor Neri Oxman over de vier domeinen Science, Engineering, Design en Art. Architecten bewegen volgens mij continu tussen deze domeinen. Ze stellen vragen, zoeken oplossingen, verbeelden, concretiseren, toetsen het onder mensen en dat roept weer nieuwe vragen op. Dat is denk ik de manier om tot architectuur vanuit de juiste waarden te komen. Architectuur kan zo een katalysator zijn, onderdeel van de transformatie die eigenlijk iedereen aangaat.

RW: Als alle architecten leren om dat te doen, want daar gaat het inderdaad om, dan kunnen we bijdragen aan verbetering. Maar zonder die doortastendheid en drive lukt dat niet.

SS: Dan blijft het bij nieuwe waarden en concepten op papier. Hoe krijg je alle partijen, zoals ontwikkelaars, hierin mee? Ook zij moeten het belang hiervan inzien en verder kijken dan alleen de winst.

RW: Wat technische vernieuwingen betreft, hebben we als stelregel dat je de werkwijze en meerwaarde ervan moet kunnen uitleggen aan je buurvrouw. Als ik technische toepassingen en vernieuwingen niet goed kan toelichten, dan is het niet goed. En wat ontwikkelaars en andere samenwerkingspartners betreft: het gaat uiteindelijk ook om de mensen met wie je te maken hebt. De mensen binnen bedrijven – hun drive en visie – maken het verschil.

SS: Zo zijn we eigenlijk weer terug bij waar het gesprek startte, met menselijkheid als belangrijkste waarde.

Mei in gesprek met Sophie Stravens

Tekst: Priscilla de Putter
Fotografie: Jerry Lampen

‘Architecture can be a catalyst for transformation’

We asked five experts to discuss with Mei (Robert Winkel, Michiel van Loon and Robert Platje) the themes we find important as a company and which form a constant factor in our practice. In these talks, we strip these themes down to their essence and underline their importance for Mei. And for you.

We vroegen vijf experts om met Mei (Robert Winkel, Michiel van Loon en Robert Platje) in gesprek te gaan over de thema's die we als bureau belangrijk vinden en die een constante factor vormen in onze praktijk. In de gesprekken pellen we deze thema's af tot de kern en onderstrepen we het belang ervan voor Mei. En voor jou.

With our buildings, we look for aesthetics that resonate with people. Not fully orchestrated, yet distinctive. Architecture critic Kirsten Hannema reflects on our working method and its effect: the craftsmanship, openness and occasionally an element of non-conformity; the recognizability, disconcertment and cosiness.

Met onze gebouwen zoeken we naar een beeld dat mensen bijblijft. Niet volledig geregisseerd, maar wel kenmerkend. Architectuurcriticus Kirsten Hannema beschouwt onze werkwijze en het effect hiervan: de ambachtelijkheid, openheid en het soms tegendraadse; de herkenbaarheid, onthutsing en gezelligheid.

Leitmotiv
Aesthetics

Expert
Kirsten Hannema

Kirsten Hannema studied Architecture and started her career as an architect, but switched to journalism in 2005. Among other things, she writes for newspaper *De Volkskrant*. From 2016 to 2021, she was chief editor of the *Yearbook Architecture in the Netherlands*. She writes a monthly column for Architectenweb.
hannemaaboutarchitecture.eu

‘We humans need more than just the functional’

Over architectuur spreken in termen van ‘mooi’ of ‘lelijk’ is in het huidige architectuurdebat uit den boze, maar een esthetisch waardeoordeel is er vaak wel degelijk. Hoe belangrijk is esthetiek voor Mei en van welke factoren is dat afhankelijk? Hoe maken zij hun functionele ‘mensengebouwen’ visueel onderscheidend? Kirsten Hannema heeft als architectuurcriticus een professionele mening over onze gebouwde omgeving. Ze gaat met Robert, Michiel en Robert in gesprek over het ornament, de gebruiker en ontwikkelingen en inzichten die bijdragen aan het ontstaan van een nieuwe esthetiek.

Speaking about architecture in terms of ‘beautiful’ or ‘ugly’ is out of the question in today’s architecture debate, but there is indeed often a judgement in terms of aesthetic value. How important is aesthetics to Mei and what factors does that depend on? How do they make their functional ‘people’s buildings’ visually distinctive? As an architecture critic, Kirsten Hannema has a professional opinion about our built environment. She talks to Robert, Michiel and Robert about the ornament, the user, and developments and insights that contribute to the emergence of a new aesthetic.

Bij Mei zijn ze benieuwd: hoe denkt architectuurcriticus Kirsten Hannema over hun gebouwen? En wat is haar mening over architectuur en esthetiek in het algemeen? Kirsten analyseert op haar beurt de Mei-projecten en poogt een vinger te leggen op ‘de Mei-esthetiek’. Die esthetiek lijkt al reagerend en anticiperend tot stand te komen. Daarbij worden fouten opgezocht, taboes toegejuicht en ‘architectengebouwen’ afgezworen.

At Mei they are curious: what does architecture critic Kirsten Hannema think about their buildings? And what is her opinion on architecture and aesthetics in general? Kirsten in turn analyses the Mei projects and tries to put her finger on ‘the Mei-aesthetics’. This aesthetics seems to be developing in a responsive and anticipatory way. It seems to come about in response and anticipation. In the process, they embrace mistakes, welcome taboos, and renounce ‘architect’s buildings’.

Why is distinctive architecture important and how does it come about?
Where does Mei's search start when designing a building, Kirsten wants to know. Does the form respond to a particular story you want to tell, or is it the other way around? For Mei, recognizability is more important than aesthetic quality, she discovers.

Kirsten Hannema: It strikes me that you always tell a clear story about your own projects. I wonder how those stories relate to the form.

Robert Winkel: These stories show that we constantly seek to connect with what already exists. That can be done on all kinds of levels, but what we are always trying to do is to make something that will hold up by design, regardless of all the things that could go wrong.

KH: What do you mean by that?

RW: We always factor in problems with the contractor. It has become a design strategy to facilitate mistakes and let problems happen. We switch off the all-controlling architect's mindset in the design and development process. We embrace all mistakes. With a solid design, it gradually becomes clear that you have made something good.

Robert Platje: We call it vandal-proof design. It can handle a cut without compromising the design. So, the concept can hold its own. If at the Schiecentrale 4B [p.226] you were to remove the woven screen and the hanging storage units, you would be left with a regular gallery apartment block. These elements are what make the facade special. That is why those elements that are never cut out.

KH: So that is a strategic approach for you?

RW: It's intuitive. We are good at anticipating given situations, the existing, and the unexpected. Our buildings are a result of this. The big picture and the most important gestures are what we think about first and foremost. These must be upheld.

Waarom is onderscheidende architectuur belangrijk en hoe komt deze tot stand?
Waar start de zoektocht bij Mei tijdens het ontwerpen van een gebouw, wil Kirsten weten. Reageert de vorm op een bepaald verhaal dat je wilt vertellen, of andersom? Voor Mei is herkenbaarheid belangrijker dan esthetische kwaliteit, ontdekt ze.

Kirsten Hannema: Het valt mij op dat jullie altijd een duidelijk verhaal vertellen over de eigen projecten. Ik vraag me af hoe die verhalen zich verhouden tot de vorm.

Robert Winkel: Die verhalen laten zien dat we continu verbinding zoeken met het bestaande. Dat kan op heel verschillende niveaus, maar wat we steeds weer proberen is om iets te maken dat qua ontwerp overeind blijft, ongeacht alles wat er mis kan gaan.

KH: Hoe bedoel je dat?

RW: We calculeren altijd problemen met de aannemer in. Het is inmiddels een ontwerpstrategie om fouten te faciliteren en problemen te laten gebeuren. We schakelen het alles controlerende architecten-denken uit in het ontwerp- en ontwikkelproces. We omarmen alle fouten. Bij een stevig ontwerp blijkt dan gaandeweg dat je iets goeds hebt gemaakt.

Robert Platje: Hufterproof ontwerpen noemen we dat. Het kan een bezuiniging aan zonder dat het afbreuk doet aan het ontwerp. Het concept kan dus tegen een stootje. Als je bij de Schiecentrale 4B [p.226] het geweven doek en de hangende bergingen weg zou halen, dan hou je een gewone galerijflat over. Deze elementen maken de gevel juist bijzonder. Het zijn dus die elementen die nooit worden wegbezuinigd.

KH: Dus daar zijn jullie strategisch mee bezig?

RW: Het gaat intuïtief. Wij kunnen goed anticiperen op gegeven situaties, het bestaande en het onverwachte. Daar zijn onze gebouwen een resultaat van. We denken in de eerste plaats in grote lijnen en gebaren, die moeten overeind blijven.

RP: Above all, we know very well when something is specific and when it is generic. We create a structure on which the contractor can apply his own construction method. Take the harmonica doors in the Schiecentrale 4B. We described this facade very specifically—down to the rubber—in the technical description. In order for the facade to be experienced as one large surface area, the sealing rubber had to match the colour of the facade. So, it had to be grey instead of the standard black. We let go of the rest. If you don't know what to be on top of and what to let go of, every single thing becomes important.

KH: But then you make yourself and the result dependent on the manner of construction. What do you aim for when resources are limited? How do you still make an impact?

RW: We love to make things and have built up a lot of expertise over the years. By developing specific products such as facade panels ourselves, in cooperation with the manufacturing industry, we can control quality and costs and make special elements in the design feasible. The 1908 book *Ornament and Crime* by the Austrian architect Adolf Loos marks a turning point in thinking about ornamentation, which is still influential today. But his position is more complex than it is often portrayed. A key aspect of his argument is the crime against the economy: the waste of labour and material. With current techniques, you could now take a different view. We believe that an additional processing of a building element—you could call it an ornament—can provide a layer of meaning befitting of our time. The specificity of materials, newly developed or reused, always forms the basis.

KH: I attended a lecture by design historian Timo de Rijk [professor and director Design Museum Den Bosch, ed.] in which he talked about the pursuit of abstraction: the prevailing view during modernism was that if you were really modern, you didn't need the ornament. He then showed how, now, we see exactly the opposite. That 'coming back to yourself' is topical, reverting to childhood desires. How great is this need with you? Is the ornament meant for self-expression? And can architecture be a part of that need for expression?

RP: We weten vooral heel goed wanneer iets specifiek is en wanneer generiek. We maken een structuur waarop de aannemer zelf zijn eigen bouwmethode kan loslaten. Neem de harmonicapui in de Schiecentrale 4B. Die pui hebben we heel specifiek – tot op het rubbertje – beschreven in de technische omschrijving. Om de gevel als één groot vlak te ervaren, moest het afsluitrubber aansluiten bij de kleur van de pui. Het werd dus grijs in plaats van het standaard zwart. De rest lieten we los. Als je niet weet waaraan je moet vasthouden en wat je moet loslaten, dan wordt alles belangrijk.

KH: Maar je maakt jezelf en het resultaat dan toch afhankelijk van de manier van bouwen. Waar zetten jullie op in bij beperkte middelen? Hoe maak je dan toch een impact?

RW: Wij houden van maken en hebben hier door de jaren heen veel expertise in opgebouwd. Door specifieke producten zoals gevelpanelen zelf te ontwikkelen, in samenwerking met de maakindustrie, kunnen we de kwaliteit en kosten controleren en bijzondere elementen in het ontwerp haalbaar maken. Het boek *Ornament en Misdaad* van de Oostenrijkse architect Adolf Loos uit 1908 markeert een kantelpunt in het denken over ornamentiek, dat nog steeds van invloed is. Maar zijn standpunt is complexer dan het vaak wordt weergegeven. Een belangrijk aspect van zijn argumentatie is de misdaad tegen de economie: de verspilling van arbeidskracht en van materiaal. Met huidige technieken kan je hier nu anders naar kijken. Wij geloven dat een extra bewerking van een gebouwelement – je zou dat een ornament kunnen noemen – een laag van betekenis kan geven die past bij deze tijd. De eigenheid van materialen, nieuw ontwikkeld of hergebruikt, vormt daarin altijd de basis.

KH: Ik heb een lezing bezocht van designhistoricus Timo de Rijk [professor en directeur Design Museum Den Bosch, red.] waarin hij vertelde over het streven naar abstractie: als je écht modern was, dan had je het ornament niet nodig, was tijdens het modernisme de heersende opvatting. Hij liet vervolgens zien hoe nu juist het tegenovergestelde aan de hand is. Dat het 'terug naar jezelf gaan' actueel is, het teruggrijpen op kinderlijke verlangens. Hoe groot

RW: We like to make architecture that is rich in identity. The public either loves it or hates it. The Schiecentrale consisted of unfinished spaces of rough concrete. People who want a smooth plastered ceiling won't choose to come here. The people who do like it are the ones who will. We're looking for expression, not self-expression. Fenix and SAWA are also places where people want to live because they derive part of their identity from their homes. The architecture then has to be distinctive enough.

RP: By offering something distinctive, something that isn't there yet, you attract a specific group of people. The people who bought a house in the Cheese Warehouse p.192 in Gouda were looking for a loft or a shell: a product that was not yet available there.

KH: Is that something you discovered along the way, that there is a need for a new, more distinct aesthetics?

RW: The Glass House p.266 from 1995 already shows this search. Together with Marco Henssen, I responded to a competition with a house entirely made of glass. The furniture determined its appearance, because you could see it through the glass. Because of the use of glass, the design is fairly inexpressive. Yet the house is super-individualistic. If you like the furnishings, you will also like the house. With the Glass House, we broke with a certain style. There was no longer a style, only the style of the person living there. It was a statement.

Michiel van Loon: It is a form of nihilism that makes the architect almost superfluous.

KH: So, this project was about the self-expression of the user?

RW: Yes, and that has an alienating effect, because it is not normally the role of the architect.

is die behoefte bij jullie? Heeft het ornament zelfexpressie als doel? En kan architectuur een onderdeel zijn van die behoefte aan expressie?

RW: Wij vinden het leuk om identiteitsvolle architectuur te maken, het publiek vindt het geweldig óf vreselijk. De Schiecentrale bestond uit onafgewerkte ruimtes van ruw beton. Mensen die een strak gestuct plafond willen, kiezen hier niet voor. De mensen die het leuk vinden, blijven over. Wij zoeken naar expressie, niet naar zelfexpressie. Ook voor Fenix en SAWA geldt dat mensen er willen wonen omdat ze hun identiteit deels ontlenen aan hun woning. Daarvoor moet de architectuur dan wel uitgesproken genoeg zijn.

RP: Door iets onderscheidends te bieden, iets wat er nog niet is, trek je een specifieke groep mensen aan. De mensen die een woning kochten in het Kaaspakhuis p.192 in Gouda waren op zoek naar een loft of ruw casco: een product dat daar nog niet aanwezig was.

KH: Is dat iets wat jullie gaandeweg ontdekten, dat er behoefte is aan een nieuwe, meer uitgesproken esthetiek?

RW: Het Glazen Huis p.266 uit 1995 toont die zoektocht al. Samen met Marco Henssen reageerde ik op een prijsvraag met een volledig glazen huis. De meubels bepaalden de uitstraling ervan, want die zag je door het glas heen. Het ontwerp is, door het gebruik van glas, redelijk onuitgesproken. Toch is het huis super-individualistisch. Als de inrichting je aanstaat, dan zal het huis je ook bevallen. Met het Glazen Huis braken we met een bepaalde stijl. Er was geen stijl meer, alleen de stijl van degene die er woont. Het was een statement.

Michiel van Loon: Het is een vorm van nihilisme die de architect bijna overbodig maakt.

KH: Dit project draaide dus om de zelfexpressie van de gebruiker?

RW: Ja, en dat werkt vervreemdend, want het is normaal niet de rol van de architect.

'Your approach gets very close to the user'

KH: The more I write about the immaterial in architecture, the more I think back to my own student days. Isn't it odd that you are always designing while sitting behind your desk? How often did you go somewhere to see what was there, to get a feel for the user and see what was happening there? How something functions 'in real life' is important to know, especially for an architect.

RW: Exactly! Opening ourselves up completely during the design process is very important to us, and that is not possible when you are just sitting at a desk. We don't start or stop with details such as the masonry, the type of window frames or the shape of the stairs. Those are ingredients, but there are so many more. We take a broader view. In homes, even people's pieces of furniture are ingredients, but these are not treated as seriously in architecture.

KH: Often architects see the furnishings as something that detracts from what they have made. I have always found that a strange attitude.

RW: Me too. You design a building for people to live in, don't you?! That's why we turned Fenix I p.178 into a real 'people's building'. The glass balconies play an important role in architecture, but we know what people do with them. They are going to put up Christmas lights and place bamboo mats in front of them. Architecture must support this as well. That is why Fenix I is different from the 'architect's buildings' on the Wilhelmina Pier across from it.

KH: What does it actually take to keep a design together? How do you offer space to the user, but make sure it is 'designed' enough?

KH: Naarmate ik meer schrijf over het immateriele in de architectuur, denk ik steeds vaker terug aan mijn eigen studietijd. Het is toch vreemd dat je altijd maar zittend achter het bureau aan het ontwerpen slaat. Hoe vaak ging je nou ergens heen om op locatie te kijken wat er was, om je in te leven in de gebruiker en te zien wat daar gebeurt? Hoe iets 'in het echt' werkt, is belangrijk om te weten, juist voor een architect.

RW: Juist! Je volledig openstellen tijdens het ontwerpproces vinden wij erg belangrijk en dat kan niet alleen achter een bureau. Wij beginnen of stoppen ook niet bij details als het metselwerkverband, het soort kozijnen of de vorm van de trap. Dat zijn ingrediënten, maar er zijn er nog zoveel meer. Wij kijken breder. In woningen zijn zelfs de meubels van mensen ingrediënten, maar die worden in de architectuur niet als serieus behandeld.

KH: Vaak zien architecten de inrichting als iets wat afbreuk doet aan wat zij hebben gemaakt, dat heb ik altijd een vreemde houding gevonden.

RW: Ik ook. Je ontwerpt een gebouw toch voor mensen om erin te wonen?! Daarom hebben we van Fenix I p.178 een 'mensengebouw' gemaakt. De glazen balkons spelen een belangrijke rol in de architectuur, maar wij weten wat mensen ermee doen. Ze gaan er kerstverlichting ophangen en bamboematjes voor zetten. Architectuur moet hier ook de drager van zijn. Daarom is Fenix I anders dan de 'architectengebouwen' aan de Wilhelminapier er tegenover.

KH: Wat is er eigenlijk voor nodig om een ontwerp bij elkaar te houden? Hoe bied je ruimte aan de gebruiker, maar zorg je er wel voor dat het genoeg 'ontworpen' is?

RW: If a building is too anonymous, who will want to live there? Then a building becomes identity-less. A standard person is often taken in mind during the design phase, but the standard person does not exist. Making a distinct building is something you do for a smaller group of people. I once heard this theory: make a building grey and it will never disappoint. By making it outspoken, you might exclude people, but it will also attract a specific group who think it's cool. You have to design it in such a way that there is just enough architecture. That's a fun, but tricky puzzle to solve.

KH: This also touches on the book *Ornament and Identity*, which looks at how you can bind people to a place. The ornament can play a role in this, so that you feel part of a group in a hyper-individualistic time. Does that also play a role for you, that you want to bind people? Does the ornament also have this meaning for you?

ML: The ornament is not an end in itself. We were just talking about Fenix I, which from the water's side is a people's building. In two places, the detailing is very specific here. The console has its own structure and attention has been paid to its design. The muse frame is the other specifically designed element. This frame, in the otherwise completely glass balustrade, repeats itself almost endlessly and is intended as a place where the resident can reflect, can muse. It is part of the composition, but at the same time it is a means of activation.

RW: It transcends the idea of an ornament and becomes part of the programming of the building.

RP: It is 130 centimetres high, just a little higher than a regular balustrade, so it's good for leaning on. The entire facade was designed with the view in mind, since people want to live there because of that view. That is why a lot of glass was used, but we felt that using only glass would make the building too anonymous. By adding certain details, you create buildings that are anything but anonymous. We often pay special

RW: Als een gebouw te anoniem is, wie wil er dan nog wonen? Dan wordt een gebouw identiteitsloos. Vaak wordt er tijdens de ontwerpfase gedacht aan een standaardmens, maar de standaardmens bestaat niet. Een uitgesproken gebouw maken, dat doe je voor een kleinere groep mensen. Maak een gebouw grijs en het kan niet tegenvallen, die theorie hoorde ik ooit. Door het uitgesproken te maken sluit je misschien mensen uit, maar komt er ook een specifieke groep op af die het gaaf vindt. Je moet ervoor zorgen dat er sprake is van net genoeg architectuur. Dat is een leuke, maar lastige puzzel om te leggen.

KH: Dit raakt ook aan het boek *Ornament and Identity*, waarin aan bod komt hoe je mensen kunt binden aan een plek. Het ornament kan daarin een rol hebben, zodat je je onderdeel voelt van een groep in een juist hyper individualistische tijd. Speelt dat voor jullie ook mee, dat je mensen wilt binden? Heeft het ornament voor jullie ook die betekenis?

ML: Het ornament is geen doel op zich. We hadden het net over Fenix I, dat vanaf de waterzijde gezien een mensengebouw is. Op twee plekken is de detaillering hier heel specifiek. De console heeft een eigen structuur en er is aandacht besteed aan de vormgeving ervan. De mijmerbeugel is het andere specifiek ontworpen element. Deze beugel, in het verder volledig glazen balkonhek, herhaalt zich bijna eindeloos en is bedoeld als plek waar je als bewoner kunt nadenken, kunt mijmeren. Het is onderdeel van de compositie, maar tegelijkertijd een activeringsmiddel.

RW: Het overstijgt het idee van een ornament en wordt onderdeel van de programmering van het gebouw. Het is 130 centimeter hoog, net hoger dan een normaal hekje zodat je er goed tegenaan kunt leunen. De hele gevel is ontworpen vanuit uitzicht, want mensen willen daar wonen vanwege dat uitzicht. Daarom is er veel glas toegepast, maar met alleen maar glas maak je een te anoniem gebouw, vinden wij. Door bepaalde details toe te voegen, maak je gebouwen die juist allesbehalve anoniem zijn. De onderkant van balkonplaten – de zesde gevel – geven we

‘We switch off the all-controlling architect’s mindset in the design and development process’

‘We’re looking for expression, not self-expression’

attention to the underside of balconies—the sixth facade. In residential building The 4 Worlds, we inscribed texts on the underside of the balconies with words that convey the identity of the place: Spijkenisse.

RW: We asked the residents what they find important in life and these words came out. It gives a different meaning to the building and creates new associations.

KH: I myself am always very keen on language. What I find striking is that, during the design of Fenix I, you came up with a new term: the muse frame. A specific element of the building was given its own word. That instantly makes it an important component.

RW: Do you know how that word came about? I was helping my daughter Charlie with her homework: converting verbs to nouns. ‘To walk’ became ‘a walk’. We were having this conversation in Dutch, of course. I thought of the verb ‘buigen’ (‘to bend’), with ‘beugel’ (‘frame’) as its noun. You always have to force a material—bend it—to create a frame. In addition, musing is something that I find important. In the Factory in Delfshaven p.202 we had already made muse windows. So that is how the muse frame came about. In 1759, Edmund Burke wrote a book about the sublime in architecture. One element of this is the tension between countability and infinity. Although countable, the repetition of the reverie makes this element overwhelming in scale.

vaak speciale aandacht. In woongebouw De 4 Werelden namen we teksten op aan de onderzijde van de balkons, met woorden die raken aan de identiteit van de plek: Spijkenisse.

RW: We vroegen de bewoners naar wat ze belangrijk vinden in het leven en daar kwamen deze woorden uit. Het geeft een andere betekenis aan het gebouw en zorgt voor nieuwe associaties.

KH: Zelf sla ik altijd erg aan op taal. Wat ik opvallend vind, is dat jullie, tijdens het ontwerp van Fenix I, een nieuw begrip bedachten: de mijmerbeugel. Een specifiek element van het gebouw heeft een eigen woord gekregen. Dat maakt het direct een belangrijk onderdeel.

RW: Weet je hoe dat woord ontstond? Ik hielp mijn dochter Charlie met haar huiswerk: werkwoorden omzetten in zelfstandig naamwoorden. ‘Lopen’ werd ‘loopje’. In mijn hoofd kwam toen het woord ‘buigen’ op, met ‘beugel’ als zelfstandig naamwoord ervan. Je moet altijd een materiaal forceren – buigen – om dat voor elkaar te krijgen. Daarnaast is mijmeren iets wat ik belangrijk vind. In de Fabriek in Delfshaven p.202 maakten we eerder al mijmerramen. Zo kwam dus de mijmerbeugel tot stand. Edmund Burke schreef in 1759 een boek over het sublieme in de architectuur. Een element daarvan is het spanningsveld tussen telbaar- en ontelbaarheid. Hoewel telbaar, maakt de herhaling van de mijmerbeugel dit element overweldigend in schaal.

ML: The different worlds that we present with Fenix I—the urban outside and the green inside—I think also fit in with the subject of aesthetics. We have very consciously created different worlds here as transitions from public to private.

RW: It is a two-face, where the inside is completely different from the outside. That juxtaposition is a method, but what matters to us is its effect.

KH: The muse frames, the addition of texts: these are details that are considered superfluous in functionalist thinking. Strictly speaking, they are not necessary. As an architect, you have to sense that the residents feel the need to muse and daydream. Just adding something 'for the sake of it' without any argumentation as to why, I find that very appealing. It reminds me of Chronos and Kairos: linear time versus inner time, purposefulness versus peace and attention. I see it in that light. We humans need more than just the functional.

> Chronos and Kairos
> Kairos and Chronos are two figures from Greek mythology. They represent the two faces of time. Chronos stands for the linear, measurable time in which we work in a goal- and result-oriented way. Kairos stands for the inner experience of time. Ingredients for that experience of time are attention, peace, and concentration. Although we need Chronos to organize our society, for example to make appointments, Kairos is indispensable. Because we tend to come up with good ideas and brilliant insights when we are daydreaming and 'lose track of time'.

Can the user play a role in the aesthetics of the building?
Mei makes 'people's buildings': architecture that serves daily life. But what about the people themselves, Kirsten asks. To what extent can they play a role in the design?

KH: When I think of the Glass House and Fenix I as 'people's buildings', it seems like you enjoy making the users themselves visible in the building.

ML: De verschillende werelden die we met Fenix I bieden – de stedelijke buitenkant en de groene binnenkant – vind ik ook bij het onderwerp esthetiek passen. We hebben hier heel bewust verschillende werelden gemaakt als overgangen van publiek naar privé.

RW: Het is een *two-face*, waarbij de binnenkant totaal anders is dan de buitenkant. Die juxtapositie is een methode, maar het gaat ons om het effect ervan.

KH: De mijmerbeugels, de toevoeging van teksten: het zijn details die in het functionalistisch denken als overbodig worden beschouwd. Strikt genomen is het niet nodig. Je moet dan als architect aanvoelen dat er bij de bewoners behoefte is aan mijmeren en dromen. Gewoon iets toevoegen 'voor de mooi' zonder argumentatie over het waarom ervan, dat vind ikzelf heel aantrekkelijk. Het doet me denken aan Chronos en Kairos: de lineaire tijd versus de innerlijke tijd, doelgerichtheid versus rust en aandacht. Ik zie het in die hoek. Wij mensen hebben meer nodig dan alleen het functionele.

> Chronos en Kairos
> Kairos en Chronos zijn twee figuren uit de Griekse mythologie. Ze staan voor de twee gezichten van de tijd. Chronos staat voor de lineaire, meetbare tijd waarin we doel- en resultaatgericht te werk gaan. Kairos staat voor de innerlijke tijdsbeleving. Ingrediënten voor die beleving van tijd zijn aandacht, rust en concentratie. Hoewel we Chronos nodig hebben om onze samenleving in te richten, bijvoorbeeld om afspraken te maken, is Kairos onmisbaar. Omdat we goede ideeën en verhelderende inzichten vooral krijgen wanneer we dagdromen en 'de tijd uit het oog verliezen'.

Kan de gebruiker een rol spelen in de esthetiek van het gebouw?
Mei maakt 'mensengebouwen': architectuur die het dagelijks leven dient. Maar hoe zit het met de mensen zelf, vraagt Kirsten. In hoeverre kunnen zij een rol spelen in het ontwerp?

KH: Als ik denk aan het Glazen Huis en Fenix I als 'mensengebouw' dan lijkt het alsof jullie er voldoening uithalen om de gebruiker zelf zichtbaar te maken in het gebouw.

RW: Another good example of this is the 25kV building p.254 in the Lloydkwartier. There we removed the originally blank facade over the full length of the building. In its place we placed a steel frame faced entirely with glazed panels. All facilities—toilets, pantries and the stairwell—are located in this new facade, visible to passers-by. The toilets are suspended above the street, as it were. Because daylight only enters the building through this facade, it had to be as transparent as possible. Even the toilets and pantries are made of translucent glass.

ML: All the functions that you normally hide away, the place to relieve oneself, are now placed on the outside and very visible.

KH: So, the users become part of the aesthetics of the building?

RW: Yes, of the play.

RW: Een ander goed voorbeeld daarvan is het 25kV gebouw p.254 in het Lloydkwartier. Daar hebben we de oorspronkelijk dichte gevel over de hele lengte verwijderd en een stalen frame met glazen panelen geplaatst. Alle faciliteiten – toiletten, pantry's en het trappenhuis – bevinden zich in deze nieuwe voorgevel, zichtbaar voor voorbijgangers. De wc's hangen als het ware boven de straat. Omdat het daglicht alleen via deze gevel het gebouw in komt, moest deze zo transparant mogelijk zijn. Ook de toiletten en pantry's zijn daarom van semi-transparant glas gemaakt.

ML: Alle functies die je normaal wegstopt, de plek om te poepen en plassen, zijn nu juist aan de buitenkant geplaatst en heel zichtbaar.

KH: Dus de gebruikers worden hier onderdeel van de esthetiek van het gebouw?

RW: Ja, van het toneelstuk.

'How something functions 'in real life' is important to know for an architect'

KH: So instead of the user being a distracting element in the building, they have been made an indispensable part of it. Are you inspired by Venturi-like, post-modernist types? He set out to visit all sorts of places that were not necessarily valued for their aesthetic value, such as kiosks and fast-food restaurants. He looked at how 'ordinary' people decorated things and derived pleasure from this, from the recognizability that underlies it.

RW: Yes, *The Duck* and *The Decorated Shed* from *Learning from Las Vegas*. He paid homage to the trivial and commercial American architecture.

ML: It magnifies very specific aspects; with us it is a lot more subtle. New aesthetics is not about just one aspect, it is much more layered.

KH: But you are inspired by users and ordinary life.

RW: Yes, we really don't like architects who see a building solely as their own artistic product.

KH: Your projects are often based on everyday life. You talk to users, explore the neighbourhood and adjust the form accordingly. I find this approach special; it gets very close to the user. In The 4 Worlds you have listened to the people and literally let them speak. By doing so, you are saying that what they think matters, that they deserve a voice.

RW: 'It is yours,' is what we are saying. People especially want to be seen and heard during such a process; they do not ask for much at all.

KH: No, you can also achieve that connection with small elements. I think for example of the punched hearts in the aluminium of the McDonald's [p.172] pavilion on the Coolsingel.

KH: Dus in plaats van de gebruiker als ontsierend element in het gebouw, zijn ze tot een onmisbaar onderdeel gemaakt. Laten jullie je hiervoor inspireren door Venturi-achtige, postmodernistische types? Hij ging namelijk op pad en bezocht allerlei plekken die niet per se vanwege hun esthetische waarde werden gewaardeerd, zoals kiosks en snackbars. Hij bekeek hoe 'gewone' mensen de boel aankleedden en daar plezier uit haalden, uit de herkenbaarheid die erachter schuilt.

RW: Ja, *The Duck* en *The Decorated Shed* uit *Learning from Las Vegas*. Hij bracht een ode aan de triviale en commerciële Amerikaanse architectuur.

ML: Daarbij worden heel specifieke aspecten uitvergroot, bij ons is dat een stuk subtieler. Nieuwe esthetiek gaat niet over maar één aspect, het is veel gelaagder.

KH: Maar jullie laten je wel inspireren door gebruikers en het gewone leven.

RW: Ja, wij hebben een broertje dood aan architecten die het gebouw uitsluitend als hun eigen artistieke product opvatten.

KH: Jullie projecten zijn vaak gebaseerd op het dagelijks leven. Jullie spreken gebruikers, onderzoeken de buurt en passen daar de vorm op aan. Die aanpak vind ik bijzonder, het komt heel dicht bij de gebruiker. In De 4 Werelden hebben jullie geluisterd naar de mensen en ze letterlijk aan het woord gelaten. Daarmee zeg je dat het ertoe doet wat zij vinden, dat ze een stem verdienen.

RW: 'Het is van jou', zeggen we daarmee. Mensen willen vooral graag gezien en gehoord worden tijdens zo'n proces, ze vragen helemaal niet veel.

KH: Nee, je kunt die verbinding juist ook met kleine elementen bereiken. Ik denk bijvoorbeeld aan de gestanste hartjes in het aluminium van het McDonald's [p.172] paviljoen aan de Coolsingel.

RP: The punching technique is a small intervention, but it's cool when you can add something original to the material with such a different treatment.

ML: We opted for a glass building and the addition of gold-coloured anodized aluminium, from which we had small hearts punched. That is a detail you can only see up close. It was a huge hassle to convince the utility companies—the facade is full of utility boxes—of the design and materials. But it was also important to do it this way, so that we could also illuminate it properly at night. That in turn was important for social safety at this location. In terms of process, this was the most complicated part to accomplish. Right down to the level of 'who will pay for the LED lights?'. But it worked and the entire public space is beautifully illuminated at night.

RP: Die ponstechniek is een kleine ingreep, maar het is gaaf als je met zo'n andere bewerking iets origineels aan het materiaal kunt toevoegen.

ML: We kozen voor een glazen gebouw en de toevoeging van goudkleurig geanodiseerd aluminium waaruit we hartjes lieten stansen. Dat is een detail dat je alleen van dichtbij kunt zien. Het was een enorm gedoe om de nutsbedrijven – de gevel zit vol met nutskasten – van het ontwerp en de materialen te overtuigen. Maar belangrijk ook, om dit op deze manier te doen, zodat we het ook 's avonds goed konden aanlichten. Dat was op deze plek dan weer belangrijk voor de sociale veiligheid. Procesmatig was dit het ingewikkeldste gedeelte om voor elkaar te krijgen. Tot op het niveau van 'wie betaalt er voor het ledlampje?' Maar het is gelukt en de gehele openbare ruimte wordt hier 's avonds mooi aangelicht.

'You have to design it in such a way that there is just enough architecture'

KH: You can see those little details as a declaration of love to the user. In this way, you enter into a commitment with the user that, strangely enough, is not self-evident in architecture.

RW: People literally have become part of the design here, by the way. The punched hearts together form the image of a crowd of people. At the last minute, the client also wanted his own face and that of his son to be included. When you talk about the classic triangle of owner, client and commissionee, I thought I should be included as well. So, my face is also visible: I look out on the mayor's office.

KH: Je kunt die kleine details zien als een liefdesverklaring aan de gebruiker. Je gaat zo een verbintenis aan met de gebruiker die op een of andere vreemde manier niet vanzelfsprekend is in de architectuur.

RW: De mens wordt hier overigens wel heel letterlijk onderdeel van het ontwerp. De gestanste hartjes vormen samen het beeld van een mensenmassa. De opdrachtgever wilde op het laatste moment ook zijn eigen hoofd en dat van zijn zoon erin laten opnemen. Als je het dan hebt over de klassieke driehoek van eigenaar, opdrachtgever en opdrachtnemer, vond ik dat ikzelf ook niet mocht ontbreken. Dus mijn hoofd is ook te zien: ik kijk uit op de werkkamer van de burgemeester.

How do craftsmanship and sustainability relate to new aesthetics?
An important design and construction task is that buildings must be increasingly sustainable. In line with this idea of sustainability, local production and craftsmanship are more important. Kirsten wonders: will we see this reflected in a new aesthetic?

KH: Sustainability is an increasingly important theme; I also hear among students. This manifests itself in all kinds of ways in architecture. You would think that sustainability should lead to a new aesthetics. Or that aesthetics helps in the embrace of sustainability. It's still too much perceived as a concession or limitation, I think. Do these considerations also play a role in your work?

ML: As with the ornament, I do not believe in a generic application of sustainability measures. You first need to know what is needed, whether it works well and whether the implementation will have the desired effect. For SAWA [p.124] we are integrating urban nature, but in order to do that successfully, we first had to find out under which conditions such nature would thrive. That process, that puzzle, is part of the design challenge.

KH: Do you see new, interesting opportunities in that, aesthetically speaking?

RW: We explore different ways of designing with new materials and techniques. Long before green facades became common, we incorporated a pattern of planters into the facade of the Gnome Parking [p.210]. For each facade, specific plants were chosen to match the orientation of the facade. It became a defining element. In the two recently completed Max & Moore [p.142] office buildings, we have in fact integrated PV panels invisibly into the facade, each with its own colour and design. Here we play with the latest possibilities and techniques on offer. Open structures and detachability as sustainable principles were already defining factors in our first projects. The competition entry Condone Home [p.240] is perhaps the most extreme example of this. Within a shell construction, buyers are given complete freedom, allowing for a diverse and changing image.

Hoe verhouden ambachtelijkheid en duurzaamheid zich tot nieuwe esthetiek?
Een belangrijke ontwerp- en bouwopgave is dat gebouwen steeds duurzamer moeten zijn. In het verlengde van die duurzaamheidsgedachte zijn lokale productie en ambachtelijkheid belangrijker. Kirsten is benieuwd: zien we dit terug in een nieuwe esthetiek?

KH: Duurzaamheid is een steeds belangrijker thema, hoor ik ook onder studenten. Dat uit zich op allerlei manieren in de architectuur. Je zou denken dat duurzaamheid tot een nieuwe esthetiek moet leiden. Of dat esthetiek helpt in het omarmen van die duurzaamheid. Het wordt nu nog te veel ervaren als een concessie of beperking denk ik. Spelen deze overwegingen bij jullie ook een rol?

ML: Zoals met het ornament geloof ik niet in een generieke toepassing van duurzame maatregelen. Je moet eerst weten wat er nodig is, of het goed werkt en of de toepassing het beoogde effect heeft. Voor SAWA [p.124] integreren we stadsnatuur, maar om dat succesvol te doen, moesten we eerst achterhalen onder welke omstandigheden die natuur het beste gedijt. Dat proces, die puzzel, is een deel van de ontwerpopgave.

KH: Zie je daar nieuwe, interessante kansen in, esthetisch gezien?

RW: We verkennen uiteenlopende manieren om met nieuwe materialen en technieken te ontwerpen. Lang voordat groene gevels gangbaar waren, namen we in de gevel van de Kaboutergarage [p.210] een patroon van plantenbakken op. Deze kregen specifieke beplanting per gevel, afhankelijk van de oriëntatie. Het werd een beeldbepalend element. In de twee recent opgeleverde werkgebouwen Max & Moore [p.142] hebben we PV-panelen juist onzichtbaar in de gevel geïntegreerd, ieder met een eigen kleur en vormgeving. Hier spelen we met de nieuwste mogelijkheden van de techniek. Open structuren en losmaakbaarheid als duurzame principes waren al in onze eerste projecten beeldbepalend. De prijsvraaginzending Gedoogwonen [p.240] is hiervan misschien het meest extreme voorbeeld. Binnen een casco constructie krijgen kopers volledige vrijheid, waardoor een divers en veranderend beeld kan ontstaan.

KH: That in turn touches on the visibility of the user and the room you give to different personal aesthetic preferences.

RW: Including taboos. For the RTV-Rijnmond building, we asked ourselves what the last taboo in material application would be. That turned out to be the decorative gravel tile, so we used that on the underside of the ceiling. We like to play with those taboos. Just like windows with adhesive glazing bars, another taboo and a complex application for architects.

KH: When I think of adhesive bars, I think of people who lavishly decorate their houses for Christmas, with spray snow on the windows. Yes, that may sound like a value judgment. But you immediately realise what the connotation is from the user's point of view. They want cosiness. I didn't dare to even mention that word when I was studying architecture.

RW: Cosiness is also a taboo in architecture. I once told Architecture students about our Jobsveem project, a former warehouse and listed building that we redeveloped. I showed the concrete panels, everyone liked it. Then I told them that they are in fact stuccoed walls with lines painted on them. The reaction of the students was so funny to see: they could hardly believe it. Sometimes the story about material is more important than the material itself. If you are not afraid to deviate from the rules, then it is very easy to disconcert, disorient, and create new aesthetics.

KH: What then constitutes this new aesthetic?

RW: It is a certain emotion that you evoke, or at least a reaction. You trigger something.

KH: Classical beauty is about harmony: something makes sense and feels right. Whereas you want to shake things up, to provoke. Why do you need to do that?

KH: Dat raakt weer aan de zichtbaarheid van de gebruiker en de ruimte die jullie geven aan uiteenlopende persoonlijke esthetische voorkeuren.

RW: Inclusief taboes. Voor het RTV Rijnmond-gebouw vroegen we ons af wat het laatste taboe is in materiaaltoepassing. Dat bleek de gewassen grindtegel te zijn, dus die hebben we daar aan de onderkant van het plafond toegepast. We vinden het leuk om met die taboes te spelen. Net als ramen met plakroeden, ook zo'n taboe en een ingewikkelde toepassing voor architecten.

KH: Bij plakroeden denk ik aan mensen die hun huis overdadig versieren voor Kerstmis, met spuitsneeuw op de ramen. Ja, dat klinkt misschien als een waardeoordeel. Maar je beseft ook direct wat de connotatie is vanuit de gebruiker. Die wil gezelligheid. Ik durfde dat woord tijdens mijn studie Bouwkunde niet in de mond te nemen.

RW: Ook gezelligheid is een taboe in de architectuur. Ik vertelde studenten Bouwkunde ooit over ons project Jobsveem, een voormalig pakhuis en rijksmonument waarvan wij de herbestemming deden. Ik liet de betonpanelen zien, iedereen vond het mooi. Toen vertelde ik dat het in feite gestucte muren zijn, waarop lijnen zijn geschilderd. De reactie bij de studenten was zo grappig om te zien, ze konden het nauwelijks bevatten. Soms is het verhaal over materiaal belangrijker dan het materiaal zelf. Als je van de regels durft af te wijken, dan is het heel makkelijk om te onthutsen, te vervreemden en nieuwe esthetiek te maken.

KH: Wat maakt dan die nieuwe esthetiek?

RW: Het is een bepaalde emotie die je oproept, of in ieder geval een reactie. Je brengt iets teweeg.

KH: Bij klassieke schoonheid gaat het over harmonie: iets klopt en voelt goed. Jullie willen opschudden, prikkelen. Waarom is dat nodig?

'If you're not afraid to deviate from the rules, it is easy to create new aesthetics'

RW: Beauty is not universal, disconcerting is. Not being self-evident, daring to be unconventional. In the Cheese Warehouse, I saw a snakes and ladders board full of sayings. It inspired us to have texts lasered into those old cheese boards. In this way, we captured emotion in texts and linked that emotion to the building.

KH: Serendipity, that's also something I have to think of with you. Being open to things that you 'just' come across, but with the intelligence to see it and do something with it.

RW: The effect of disorientation is supported by the materials we use. Like the gravel tile I mentioned, the unfinished concrete, the old cheese boards and here in the Schiecentrale 4B the woven stainless-steel screen that makes the gallery a semi-outdoor space. We had that stainless-steel screen woven specially in Oude Pekela, where they are masters in that technique.

RW: Schoonheid is niet universeel, het onthutsen wel. Het niet vanzelfsprekend zijn, het eigenzinnig durven zijn. In het Kaaspakhuis zag ik een ganzenbord hangen vol met spreuken. Het inspireerde ons tot het laten laseren van teksten in die oude kaasplanken. Zo vingen we emotie in teksten en verbonden we die emotie aan het gebouw.

KH: Serendipiteit, daaraan moet ik ook denken bij jullie. Open staan voor dingen die je 'zomaar' tegenkomt, maar wel met de intelligentie om het te zien en erop te reageren.

RW: Het effect van vervreemding wordt ondersteund door de materialen die we gebruiken. Zoals de grindtegel die ik noemde, het onafgewerkte beton, de oude kaasplanken en hier in de Schiecentrale 4B het geweven RVS-doek dat de galerij tot semi-buitenruimte maakt. Dat doek van RVS hebben we speciaal laten weven in Oude Pekela, waar ze die techniek beheersen.

Schiecentrale fabric

A ‘fabric’ of woven stainless steel and plastic threads screens off the galleries from the high section of Schiecentrale 4B. Transparent plastic threads are woven into the stainless-steel mesh that light up when the sun shines on them. The deliberately created flaws are the visible traces of the production process. The beauty of imperfection is industrialized here.

Schiecentrale weefsel

Een ‘doek’ van geweven RVS en kunststof draden schermt de galerijen van de hoge schijf van de Schiecentrale 4B af. In het RVS metaalgaas zijn doorzichtige kunststofdraden meegeweven die oplichten als de zon erop schijnt. De bewust gecreëerde weeffouten zijn hier de aanwijsbare sporen van het maakproces. De schoonheid van de imperfectie is hier geïndustrialiseerd.

KH: You could say this new aesthetics is linked to a new form of craftsmanship, which unfortunately is often not possible in terms of budget. To find new ways of tactility and quality, you have to be on the lookout for surprises.

RW: But you have to do that all the time anyway! In the past, I often wondered why all buildings looked so much alike. The challenge is to be inquisitive and to think about ways of doing things differently. And to constantly look for new ingredients to make something special.

Mei in conversation with Kirsten Hannema

Text: Priscilla de Putter
Photography: Jerry Lampen

KH: Die nieuwe esthetiek is dus verbonden aan een nieuwe ambachtelijkheid, die helaas qua budget vaak niet mogelijk is. Om nieuwe manieren van tactiliteit en kwaliteit te vinden, moet je je ogen openhouden voor verrassingen.

RW: Maar dat moet je sowieso constant doen! Ik vroeg me in het verleden vaak af waarom alle gebouwen toch zoveel op elkaar leken. Nieuwsgierig zijn en nadenken over hoe je iets anders kunt doen, dat is de uitdaging. En steeds weer nieuwe ingrediënten zoeken om iets bijzonders te maken.

Mei in gesprek met Kirsten Hannema

Tekst: Priscilla de Putter
Fotografie: Jerry Lampen

‘To find new ways of tactility and quality, you have to be on the lookout for surprises’

St JOB I

VanWijk

St JOB II

Projects

Citroëngarage *Citroën Garage*

2021
Paris, FR

With strategies for making the city greener and reducing car traffic, Paris is making serious strides in working towards a climate-neutral and climate-resilient living environment. The design for the conversion of the Citroën Garage translates the ambitions set by the city into an inner-city transformation project.

In the proposed low-traffic future of the city centre of Paris, a new future also awaits a large number of car parks. The former Citroën Garage on Avenue de la République is a test case. For the 1950s complex, the plan proposes a programme of shops, social housing and owner-occupied flats, as well as a public bicycle parking facility and repair shop. Shared-use spaces, such as an exhibition area, shared workstations and roof gardens, encourage contact between residents.

The new construction will be made of wood, with prefabricated, detachable parts. This sustainable construction method also minimizes the impact of the building site on the neighbourhood, because it is a fast and low-noise method. The existing buildings will be retained or reused on site as much as possible. The foundations, basement, ground floor and steel beams will all be completely preserved. Unusable concrete floors are given a new life as the necessary

Met strategieën voor vergroening en het verminderen van autoverkeer maakt Parijs serieuze stappen in het werken aan een klimaatneutrale en -bestendige leefomgeving. Het ontwerp voor de herbestemming van de Citroëngarage vertaalt de door de stad gestelde ambities naar een binnenstedelijk transformatieproject.

In de voorgestelde autoluwe toekomst van het centrum van Parijs wacht een groot aantal garages ook een nieuwe toekomst. De voormalige Citroëngarage aan de Avenue de la République vormt hiervoor een testcase. Voor het complex uit de jaren vijftig stelt het plan een programma voor van winkels, sociale huur- en koopwoningen, en een openbare fietsenstalling en -reparatiewerkplaats. Ruimtes voor gedeeld gebruik, zoals een tentoonstellingsruimte, deelwerkplekken en daktuinen, dragen bij aan het contact tussen de bewoners.

De nieuwbouw wordt uitgevoerd in hout, met geprefabriceerde, demontabele delen. Deze duurzame bouwmethode minimaliseert ook de impact van de bouwplaats op de omgeving, door de snelheid en geluidsarme wijze van constructie. De aanwezige bebouwing wordt zoveel mogelijk behouden of op locatie hergebruikt. De funderingen, kelder, benedenverdieping en stalen spanten blijven geheel bewaard. Onbruikbare betonnen vloeren krijgen een nieuw leven als benodigde massa binnen de houten constructie – verzaagd tot elementen

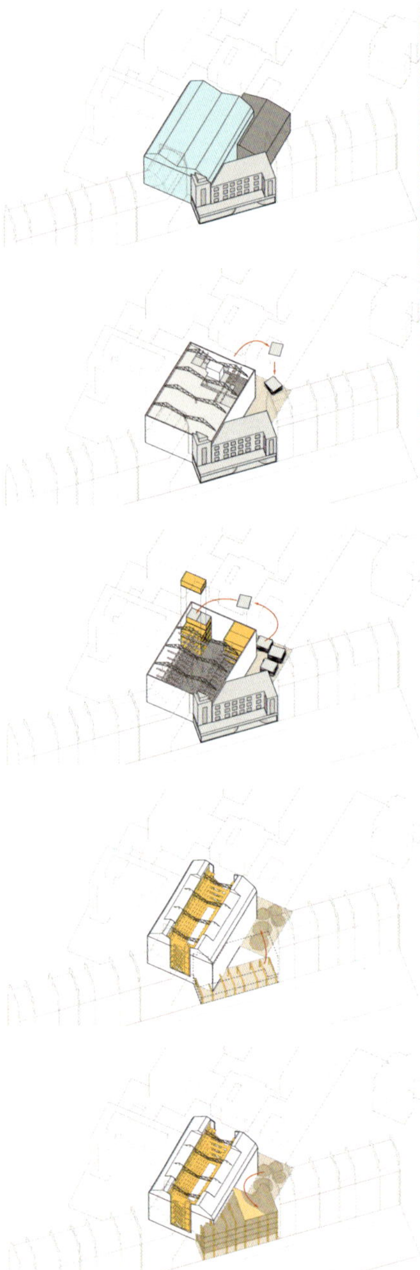

Schematic overview of the transformation process, from top to bottom:
- Removal of the annexe (grey) and the roof of the hall (blue)
- The existing concrete floors of the hall are sawn into usable parts; storage at the site of the former annexe
- Installation of prefabricated wooden modules; reuse of the sawn-up concrete floors as ballast
- Dismantling, grinding and storage of mineral material from the office building
- Construction of modular timber structure on top of the existing foundation; reuse of pulverized material as ballast

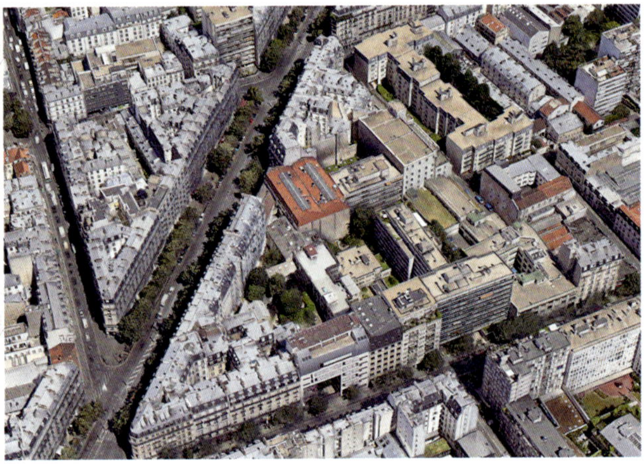

Aerial photograph of the existing situation

The Parisian landscape of listed zinc roofs is restricted from installing solar panels or applying vegetation. Non-listed roofs, such as those of the parking garage, can form an important exception here as a green network and space for energy generation.

A system of prefabricated wooden modules, with ballast composed of the concrete and other mineral remains of the existing buildings, minimizes waste, transportation and the impact of the inner city building site.

mass within the wooden construction—sawn into elements or grinded into ballast for the new floors. This limits the transport of materials in the crowded Parisian city centre.

Wedged in between buildings and courtyards, and between typical Haussmannian facades, the design harmonizes very well with the context. The facade composition of the adjacent buildings is the basis for the new facade. The required entry of daylight largely determines the spatial layout. However, within the strict preconditions of the densely built block, space has also been found to create public and communal areas, as well as a lot of new urban greenery.

of vergruisd tot losse ballast. Materiaalvervoer in de drukke Parijse binnenstad kan hierdoor worden beperkt.

Ingeklemd tussen gebouwen en hoven, en tussen typische Haussmanniaanse gevels, voegt het ontwerp zich sterk naar de context. De gevelcompositie van de naastgelegen panden vormt de basis voor de nieuwe gevel. De benodigde daglichttoetreding is grotendeels bepalend voor de ruimtelijke opzet. Binnen de strenge randvoorwaarden van het dichtbebouwde blok is echter ook ruimte gevonden om publieke en gemeenschappelijke plekken te maken, en een grote hoeveelheid nieuw stadsgroen.

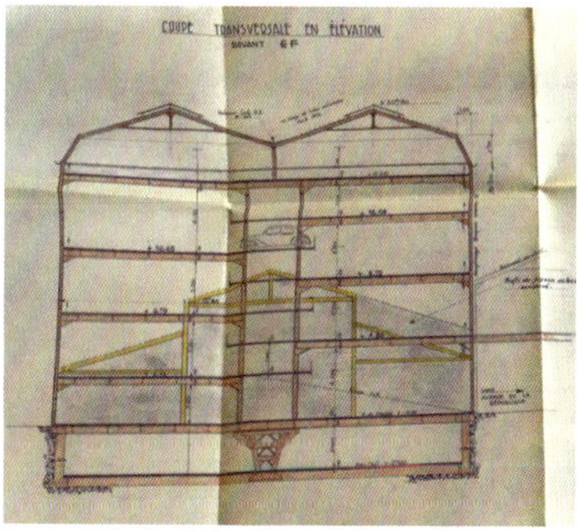

Sectional drawing of the existing hall

To reduce construction costs, transport and the environmental impact of extracting and producing new building materials, the design is based on as much preservation and reuse as possible. As with many industrial buildings, the foundation and main load-bearing structure can be put to good use in a new design. The concrete floors are sawn into new usable parts.

Existing and new facade at Avenue de la République

Executed in wood, the design ties in with the characteristic composition of the nineteenth-century Haussmannian facades.

MENU

2019 –
Utrecht, NL

In Utrecht's new neighbourhood of Merwede, MENU introduces local food production and consumption as part of the urban living environment. As a combination of city greenhouse, market hall and a hill of homes, the design explores the potential of a new building type, in the former medicine warehouse of the Onderlinge Pharmaceutische Groothandel (OPG).

The dark heart of the building, which in recent years has served as a bicycle depot, offers the perfect conditions for a closed urban farming system. Fully air-conditioned, monitored and stacked, it is possible to grow just as much lettuce and herbs per year with a very compact footprint of 50 square metres as on one hectare of open farmland. Opening the closed masonry facade brings daylight into the space around the 'growing centre'. The many free columns, characteristic of the construction of the original warehouse, are preserved. This tall space, which opens up to the street, will house a market hall and catering facilities. In addition, the building will accommodate a hotel, companies in the small manufacturing industry and a Knowledge Lab focused on sustainability, circularity and innovation.

40 wooden loft apartments will be built on top of the roof, like a mountain of pixels. The heavy construction of the existing warehouse forms the foundation for this relatively light addition. The

In de nieuwe stadswijk Merwede introduceert MENU lokale voedselproductie en -consumptie als deel van de stedelijke woonomgeving.

Als combinatie van stadskas, markthal en berg van woningen, verkent het ontwerp de potentie van een nieuw gebouwtype, in de voormalige medicijnopslag van de Onderlinge Pharmaceutische Groothandel (OPG).

Het donkere hart van het gebouw, dat de afgelopen jaren dienstdeed als fietsendepot, biedt de perfecte omstandigheden voor een gesloten 'urban farming' systeem. Volledig geklimatiseerd, gemonitord en gestapeld, kan hier met een heel compacte footprint van vijftig vierkante meter per jaar even veel sla en kruiden worden verbouwd als op één hectare open landbouwgrond. Het openen van de gesloten gevel van metselwerk brengt daglicht in de ruimte rondom het 'growing centre'. De vele vrije kolommen, kenmerkend voor de constructie van de oorspronkelijke opslag, worden behouden. In deze rijzige ruimte, die zich opent naar de straat, komen een markthal en horeca. Daarnaast krijgen een hotel, bedrijven in de kleine maakindustrie en een Kennislab gericht op duurzaamheid, circulariteit en innovatie een plek in het pand.

Op het dak komen veertig houten loftwoningen, als een berg van pixels. De zware constructie van het bestaande pakhuis vormt de fundering

Impression of the west facade

Existing and new building components are woven into a layered whole.

Facades and interior of the OPG building before transformation

As a pharmaceutical warehouse, the building was designed with a dense grid of slender columns and largely closed facades.

lofts are made with Cross-Laminated Timber (CLT) and are designed to be fully detachable. Private terraces and a communal roof garden create a playful, green landscape on the austere building.

The first phase of the transformation focuses on events, catering facilities and workspaces. Minimal, temporary interventions make the ground floor and the roof accessible. Used glass fronts replace the closed facade on the ground floor. A scaffolding construction gives access to the roof. In large, integrated planters, local and future residents, enthusiasts, and other interested parties can temporarily house or donate their plants, which will later be permanently planted in the area around the building.

voor de relatief lichte optopping. De woningen zijn volledig demontabel ontworpen, in Cross-Laminated Timber (CLT). Privéterrassen en een gemeenschappelijke daktuin creëren een speels, groen landschap op het strenge gebouw.

De eerste fase van de transformatie richt zich op evenementen, horeca en werkruimte. Minimale, tijdelijke ingrepen maken de begane grond en het dak toegankelijk. Gebruikte glazen puien vervangen de dichte gevel op de begane grond. Een steigerconstructie geeft toegang tot het dak. In grote, geïntegreerde plantenbakken kunnen omwonenden en toekomstige bewoners, liefhebbers en andere geïnteresseerden hun planten tijdelijk onderbrengen of doneren, om deze later definitief te planten in de ruimte rondom het gebouw.

The dense structure of slender columns is preserved and enhanced, by taking out the floors in the centre of the building

Design principles, from top to bottom:
- Opening the facade to bring daylight into the building
- Structure of lightweight wooden modules on the existing, oversized main load-bearing structure of the former warehouse
- Removing the floors around the columns creates a stately, central space
- A composition of modules forms a varying roof landscape with both intimate enclosed spaces and places with panoramic views

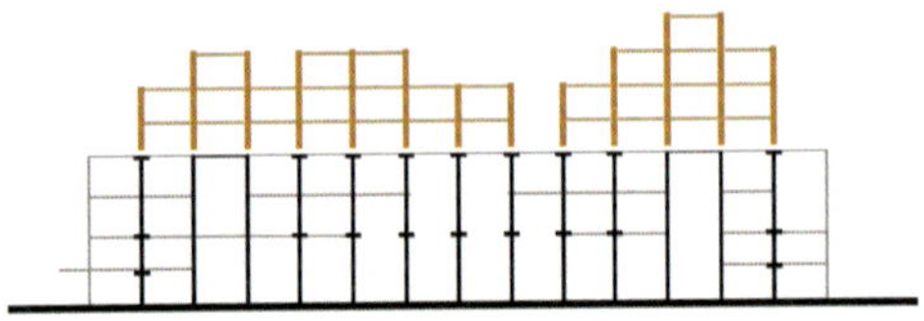

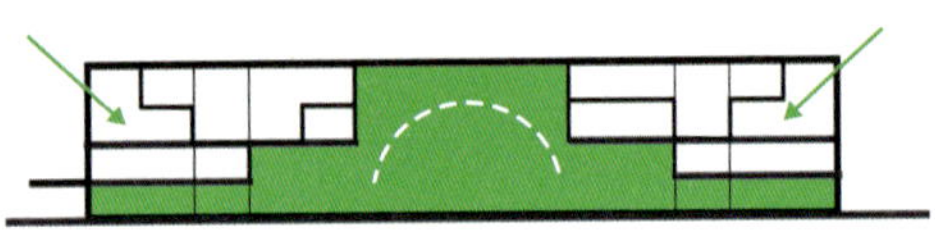

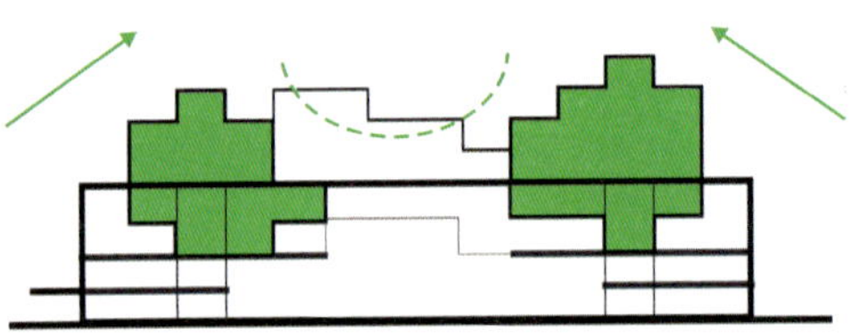

Cross-sectional perspective showing the double height central space and surrounding functions

Wooden modules inside and on top of the former warehouse create space for homes, workplaces and a hotel.

Top: view from a hotel room of one of the collective work spaces
Bottom: terraced landscape as a living environment with views over the city

The heavy construction of the existing warehouse forms the foundation for 40 wooden loft apartments, situated on the roof like a pixelated landscape

MENU opens up to its surroundings, while the original stout volume of the pharmaceutical warehouse remains visible. Large glass lift doors connect the market hall to the square and adjacent park. The distinctive columns become visible from the street.

Impression from the Kanaalweg

Collage of the market hall

2019 –
Rotterdam, NL

SAWA has a clear message: buildings can and must contribute to creating a healthy, shared living environment. More so than is currently the case. From development to design, the construction industry can make choices with great social impact. SAWA pushes back frontiers in wood construction, supports local biodiversity and makes a case for an accessible housing market.

The 50-metre-high residential building will be constructed almost entirely of Cross-Laminated Timber (CLT). As an alternative to today's conventional concrete construction, timber construction greatly reduces CO_2 emissions. However, high-rise wooden buildings still face many challenges, especially in terms of fire and noise. In order to be able to build SAWA's main load-bearing structure from more than 90 per cent wood, a team of international experts worked with Mei on a sophisticated design. An important innovation is the floor system, in which dry ballast instead of concrete creates the required mass. As a result, SAWA achieves great progress in minimizing the amount of concrete. In addition, this solution enables a fully detachable construction and thus a circular application. SAWA builds with wood that comes from sustainable production forests. For every tree that is cut down, three are planted again.

SAWA heeft een heldere boodschap: gebouwen kunnen en móeten bijdragen aan het maken van een gezonde, gedeelde leefomgeving. Meer dan nu gangbaar is.

Van ontwikkeling tot ontwerp kan de bouw keuzes maken met grote maatschappelijke impact. SAWA verlegt grenzen binnen de houtbouw, ondersteunt de lokale biodiversiteit en maakt zich sterk voor een toegankelijke woningmarkt.

Het vijftig meter hoge woongebouw wordt vrijwel geheel uitgevoerd in Cross-Laminated Timber (CLT). Als alternatief voor de nu nog conventionele betonbouw reduceert houtbouw sterk de CO_2-uitstoot van de bouw. Hoogbouw in hout kent echter nog veel uitdagingen, met name op het gebied van brand en geluid. Om de hoofddraagconstructie van SAWA voor meer dan negentig procent uit hout op te kunnen bouwen, is samen met een team van internationale deskundigen gewerkt aan een uitgekiend ontwerp. Een belangrijke innovatie is het vloersysteem, waarin droge ballast in plaats van beton de benodigde massa creëert. Hierdoor behaalt SAWA grote winst in het minimaliseren van de hoeveelheid beton. Bovendien maakt deze oplossing een volledig demontabele constructie mogelijk en daarmee circulaire toepassing. SAWA bouwt met hout dat afkomstig is uit duurzame productiebossen. Voor elke gekapte boom worden er drie teruggeplant.

View from the Kratonkade

While SAWA connects to the surrounding buildings with articulation between the substructure and superstructure, the landscaped terraces unify the building.

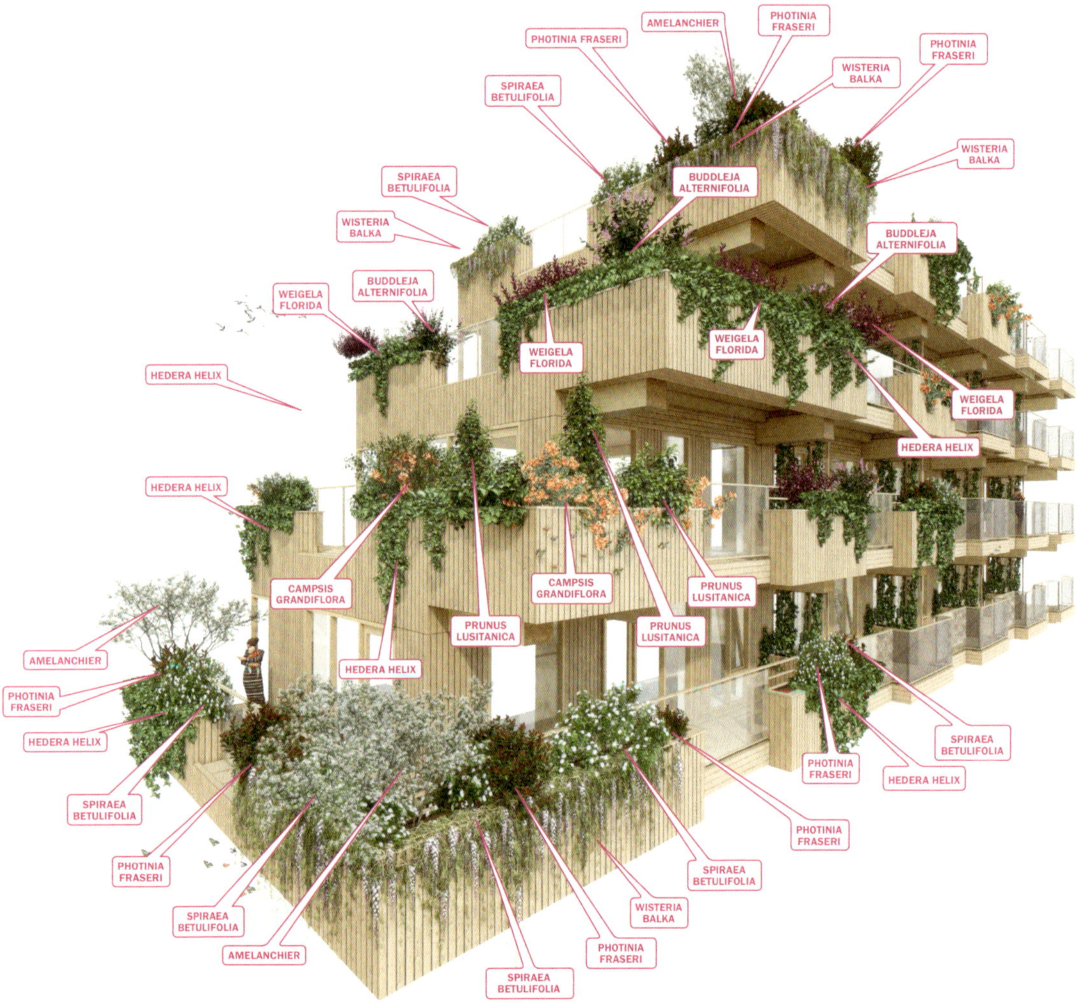

Planting plan showing an impression of the greenery three years after planting

Greenery along the terraces creates cozy, wind-sheltered spots, retains rainwater and reduces heat stress on hot days. A mix of plant species creates a habitat for insects and birds.

SAWA (from the Malay *sawah*) owes its name to the stepped building shape, with spacious green terraces. Inspired by the ships of the shipping company Rotterdamsche Lloyd, which sailed from the Lloyd Pier to Asia at the beginning of the last century, the building refers to this Asian landscape. The terraces are surrounded by fixed flower and plant containers. In cooperation with city ecologists and biologists, a planting plan was made, aimed at providing food for various species of birds and insects. Nesting boxes on and around the building provide a safe haven for birds and insects. By connecting to the surrounding flora, SAWA connects to the existing ecological structures in the city and increases the biodiversity of the neighbourhood. A collective roof garden in the heart of the building is connected to the existing neighbourhood garden, so the greenery also activates the relationship with the neighbourhood.

SAWA (van het Maleise *sawah*) dankt haar naam aan de getrapte gebouwvorm, met ruime groene terrassen. Als herinnering aan de schepen van de rederij de Rotterdamsche Lloyd, die begin vorige eeuw vanaf de Lloydpier naar de Oost vertrokken, verwijst het gebouw naar dit Oosterse landschap. Rondom de terrassen zijn vaste bloemen- en plantenbakken opgenomen. In samenwerking met stadsecologen en biologen is hiervoor een beplantingsplan gemaakt, gericht op de voedselvoorziening voor verschillende soorten vogels en insecten. Nestkasten op en aan het gebouw dragen bij aan het creëren van een veilige habitat. Door aan te sluiten op omringend groen, haakt SAWA aan bij de ecologische structuren van bestaande stadsnatuur. Een collectieve daktuin in het hart van het gebouw is verbonden met de bestaande buurttuin, waardoor het groen ook de relatie met de buurt activeert.

SAWA connects to the existing ecological structures in the city and increases the biodiversity of the neighbourhood.

The housing differentiation is aimed at forming a diverse community of residents: a reflection of Rotterdam's population. Of the more than one hundred apartments—a mix of owner-occupied and rental properties—fifty are intended for mid-rent. This makes it possible for diverse income groups to live in SAWA. The spatial layout and facilities in the building will contribute to social cohesion among residents and contact with the neighbourhood. From the galleries to the common deck, there is plenty of opportunity for the residents to see each other. Joint

De woningdifferentiatie is gericht op het vormen van een diverse gemeenschap van bewoners: een afspiegeling van de Rotterdamse bevolking. Van de ruim honderd appartementen – een mix van koop- en huurwoningen – zijn er vijftig bestemd voor de middenhuur. Het wordt voor allerlei inkomensgroepen bereikbaar om in SAWA te wonen. De ruimtelijke opzet en voorzieningen in het gebouw dragen bij aan de sociale samenhang onder bewoners en het contact met de buurt. Van galerijruimte tot gemeenschappelijk dek is er ruimte voor

ownership of a vegetable garden, a workshop, shared bicycles and cars will strengthen the bond between residents. Neighbours have come up with an initiative to create an exhibition space about the history of the location.

By storing 4800 tonnes of CO_2 in the wooden structure of the building, SAWA is contributing to the achievement of climate targets. Furthermore, the building is energy-neutral, low on installations, adaptable and detachable. Supermarkets now offer a wide range of products for conscious consumers. For the housing consumer, the options are still very limited. SAWA wants to take a new step in this direction, as the 'healthiest building in the Netherlands'.

ontmoeting. Gezamenlijk eigenaarschap van een moestuin, een werkplaats, deelfietsen en -auto's versterkt de band tussen bewoners. Vanuit omwonenden is een initiatief van de grond gekomen voor het maken van een expositieruimte over de geschiedenis van de plek.

Door de vastlegging van 4800 ton CO_2 in de houten structuur van het gebouw draagt SAWA bij aan het behalen van klimaatdoelen. Het gebouw is daarnaast energieneutraal, installatie-arm, aanpasbaar en losmaakbaar. Voor de bewust levende consument hebben supermarkten inmiddels een groot aanbod. Voor de woonconsument is dit nog heel beperkt. SAWA wil hierin, als 'gezondste gebouw van Nederland', een nieuwe stap zetten.

Innovative use of dry ballast makes the wooden construction fully detachable, and thus reusable

Interior of an apartment on the deck

In the dwellings, the wooden main load-bearing structure is fully exposed.

The communal entrance from the Kratonkade

Like a lobby, the entrance zone connects the communal housing entrances to the mobility hub, where the shared bikes and cars are parked.

Transition zone between deck and dwelling

Impression of the vegetable garden on the communal deck.

View from the west, with The Park and Rotterdam city centre in the background

SAWA fits into the existing context of the Lloyd Pier. On the west side (left), it creates a small square with evening sun. On the south side (right), the communal roof terrace connects to the existing neighbourhood garden: the Tuin op de Pier (Garden on the Pier). As a sculptural volume, the building opens up to the Nieuwe Waterweg.

A vegetable garden, a workshop, shared bicycles and cars are jointly owned

Buildings can and must contribute to creating a healthy, shared living environment. More so than is currently the case

SAWA is featured in the Lego collection and was also exhibited at the International Architecture Biennale Rotterdam 2022.

Zijdefabriek *Silk Factory*

2018 –
Naro-Fominsk, RU

With the transformation of the site of the old silk factory, once the heart of the local community, Russia's Naro-Fominsk will regain a historical city centre.

The design is based on the restoration of the stately buildings where silk was washed, woven, and dyed since the end of the 19th century. The morphology of the industrial ensemble, focused on short transport movements in the production process, created a small-scale network of public spaces. The intimate streets and enclosed squares contrast sharply with the long axes and large open spaces of the neighbouring districts, characteristic of Soviet-era urban planning. A riparian park connects the area to the Nara River and gives an impulse to the nature reserve north of the site. After years of closure, the design reconnects the surrounding structures to the former factory site.

Plans for a mixed programme will breathe new life into the old silk factory—an approach that is still uncommon in Russian urban planning. The characteristic factory buildings provide space for loft-style apartments combined with a mix of shops, sports facilities, and a culinary and cultural programme. With a growing middle class, the demand for other facilities is also increasing. The industrial heritage, with which virtually all the families of the city have historical ties, will play a role in the changing urban life of Naro-Fominsk.

Met de transformatie van het terrein van de oude zijdefabriek, ooit het hart van de lokale gemeenschap, krijgt het Russische Naro-Fominsk weer een historische binnenstad.

Aan de basis van het ontwerp ligt de restauratie van de statige gebouwen, waar de zijde sinds eind negentiende eeuw werd gewassen, geweven en beschilderd. De morfologie van het industriële ensemble, gericht op korte vervoersbewegingen in het productieproces, creëert een kleinschalig netwerk van openbare ruimten. De intieme straten en omsloten pleinen contrasteren sterk met de lange assen en grote open vlaktes van de naastgelegen wijken, kenmerkend voor de stedenbouw in de Sovjet-tijd. Een oeverpark verbindt het gebied met de rivier de Nara en geeft een impuls aan het natuurgebied ten noorden van het terrein. Na jarenlange afsluiting hecht het ontwerp de omliggende structuren weer aan het voormalige fabrieksterrein.

Plannen voor een gemengd programma blazen de oude zijdefabriek nieuw leven in – een nog ongebruikelijke aanpak in de Russische stedenbouw. De karakteristieke fabrieksgebouwen bieden ruimte aan loftappartementen in combinatie met een mix van winkels, sportfaciliteiten, en een culinair en cultureel programma. Met een groeiende middenklasse neemt ook de vraag naar andere voorzieningen toe. Het industriële erfgoed, waar vrijwel alle families van de stad nog binding mee hebben, gaat een rol spelen in het veranderende stedelijk leven van Naro Fominsk.

After only the heavy masonry facades of the Concrete building had survived bombing during the Second World War, the entire inside of the building was rebuilt.

Transition between original facades (ca. 1900) and new post-war construction; situation at the start of the transformation

1941
1945
СЛАВА ПАВШИМ В БОЯХ ЗА
И НЕЗАВИСИМОСТЬ НАШЕЙ РОДИНЫ

Since the end of the 19th century, silk was washed, woven, and dyed in the stately buildings that are now restored

Left: facade of the Red building, composed of one-metre-thick masonry
Above: aerial view of the existing situation of the factory complex, located on the Nara River

Most of the inhabitants of Naro Fominsk worked in the large silk factory. Located on the outskirts of the city, the densely built factory complex consisted of a series of industrial facilities.

The Scutching and Concrete buildings will contain housing and shops. As these buildings now face the Nara, they activate the public space along the river. The redevelopment of the river banks will give Naro Fominsk a waterfront.

Scutching building and riverbank layout after transformation

Impression of the design of the river park and Scutching building

One of the atriums in the Scutching building, connecting shops and housing above

Max & Moore

2018 – 2022
Amsterdam, NL

With a robust, chic appearance, Max & Moore connect the industrial past of the location in Amsterdam's Buiksloterham with the intended future of the area: as the home of the creative vanguard. Planting forms an image-defining part of the design. Solar cells play a—less visible—leading role.

The two office buildings relate to the area's large scale and robust buildings. Max and Moore are related to each other, but have their own character. Max stands strong on a double-height plinth and is executed in pronounced horizontal bands of black steel. Subtle variation in the shape of windows and panels gives Moore a softer look and more playful composition, of rough and refined concrete, in light colours. As monochrome panels, matching the surrounding materials, PV cells have been discreetly integrated into both facades.

Winter gardens, roof terraces, and planted facade sections interrupt the austere volumes. With great attention to planting, the design gives shape to a healthy working environment and a habitat for various animal species. Each office floor has access to an outdoor space, where a variety of plant life also provides a home for insects and birds. Climbing plants in front of the glass facades in the substructure filter the incoming light. As green curtains, they create a cosy ambience in adjacent

Met een robuuste, chique uitstraling verbinden Max & Moore het industriële verleden van de locatie in de Buiksloterham met de beoogde toekomst van het gebied: als thuishaven van de creatieve voorhoede. Beplanting vormt een beeldbepalend onderdeel van het ontwerp. Zonnecellen spelen een – minder zichtbare – hoofdrol.

De twee werkgebouwen verhouden zich tot de grote schaal en kloeke gebouwen in het gebied. Max en Moore zijn familie, maar hebben elk een eigen karakter. Met zwartstalen horizontale banden en een dubbelhoge plint, is Max krachtig en rechtdoorzee. Subtiele variatie in de vorm van ramen en panelen geeft Moore een zachtere uitstraling en speelsere compositie, van ruw en fijn beton, in lichte kleuren. Als monochrome platen, passend bij de omringende materialen, zijn PV-cellen in beide gevels onopvallend geïntegreerd.

Wintertuinen, dakterrassen en begroeide geveldelen doorbreken de strenge volumes. Met veel aandacht voor beplanting, geeft het ontwerp vorm aan een gezonde werkomgeving en een habitat voor verschillende diersoorten. Elke werkverdieping heeft toegang tot een buitenruimte, waar met een diversiteit aan beplanting ook insecten en vogels een plek vinden. Klimplanten voor de glazen puien in de onderbouw filteren het binnenvallende licht. Als groene gordijnen creëren ze een sfeer van knusheid in naastgelegen ruimtes en spelen daarbij een rol in de beheersing van het binnenklimaat en

PV panels have been discreetly integrated in both Max' regular, black facade elements and Moore's more playful, white cladding

Max (left) and Moore (right) seen from the square

In the bands of Max's facades, PV cells are integrated into black panels. In Moore, they form part of the sculptural concrete facade.

spaces and play a role in controlling the indoor climate, and limiting installations. Max & Moore has been designed to be completely energy neutral and has received a BREEAM Excellent sustainability certificate.

Public space along the entire length of the plot provides access to the Tolhuis canal, which was mainly a rear side for a long time. The entrance to the shared bicycle garage is located between the two blocks and activates the new public space. Catering and other facilities face the central square and the quay of the canal. When they are open, three wide transparent overhead doors allow the inside and outside to completely flow into each other.

de beperking van installaties. Max & Moore is volledig energieneutraal ontworpen en heeft een BREEAM Excellent duurzaamheidscertificaat.

Publieke ruimte over de volledige lengte van het plot geeft toegang tot het Tolhuiskanaal, dat lange tijd vooral een achterzijde was. De entree van de gemeenschappelijke fietsruimte, gelegen tussen de beide blokken, activeert de nieuwe doorgang. Horeca en voorzieningen zijn gericht op het centrale pleintje en de kade van het kanaal. Wanneer ze open staan, laten drie brede transparante overheaddeuren binnen en buiten volledig in elkaar overlopen.

Roof terrace Max

With PV panels and planting, sustainable elements are naturally integrated and contribute to the spatial quality and appearance of the building.

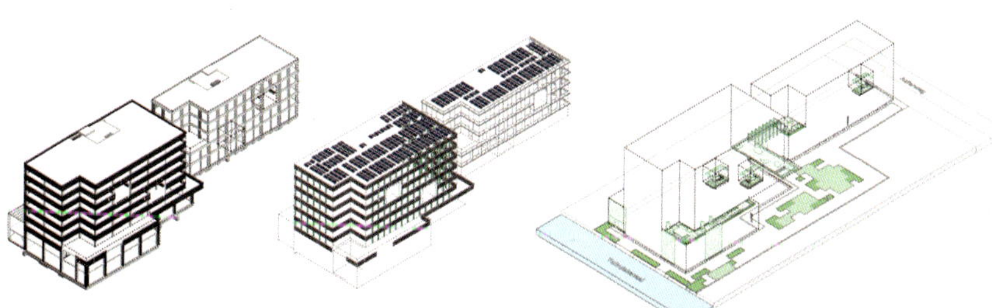

Gevel compositie

PV panelen

Integraal groen

Design interventions, from left to right:
- Facade composition Max and Moore
- PV panels in the facades and on the roofs
- Planting in and around the building

De Nieuwe Hallen *The New Halls*

2017 –
The Hague, NL

Vanuit een fijnmazige structuur van bestaande hallen en hoven, ontwikkelt het plan voor De Nieuwe Hallen een gemengd stuk stad. In de jaren vijftig bouwde men in opdracht van de gemeente Den Haag een industrieel ensemble aan de Binckhorsthaven, met kantoorgebouwen aan de randen en bedrijfshallen in het binnengebied.

Als deel van de transformatie en verdichting van de Binckhorst, worden hier de komende jaren woningen toegevoegd en wordt ruimte gecreëerd voor meer diverse bedrijvigheid.

De gefaseerde herontwikkeling van het ensemble richt zich eerst op het aantrekken van nieuwe bedrijven: maakindustrie en ondernemingen die werken aan maatschappelijke en technologische innovatie. De bestaande industriële hallen, die nu veelal leegstaan of in gebruik zijn voor opslag, bieden hiervoor ruimte. De betonnen constructie van ranke geprefabriceerde spanten en cassetteplafonds – kenmerkend voor de naoorlogse bouw – geeft de hallen ruimtelijke kwaliteit én cultuurhistorische waarde. Door de gebouwen te gebruiken als wind- en regenluwe schil, blijft de oorspronkelijke detaillering behouden. Met beperkte investeringen kunnen toekomstige gebruikers hierbinnen comfortabele paviljoens realiseren, toegespitst op hun specifieke wensen en op termijn aanpasbaar en herbruikbaar.

From a finely-meshed structure of existing halls and courtyards, the plan for The New Halls is creating a mixed urban area. In the 1950s, an industrial ensemble was built on the Binckhorst Harbour on behalf of the municipality of The Hague, with office buildings on the edges and industrial halls in the inner area. As part of the transformation and densification of the Binckhorst, new homes will be added here in the coming years and space will be created for more diverse business activity.

The phased redevelopment of the ensemble focuses first on attracting new companies: makers and entrepreneurs who work on social and technological innovation. The existing industrial halls, many of which are now empty or in use for storage, can accommodate these companies. The construction with prefabricated concrete trusses and cassette ceilings—characteristic of the post-war construction method—provides the halls with both spatial quality and cultural-historical value. By using the buildings as a wind and rainproof shell, the original detailing is preserved. With limited investments, future users can realize comfortable pavilions in this area, tailored to their specific needs and, in time, adaptable and reusable.

Diagram of the desired volume as a tower (left) or articulated ensemble (right)

The overall desired volume is designed as a collection of small, slender towers—with only a central stairwell. From the street to the higher roof gardens, this creates places with a human scale, sufficient daylight and views, plus space for nature.

Roof gardens formed by the articulation of the building

The addition of residential towers and extra work space in the plinth is the next step in the transformation. The housing supply is diverse: lofts, three-generation houses and live-work units, 30 per cent of which are social housing. By designing the volumes in a stepped manner, a dynamic image is created with roof gardens marking the transitions between low, middle, and high-rise buildings. The existing courtyards form a network of narrow streets, in which larger common areas have been designed in sunny and sheltered areas. Greenery has been carefully incorporated into the stony area. **The facades of the new building build on the architecture of the halls and on the sophisticated design of prefab concrete systems from the 1950s.**

Het toevoegen van woontorens en extra werkruimte in de plint vormt de volgende stap in de transformatie. Het woningaanbod is divers: lofts, drie-generatiewoningen en woon-werk woningen, waarvan dertig procent sociale huur. Door de volumes getrapt te maken, ontstaat een dynamisch beeld, waarin daktuinen de overgangen tussen laag-, midden- en hoogbouw markeren. De bestaande expeditiehoven vormen een netwerk van nauwe straten, waarbinnen op zonnige en windluwe stukken ruimere verblijfsplekken zijn vormgegeven. Begroeiing is zorgvuldig in het steenachtige gebied ingepast. **De gevels van de nieuwbouw bouwen voort op de architectuur van de hallen en op de verfijnde vormgeving van prefab betonsystemen uit de jaren vijftig.**

Above: interior of one of the industrial halls, around 1950
Bottom: structure of halls and courtyards

The existing halls, with their expressive concrete construction and light concrete elements, are characteristic of the reconstruction architecture of the 1950s. With concrete facade elements, the new building responds to this history.

One of the streets in the complex

The original halls make up the plinth of the new ensemble.

The courtyards of the industrial ensemble—built in the 1950s—form a network of narrow streets and intimate squares

Kabeldistrict *Cable District*

2017 –
Delft, NL

Het Kabeldistrict vormt een volgend hoofdstuk in de lange Delftse geschiedenis van innovatie waarin, na decennialange scheiding, wonen en maakindustrie op kleine schaal worden verweven.

Cable District is the next chapter in Delft's long history of innovation, in which, after decades of separation, housing and manufacturing are interwoven on a small scale.

The former factory site, which is being transformed into a city district, was built on the Schie as an expansion of the Dutch Cable Factory in 1949. Long lines, necessary for the production process, determined the layout of the enormous factory building. This spatial structure forms the basis of the urban plan for the site. In the new design, a finely-meshed pattern of pedestrian streets and green courtyards, embedded in the old pattern, defines the place of both work and living spaces, ground-level dwellings, medium-rise apartment buildings and residential towers. The existing facades and girders are maintained, making the history of the area visible and adding a connecting layer to the new neighbourhood.

After the Cable District became vacant in 1999, the old building provided space for small-scale businesses, often affiliated with the TU Delft Campus—a working environment for innovative technology companies. These entrepreneurs are the starting point of the urban transformation. In a

Het voormalige fabrieksterrein, dat tot stadswijk transformeert, werd in 1949 aan de Schie gebouwd als uitbreiding van de Nederlandse Kabelfabriek. Lange lijnen, benodigd voor het productieproces, bepaalden de opzet van het enorme fabrieksgebouw. Deze ruimtelijk structuur vormt de basis van het stedenbouwkundig plan voor het terrein. Een fijnmazig patroon van autovrije straatjes en groene hoven, ingepast in het oude stramien, definieert in het nieuwe ontwerp ruimte voor zowel werk- als woonplekken. Met grondgebonden woningen in de laagbouw en appartementen in middelhoge blokken en woontorens zijn de woningtypes divers. De bestaande gevels en vakwerkliggers worden behouden en maken de geschiedenis van het gebied zichtbaar en voegen een verbindende laag aan de nieuwe buurt toe.

Nadat de Kabelfabriek in 1999 leeg kwam te staan, werd in het oude gebouw ruimte geboden aan kleinschalige bedrijven, vaak gelieerd aan de TU Delft Campus – een werkomgeving voor innovatieve technologiebedrijven. De gebiedstransformatie begint vanuit deze ondernemers. In een gefaseerd proces ontwikkelt het gebied zich tot een productieve wijk van regionale betekenis, waar ruimte is voor Smart Tech bedrijven van start-up tot scale-up. Nu menging

Huge factory halls provided space for cable production: a process that required long halls. These long lines have been retained in the design of the new district, allowing people to experience the history of the place.

Interior of the Cable Factory in the heyday of the Nederlandse Kabelfabriek (NKF), 1960s

FABR
>

phased process, the district is being developed into a productive quarter of regional significance, where there is room for Smart Tech companies from start-up to scale-up. Now that new types of industry mean that mixing it with housing is often a safe option, a new dynamic can emerge between the two. The distinct identity of the area offers qualities both to residents, who feel at home in the district, and to entrepreneurs, who are visible here. The tangible presence of the industrial past strengthens this unique character.

Planting and water storage are an essential new layer in the stony area, in public spaces and in collective and private roof gardens. A tree nursery that comes to the site as a quarter-master in an early phase of the devel-opment will supply the future Cable District with fully grown trees.

met wonen door nieuwe vormen van industrie vaak ongevaarlijk is, kan tussen beide pro-gramma's een nieuwe dynamiek ontstaan. De uitgesproken identiteit van het gebied biedt kwaliteiten voor zowel bewoners, die zich er thuis voelen, als ondernemers, die er zicht-baar zijn. De tastbare aanwezigheid van het industriële verleden versterkt deze eigenheid.

Beplanting en waterberging vormen een essentiële nieuwe laag in het steenachtige gebied, in de openbare ruimte en op collec-tieve en private daktuinen. Een boomkwekerij die zich als kwartiermaker in een vroege fase van de ontwikkeling op de locatie vestigt, zal het toekomstige Kabeldistrict voorzien van volwassen bomen.

Cable transport from the Nederlandse Kabelfabriek throughout the Netherlands, before the Second World War

The Cable Factory after the second expansion, 1952

The Cable Factory has been adapted and expanded over the course of time. Founded in 1914, the Dutch Cable Factory– the country's first–expanded with a new location on the Schie in 1949. Further expansions of this new production space took place in 1952 and 1962.

The facades and girders of the former factory are preserved as unifying elements in the new neighbourhood

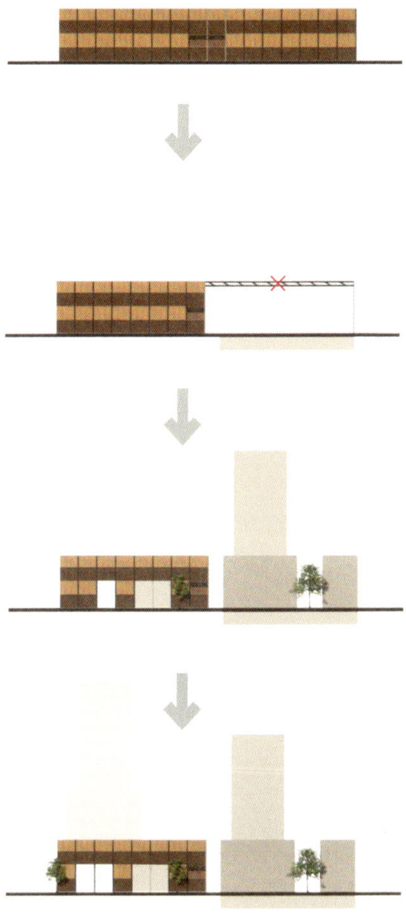

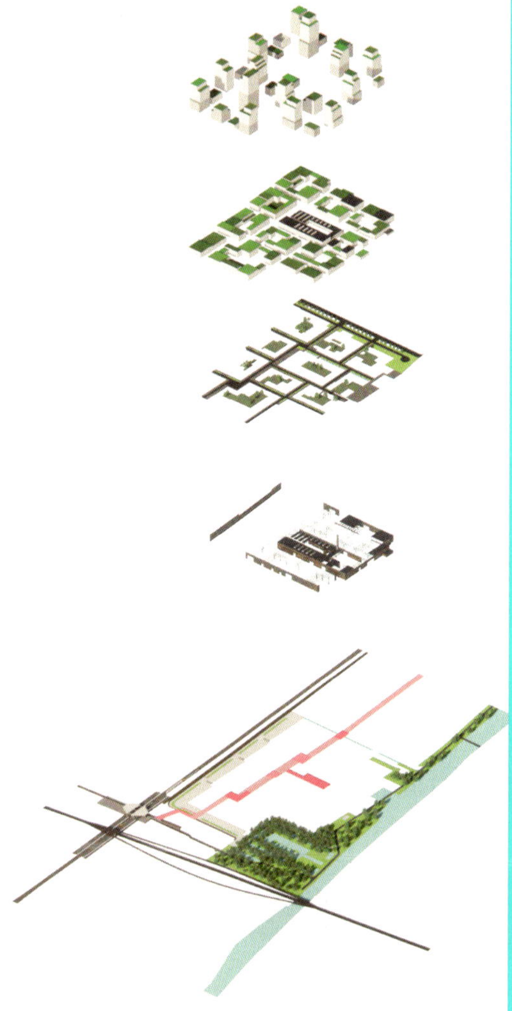

Schematic overview of the transformation process, from top to bottom:
- Existing halls
- Partial preservation
- New construction on cleared sites
- New construction integrated in the halls

Exploded view, from top to bottom:
- Medium and high volumes
- Low-rises
- Network of streets and squares
- Renovated halls and original elements
- Structure of roads, water and vegetation

A finely-meshed pattern of pedestrian streets and green courtyards defines living and work spaces

AL 003 DAGEN
ZONDER ONGELUKKEN
HELP ONS EEN NIEUW RECORD TE BEHALEN
HAL
H
HAL
J

Current situation Cable Factory, with a view of the existing walls and trusses

All existing material emphasizing the long lines of the factory building will be retained in the urban plan.

Courtyards and squares designed within the existing structure

Sint Janskerk

2017 – 2020
Schiedam, NL

Een microchirurgische ingreep brengt de ruimtelijke continuïteit van de Sint Janskerk terug, terwijl de intimiteit van de kleine ontmoetingsruimte behouden blijft.

A microsurgical intervention restored the spatial continuity of the Sint Janskerk in Schiedam, while preserving the intimacy of the small gathering space. After its original completion in 1425, the monumental church has been renovated and transformed several times over the past centuries. The present meeting room was built in 1949 in the north choir of the three-aisled hall church and served as a wedding chapel for a long time. In 1988, a roof was placed over the room, which helped to regulate the indoor climate and acoustics, but also closed it off from the rest of the church. Replacing the closed ceiling with a glass construction reconnected the sacral church space and the meeting room.

The glass vault structure is made up of curved double-sided toughened glass sections, which are glued with sealant joints. The structure can be detached and, if necessary, removed and reused elsewhere. Light, heating, and acoustics are integrated in the connection to the existing walls, finished with a bronze-coloured, perforated plate. The ceiling remains empty, only visible in subtle reflections, tangible in the air quality and audible in the acoustics. With excellent mastery of material and technique, the experience of a centuries-old building and a magnificent space has been re-staged.

Na de oorspronkelijke voltooiing in 1425 is de monumentale kerk in de afgelopen eeuwen meerdere malen gerestaureerd en getransformeerd. De huidige ontmoetingsruimte vond in 1949 een plaats in het noorderkoor van de driebeukige hallenkerk en deed lange tijd dienst als trouwkapel. In 1988 werd een dak op de kamer geplaatst, wat bijdroeg aan een betere regulering van het binnenklimaat en de akoestiek, maar ook de relatie met de rest van de kerk verbrak. Het vervangen van het gesloten plafond door een glazen constructie maakt de sacrale kerkruimte weer deel van de ontmoetingsruimte.

De glazen boogconstructie is opgebouwd uit gebogen dubbelzijdige hardglazen delen, die met kitnaden zijn verlijmd. De constructie kan worden losgemaakt en wanneer nodig worden weggehaald en elders hergebruikt. Verlichting, verwarming en geluidsapparatuur zijn opgenomen in de aansluiting op de bestaande wanden, afgewerkt met een bronskleurige, geperforeerde plaat. Het plafond blijft leeg, slechts zichtbaar in subtiele reflecties, voelbaar in de luchtkwaliteit en hoorbaar in de akoestiek. Met uiterste beheersing van materiaal en techniek is de beleving van een eeuwenoud gebouw en grandioze ruimte opnieuw geënsceneerd.

The glass ceiling restores the spaciousness of the St Janskerk, while the gathering space remains intimate and comfortable.

Gathering space in the north chancel of the three-nave hall church

Glass roof seen from the gathering space

In the small gathering room,
you experience the sacral space
of the north chancel.

The ceiling remains empty, only visible in subtle reflections

Spaardersbad

2018
Gouda, NL

Zes woningen kijken uit over het voormalige zwembassin van het Spaardersbad in Gouda, een van de overgebleven overdekte zwembaden uit de jaren dertig. Het bassin is getransformeerd tot binnentuin, waardoor het verloop van het ondiepe naar diepe bad zichtbaar is geworden. Blauwe en witte tegels doen denken aan de typische geur, geluiden van het bad en de taferelen die zich er jarenlang hebben afgespeeld.

De keuze voor het realiseren van slechts zes woningen in het monument, in plaats van de grotere aantallen waar eerdere plannen voor het gebouw mee rekenden, maakt het mogelijk om de karakteristieken van het pand strategisch in te zetten en zoveel mogelijk te behouden. Het oorspronkelijke centrale daklicht, dat bij de renovatie in de jaren tachtig is dichtgezet, wordt in het nieuwe ontwerp weer opengemaakt, waardoor een licht en ruim, gedeeld binnengebied ontstaat. Hieromheen zijn brede, ondiepe woningen van twee lagen gesitueerd. De slaapkamers op de begane grond, op de plek van de voormalige kleedkamers, hebben toegang tot de tuin, en kleine raampjes aan de kant van de binnentuin. De woonvertrekken op eerste verdieping openen zich naar het binnengebied, met een hoge glazen pui, op de rand van het oorspronkelijk bassin. De horizontaal gemetselde buitengevel met kleine raamopeningen blijft daardoor, met beperkte toevoeging van nieuwe ramen, grotendeels naar origineel ontwerp behouden. De bijzondere stalen spanten, die het zwembad vrij van kolommen hielden, zijn hersteld en in het zicht gelaten als karakteristieke elementen in de verder open ruimtes van de woonverdiepingen.

Spaardersbad

Six homes overlook the former pool of the Spaardersbad in Gouda, one of the last remaining indoor pools from the 1930s. The swimming pool has been transformed into a courtyard garden, revealing the gradient from the shallow to the deep pool. Blue and white tiles recall the typical smell and sounds of the pool, and the scenes that have taken place there for years.

The decision to realize only six dwellings in the monument, rather than the larger numbers envisaged in earlier plans for the building, made it possible to use the building's characteristics strategically and to preserve them as much as possible. The original central skylight, which was closed during the renovation in the 1980s, was opened up again in the new design, creating a bright and spacious communal interior area. Around it are elongated two-storey houses. The bedrooms on the ground floor, where the changing cubicles used to be, have access to the garden, and small windows on the side of the courtyard garden. The living quarters on the first floor open up to the inner courtyard, with a high glazed facade, on the edge of the original swimming pool. The horizontal masonry facade with small window openings is therefore largely preserved in its original design, with the addition of only a few new windows. The special steel girders, which kept the swimming pool free of columns, were restored and brought into view as characteristic elements in the otherwise open spaces of the living floors.

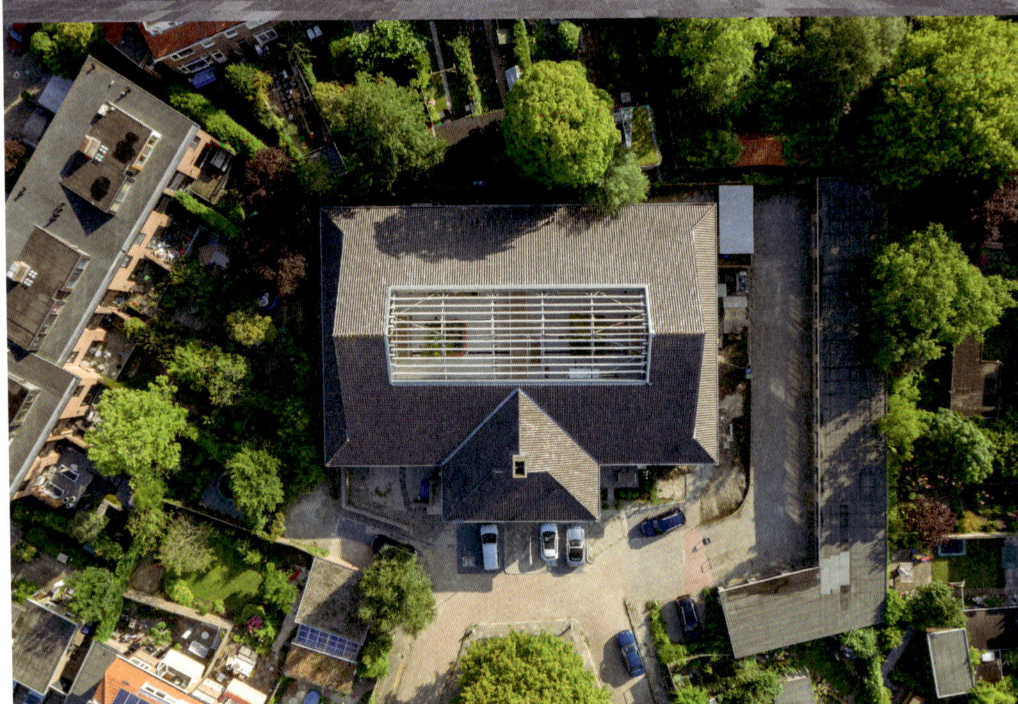

Top: original access stairs (left) to the level of the circulation area around the pool and new entrance (right) to the ground floor and the bottom of the pool
Bottom: aerial photo of the Spaardersbad after its transformation

Opening up the original glazed roof creates a communal inner area around which the dwellings are arranged. Direct daylight enters through this patio, allowing the monumental closed exterior facade to remain intact as much as possible.

As one of the most visited swimming pools in the Netherlands in the last century, this pool retains personal memories of many generations of Gouda residents. With an appeal in the newspaper, the local community was invited to share these memories at the start of the building's conversion, to bring the story of the building back to life. The neighbourhood also had a say in the redevelopment. The small number of new residents has prevented too much additional parking pressure on the residential area. The exceptional residential product made the transformation of the Spaardersbad a daring development. But the scale of the building—after all, only six buyers were needed—meant the risk was limited.

Als een van de best bezochte zwembaden van Nederland in de vorige eeuw, hebben vele generaties Gouwenaars persoonlijke herinneringen aan dit bad. Met een oproep in de krant is bij de start van de herontwikkeling van het gebouw de plaatselijke gemeenschap uitgenodigd om deze herinneringen te delen, om het verhaal van het gebouw weer te laten leven. Ook de aangrenzende buurt heeft een stem gehad bij de herinrichting. Met het kleine aantal nieuwe inwoners is veel extra parkeerdruk op de woonwijk voorkomen. Het uitzonderlijke woonproduct maakte de transformatie van het Spaardersbad tot een gedurfde ontwikkeling. Door de schaal van het gebouw – er waren ten slotte maar zes kopers nodig – was het risico echter beperkt.

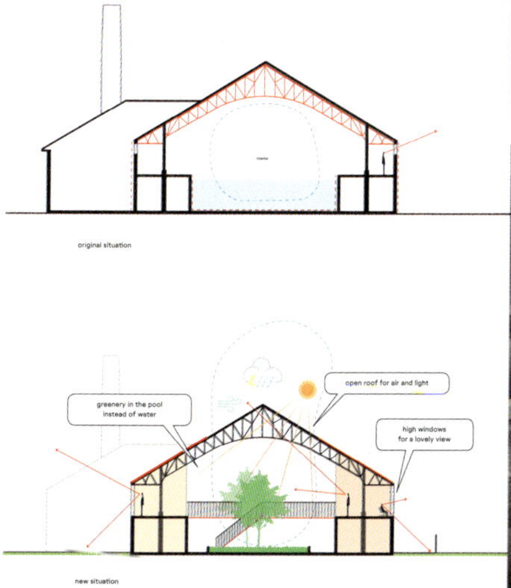

Schematic overview of design interventions in the transformation of the swimming pool (top) into a residential building (bottom)

Facade and interior of the swimming pool in the 1930s

Houses with outdoor space in the communal inner area and on the outer facade

2014 – 2015
Rotterdam, NL

Het nieuwe paviljoen van McDonald's op de Coolsingel reageert op de rijkdom en verfijning van de nog bestaande historische bebouwing die de Rotterdamse boulevard flankeert. Een materiaal of gebouw-element wint aan verfijning met elke bewerking die erop wordt uitgevoerd.

The new McDonald's pavilion on Rotterdam's Coolsingel responds to the richness and refinement of the remaining historic buildings that flank the boulevard. A material or building element gets more refined with every operation that is performed on it. The aluminium facade panels designed especially for the project have therefore been processed several times: anodized, set, and punched with precision. Seen from a distance, they create an elegant golden box. Closer up, the panels depict an elated crowd of people.

Whereas the former kiosk left little space for the pavement and created poorly visible corners in the public space with its dense facade surface, the new building volume has been tailored and materialized in such a way that the monumental post office behind it is visible again. The closed core of the building is as compact as possible, while the restaurant and lobby facade, with its more than six-metre-high decoloured glazed panels, is almost entirely transparent. By incorporating various power boxes for utilities and traffic regulation systems in the vicinity into the core of the pavilion, a lot of 'clutter' has been removed from the public space. When darkness sets in, the pavilion

De speciaal voor het project ontworpen aluminium gevelpanelen zijn daarom meervoudig bewerkt: geanodiseerd, gezet en met precisie geperforeerd. Van een afstand gezien, creëren ze een elegant gouden doosje. Van dichterbij verbeelden de panelen een opgetogen mensenmenigte.

Waar de voormalige kiosk weinig ruimte overliet voor het trottoir en met veel dicht geveloppervlak slecht zichtbare hoekjes in de openbare ruimte creëerde, is het nieuwe gebouwvolume zo getailleerd en gematerialiseerd dat het achtergelegen monumentale postkantoor weer zichtbaar is. Het gebouw heeft een zo compact mogelijke dichte kern, waarnaast de gevel van het restaurant en de lobby met ruim zes meter hoge ontkleurde glaspanelen haast volledig transparant is. Door nabijgelegen nutsvoorzieningen en verkeersregelkasten in de kern van het paviljoen op te nemen, is veel 'rommel' uit de openbare ruimte weggenomen. Wanneer het donker wordt, verlicht het paviljoen de omgeving. De openheid van de lobby vergroot de levendigheid in het straatbeeld en het aantal ogen op de straat – en daarmee de sociale veiligheid.

McDonald's pavilion in front of the former Rotterdam post office

The new pavilion gives the monumental buildings surrounding it as much space and visibility as possible.

Design principles, from top left to bottom right:

- Maximum envelope defined within the urban planning framework
- Creation of a compact closed core to open up views of the post office behind it
- Incorporation of nearby power boxes
- Articulation and differentiation of the closed volume
- Seamless continuation of the facade into the ceiling
- Design of the kitchen and other interior elements as furniture

within contours SRV

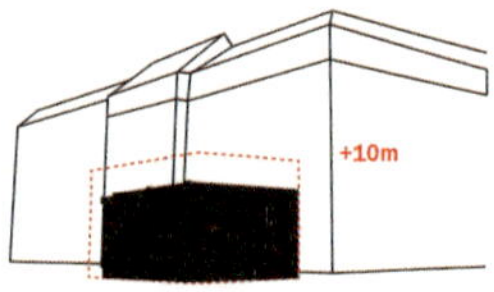

articulate building volume to open up views of the post office behind

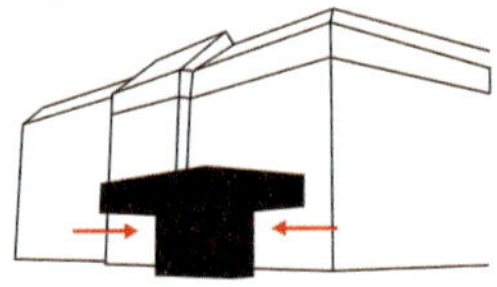

incorporate power boxes

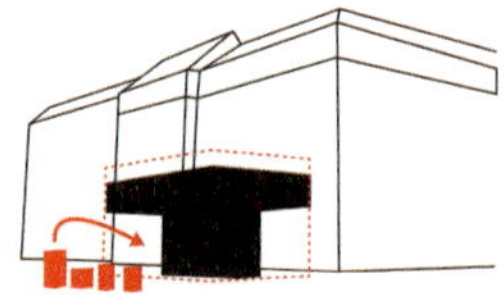

articulate and differentiate

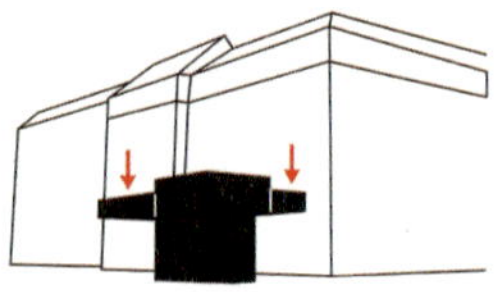

ceiling as reverse mountain

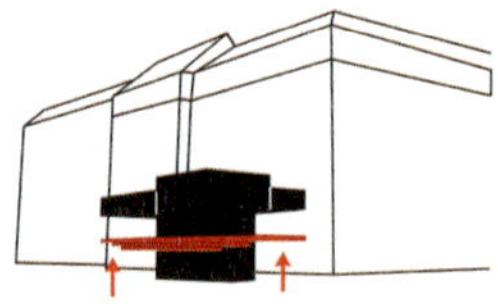

monochrome materials
interrior and kitchen as furniture on ground level

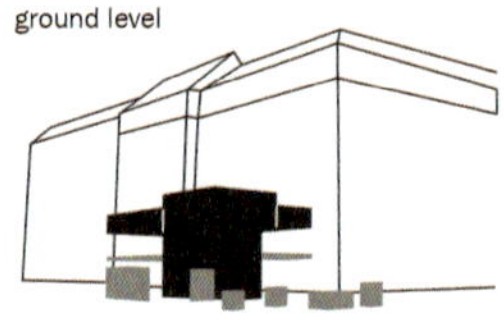

Original and new pavilion

The new pavilion was built on the foundation of the existing McDonald's, but relates to the environment in a completely different way.

illuminates the surroundings. The openness of the lobby increases the liveliness of the streetscape and the number of eyes on the street—and thus contributes to social safety.

The gold anodized aluminium panels are decorated with heart-shaped perforations. With the application of various degrees of perforation, an image of many faces has been created. By day, a subtle image is visible in the solid-looking volume. Towards evening, when the interior spaces are illuminated, the facade slowly changes into a translucent skin against which the figures increasingly stand out.

Were McDonald's to leave, only the letters and the logo would have to be taken off the building. A beautiful kiosk will remain.

De goudkleurig geanodiseerde aluminium panelen zijn bewerkt met hartvormige perforaties. Door toepassing van verschillende perforatie-groottes ontstaat een beeld van vele gezichten. Overdag is een subtiele tekening zichtbaar in het massief ogende volume. Richting de avond, als de ruimtes binnen verlicht zijn, verandert de gevel langzaam in een doorschijnende huid waartegen de figuren steeds sterker afsteken.

Mocht McDonald's vertrekken, dan hoeven alleen de letters en het logo van het gebouw geschroefd te worden. Er blijft een mooie kiosk over.

Towards evening, the facade slowly changes into a translucent skin against which the figures increasingly stand out

Top: restaurant on the first floor as part of the Coolsingel
Bottom: brightening of the perforated aluminium facade of the core with technical rooms

The large glass windows make the street feel like part of the interior. When it is dark, the pavilion lights up its surroundings and the interior seems to become part of the street.

K1801

Fenix I

2013 – 2019
Rotterdam, NL

Old and new, port and city, grand and refined come together in Fenix I in Rotterdam. The original monumental warehouse has been transformed into the plinth of a hybrid building, which ties in with the adjacent industrial complexes. The stepped volume brings together the scale of the harbour basin and the adjacent Katendrecht residential area.

The Fenix warehouses have a turbulent history, which has been brought into view in Fenix I wherever possible. Located opposite Hotel New York, the San Francisco warehouse was built in 1922 because of the expansion of the Holland America Line. With a length of 360 metres, it was one of the largest shipping terminals in the world. After large parts of the quay had been destroyed at the end of the Second World War and a fire had badly damaged the middle section in the early 1950s, the warehouse was extended in 1954 and repaired in two parts: Fenix I and Fenix II. The post-war structure adopted the design of the original warehouse, but in terms of material use it reflected the contemporary building culture and technology. Where the first concrete was plastered, this was kept visible in the later extension. This distinction has returned in the design for the transformation of Fenix I.

In Fenix I komen oud en nieuw, haven en stad, groots en verfijnd samen. De oorspronkelijke monumentale loods is getransformeerd tot de plint van een hybride gebouw, dat aansluiting vindt bij de naastgelegen industriële complexen. Het getrapte volume brengt de schaal van het havenbekken en de aangrenzende Katendrechtse woonwijk samen.

De Fenixloodsen hebben een roerige geschiedenis, die in Fenix I waar mogelijk zichtbaar gemaakt is. Gelegen tegenover Hotel New York, werd in 1922 de San Franciscoloods gebouwd, in verband met de uitbreiding van de Holland Amerika Lijn. Met 360 meter lengte, was het een van de grootste overslagloodsen ter wereld. Nadat aan het einde van de Tweede Wereldoorlog grote gedeeltes van de kade waren vernield en begin jaren vijftig een brand het middengedeelte zwaar beschadigd had, is de loods in 1954 uitgebreid en in twee delen hersteld: Fenix I en Fenix II. De naoorlogse structuur nam de vormgeving van de oorspronkelijke loods over, maar toonde qua materiaalgebruik de eigentijdse bouwcultuur en -technologie. Waar het eerste beton was gestuct, is dit in de latere aanbouw in het zicht gelaten. Dit onderscheid is in het ontwerp voor de transformatie van Fenix I teruggebracht.

San Francisco warehouse around 1930, seen from the Rijnhaven (above) and from the Deliplein (below)

The 360-metre-long San Francisco warehouse introduced a new type of logistics building to Europe in the 1920s. Cranes moved across the roof of the building, trains ran through the arcades.

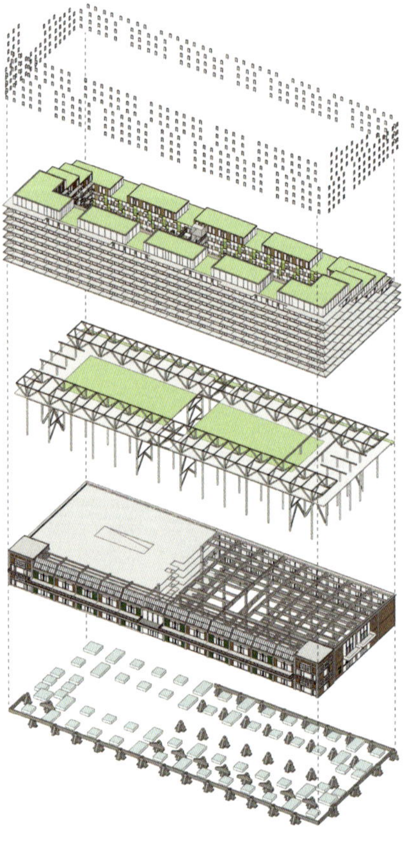

Exploded view, from top to bottom:
- Muse frames
- Concrete superstructure
- Steel table and communal roof gardens
- Warehouse redesign
- Existing and new foundation

The way in which the contrast between old and new faded during earlier alterations was also continued in the new building. The precision and refinement with which the balcony slabs and consoles are executed are reminiscent of the construction method used when the warehouse was built. Glass balustrades give the building a different appearance in various weather conditions. A pattern of steel frames adds the repetition that is characteristic of industrial architecture. As countless small elements, these 'muse frames' enhance the sublime experience of the building's scale. The residents are invited to lean on them and enjoy the view over the city.

De wijze waarop bij eerdere aanpassingen het contrast tussen oud en nieuw vervaagde, is ook in de nieuwbouw doorgezet. De precisie en verfijning waarmee de balkonplaten en consoles zijn uitgevoerd doen denken aan de manier van bouwen ten tijde van de realisatie van de loods. Glazen balustrades geven het gebouw bij elk weertype een andere verschijning. Een patroon van stalen beugels brengt hierin de kenmerkende repetitie van industriële architectuur. Als ontelbaar veel kleine elementen versterken deze 'mijmerbeugels' de sublieme ervaring van de schaal van het gebouw. Voor de bewoners bieden ze een plek om op te leunen en uit te kijken over de stad.

As countless small elements, the 'muse frames' enhance the experience of the building's scale

The new construction adds a new episode to the history of the building, but also leaves room for future developments. To add the substantial new volume, an immense steel table construction was placed, separate from the existing structure. This steel truss construction is visible in the layer on top of the warehouse. The superstructure was constructed as a concrete column and floor construction. The oversize floor height and a central circular installation ring allow the floor plans to be arranged according to the wishes of the residents. The lofts can furthermore be adapted in due course. The steel table offers the possibility of replacing the entire substructure if the need arises.

De nieuwbouw voegt een nieuwe episode aan de geschiedenis van het gebouw toe, maar laat ook ruimte voor ontwikkelingen in de toekomst. Om het substantiële nieuwe volume toe te voegen, is een immense stalen tafel gerealiseerd, los gehouden van de bestaande constructie. Deze stalen vakwerkconstructie is zichtbaar in de laag bovenop de loods. De bovenbouw is uitgevoerd als een betonnen kolommen- en vloerenconstructie. Door de overmaat in de verdiepingshoogte en een centrale rondgaande installatie-ring zijn de plattegronden vrij in te delen en zijn de woningen ook op termijn aan te passen. De stalen tafel biedt de mogelijkheid om de volledige onderbouw te vervangen, indien de noodzaak zich hiertoe voordoet.

Like a small city, the building accommodates many different users. Various entrepreneurs have established themselves in the plinth and three well-known cultural institutions have also moved in here. Conny Janssen Danst, Codarts Circus Arts school, and Circus Rotjeknor together form the Culture Cluster. In the superstructure and on the quayside, a range of housing types has been realized, varying in size from 40 to 300 square metres. Different zones in the building are designed for people to encounter each other—to see each other in passing, have a chat, or organize something together. Residents run into each other on the galleries surrounding the courtyard gardens. A passage on the ground floor, which is open to the public during the day, also allows passers-by to experience the building and catch a glimpse of the circus training in the adjacent practice room.

Als een kleine stad biedt het gebouw ruimte aan veel verschillende gebruikers. In de plint hebben diverse ondernemers zich gevestigd en vonden drie bekende culturele instanties een plek. Conny Janssen Danst, Codarts Circus Arts opleiding en Circus Rotjeknor vormen samen het Cultuur Cluster. In de bovenbouw en aan de kade is een reeks aan woningtypen gerealiseerd, in grootte variërend van veertig tot driehonderd vierkante meter. Verschillende ruimtes in het gebouw zijn erop gericht om gebruikers elkaar te laten ontmoeten – in het voorbijgaan te zien of spreken, of gezamenlijk iets te organiseren. Op de galerijen rondom de binnentuinen komen bewoners elkaar tegen. Een passage op de begane grond, die overdag publiek toegankelijk is, laat ook voorbijgangers het gebouw ervaren en een blik werpen op de circustrainingen in de naastgelegen oefenruimte.

From the public passage to the galleries, a sequence of spaces is designed for people to encounter each other

Model

On the landside, the building is in keeping with the smaller scale of the neighbouring district. On the waterfront, it responds to the scale of the Rijnhaven.

Land and water were separated by the long warehouse. The new public passage introduces a connection.

Fenix passage with Codarts Circus' practicing room on the left and the stairwells leading to the lofts on the right

Building on the original design, the closed facade of the warehouse has been opened up, creating an active plinth.

Facade on the harbour side

Left: view of the interior area from the gallery
Above: transition zone between the lofts and the communal roof garden

The inside of the block forms a sheltered interior area. With sufficient size, rich vegetation and small balconies, the gallery is a place residents can use and where they can bump into each other.

From the basement to the superstructure: the scale of the harbour can be felt throughout the building.

Interior, from top to bottom: loft 9th floor; loft intermediate level; workspace second floor; bicycle storage access in the basement

Practicing room of Codarts Circus Arts

Old and new are blended and blurred

All dwellings have a generous outdoor space: 2.5 metres deep, across the entire width of the loft. Visible through the glass balustrade, the diverse furnishings of the balconies contribute to the building's appearance.

Above: balcony 9th floor
Left: Fenix I seen from the Dolf Henkesplein
Right: connection substructure, intermediate level and superstructure

Kaaspakhuis *Cheese Warehouse*

2013 – 2017
Gouda, NL

Loft interior

With some minimal interventions, eight lofts were created in the warehouse's attic. The wooden roof structure forms a generous space. Skylights and loggias bring light into the previously closed storey.

For the transformation of the former Gouda cheese warehouse De Producent into a residential building, one clear intervention changed the entire indoor climate. An atrium at the location of the original ventilation alley brings light and air into the dark complex, which was designed as a 'humidor' to control the ideal temperature and humidity for ripening the cheese.

As a warehouse, the two deep buildings with small windows had a humidity of 80 per cent at a temperature of twelve degrees Celsius. A system of valves and slides towards the ventilation alley regulated the air quality. Breaking open this space and creating an elongated atrium created space for 52 loft apartments, accessed via galleries from the new central space. Loggias bring light into the building from the outside, while continuing the characteristic rhythm of the facades.

The warehouse had two separate constructions: one for the building and one for the cheeses. Separately supported shelving units carried a million kilos of cheese. The design deployed both constructions for the new use. The building's column and beam structure were visibly maintained in the open-plan lofts. However,

Voor de transformatie van het voormalige Goudse kaaspakhuis De Producent tot woongebouw verandert één heldere ingreep het volledige binnenklimaat. Een atrium ter plaatse van de ventilatiesteeg brengt licht en lucht in het donkere complex, dat als een 'humidor' was ontworpen om de ideale temperatuur en luchtvochtigheid voor het rijpen van de kaas te kunnen regelen.

Als pakhuis hadden de twee diepe panden met kleine raampjes een luchtvochtigheid van tachtig procent bij een temperatuur van twaalf graden Celsius. Een systeem van klepjes en schuifjes richting de ventilatiesteeg reguleerde de luchtkwaliteit. Door deze ruimte open te breken en hier een langwerpig atrium te maken ontstaat ruimte voor 52 loftwoningen, ontsloten via galerijen vanuit de nieuwe centrale ruimte. Loggia's brengen vanaf de buitenzijde licht in het gebouw, terwijl ze het kenmerkende ritme van de gevels doorzetten.

Het pakhuis had twee afzonderlijke constructies: een voor het gebouw en een voor de kazen. Apart gefundeerde stellingen droegen een miljoen kilo kaas. Het ontwerp zet beide constructies in voor het nieuwe gebruik. De kolommen- en balkenstructuur van het gebouw worden zichtbaar behouden

Weighing the cheeses, 1926

In 1915, a group of cheesemakers founded the 'Coöperatieve Kaasproducentenvereniging tot Export van Volvette Goudsche Kaas onder Rijksmerk', later renamed De Producent. Shortly after it was founded, they gave the first order for a warehouse, which was extended and adapted several times over the following years.

Fragment of the atrium facade showing a wise lesson from the board game, lasered into the original cheese boards

A snakes and ladders board game from the 1960s was found in De Producent's archives, containing edifying sayings. Incorporating the 11 sayings into the facade keeps this history alive in the building.

this structure did not have sufficient load-bearing capacity for the new concrete screed that was necessary for soundproofing. A construction of concrete slabs in the basement therefore also transfers forces to the foundation of the cheese shelving units.

As many elements as possible from the old warehouse were saved to give them a second life in the new design. **The shelves, on which cheese had been ripening for over a hundred years, were reused as a cladding on the interior facades in the atrium.** As an extra layer of meaning, a saying from a snakes and ladders board game found in De Producent company archives has been engraved into some of the cheese boards. Because of the reuse of materials, the building makes the history of a century of cheese making tangible. References to this history deepen the story.

in de open woningplattegronden. Voor de nieuwe betonnen dekvloer, noodzakelijk voor het dempen van geluid, heeft deze structuur echter onvoldoende draagkracht. Een constructie van betonnen schijven in de kelder draagt daarom ook krachten af naar de fundering van de kaasstellingen.

Zoveel mogelijk elementen uit het oude pakhuis krijgen in het nieuwe ontwerp een tweede leven. **De planken, waarop ruim honderd jaar kaas lag te rijpen, zijn hergebruikt als bekleding van de binnengevels in het atrium.** In enkele kaasplanken is als extra betekenislaag een wijze les gegraveerd, afkomstig uit een ganzenbordspel uit het bedrijfsarchief van De Producent. Door hergebruik van materialen maakt het gebouw de geschiedenis van een eeuw kaas maken tastbaar. Verwijzingen naar deze historie versterken het verhaal.

The building makes a century of cheese making tangible

Promotional print of De Producent

Transformation of the ventilation alley into a lift shaft in the new atrium

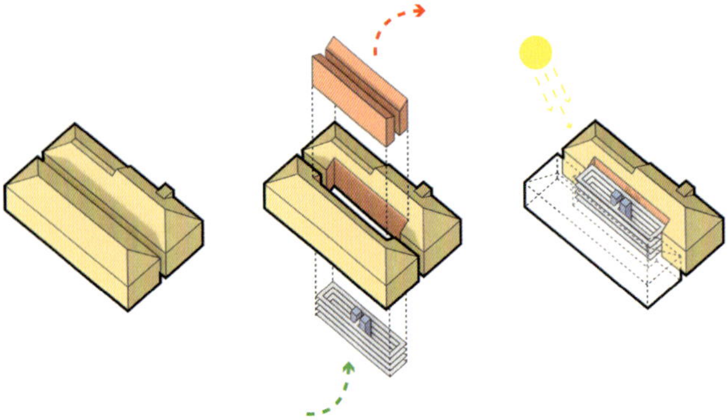

Schematic overview of design interventions in the transformation from warehouse (left) to residential building (right)

From the central atrium, the dwellings are accessed and daylight enters the previously closed building. The typical facade of the warehouse, with a large number of small windows, could therefore be maintained.

An atrium at the location of the original ventilation alley brings light, air and collective space into the dark complex

Parts of the ventilation alley facade have been retained as a lift shaft.

Northwest facade on Wachtelstraat
with access to the atrium between
the two building sections

2010 – 2013
Rotterdam, NL

De herbestemming van de voormalige stoomwasserij tot verzamelgebouw voor creatieve ondernemers – De Fabriek – is een proces van minimaal ingrijpen en improvisatie op de bouwplaats. De gelaagdheid van het samengestelde gebouwensemble, dat sinds de vestiging van het bedrijf in 1892 met een reeks uitbreidingen en verbouwingen is ontstaan, is daarbij omarmd en zoveel mogelijk zichtbaar gemaakt.

The conversion of the former steam laundry into a multi-tenant building for creative entrepreneurs—De Fabriek—was a process of minimal intervention and improvisation on the construction site. The layered character of the composite building ensemble, which has developed through a series of extensions and conversions since the company's establishment in 1892, has been embraced and made visible as much as possible.

Years of vacancy and neglect had thrown the factory complex into a process of deterioration in the late 1990s. At the start of the renovation in early 2000, the situation was complex. Much of the then existing construction was not documented in drawings and certain elements only came to light during the demolition. Part of the design work was therefore done in real-time during the building process. The possibilities of using existing building elements and spatial characteristics were leading. Characteristic steel window frames were restored. Collapsed light courts, which originally brought daylight into the thirty-metre-deep building, were once again used as an atrium.

Door jarenlange leegstand en verwaarlozing komt het fabriekscomplex eind jaren negentig in een proces van verval terecht. Bij de start van de renovatie begin 2000 is de situatie complex. Veel van de dan bestaande bebouwing is niet op tekening gedocumenteerd en wordt pas tijdens de sloop inzichtelijk. Bevindingen op de bouwplaats bepalen een proces van real-time ontwerp. Mogelijkheden om bestaande gebouwelementen en ruimtelijke karakteristieken in te zetten zijn daarbij leidend. Kenmerkende stalen raamkozijnen worden gerestaureerd. Ingestorte lichthoven, die oorspronkelijk daglicht in het dertig meter diepe pand brachten, worden weer ingezet als atrium.

Via het nieuwe glazen dak van het atrium dringt daglicht tot diep in het gebouw door. Als verkeersruimte met collectieve voorzieningen als lunchplekken, vergadereilanden en schommels, vormt het atrium het dynamische hart van het complex. Hier ontmoeten de gebruikers elkaar. Ook de openheid van de glazen puien tussen de bedrijfsruimten en het atrium draagt bij aan het contact tussen de verschillende creatieve bedrijven die in het gebouw gehuisvest zijn.

Top left: atrium
Top right: connection of the steel atrium structure to an existing masonry facade
Bottom: office space

The spontaneously collapsed part of the building complex has been transformed into an atrium around which the various building parts are used as workspaces.

Daylight penetrates deep into the building through the new glasshouse roof of the atrium. As a circulation space with collective facilities such as lunch areas, meeting islands, and swings, the atrium forms the dynamic heart of the complex. This is where the users meet. The openness of the glazed facades between the commercial units and the atrium also facilitates contact between the various creative entrepreneurs housed in the building.

The conversion of the former factory prevented demolition and new construction and preserved a characteristic building in the heart of the district. The Factory Delfshaven responds optimally to the needs of local young entrepreneurs thanks to the flexible rental units. In addition to commercial units, the building offers space for amenities for the neighbourhood, such as restaurants, a yoga studio and a creative after-school facility for children.

De herontwikkeling van de voormalige fabriek voorkomt sloop en nieuwbouw en behoudt een karakteristiek pand, dat is verankerd in de wijk. Met het aanbod van flexibele verhuureenheden, speelt De Fabriek in op de behoeften van lokale, jonge ondernemers. Naast bedrijfsruimten biedt het gebouw ruimte aan buurtgerichte functies zoals restaurants, een yogastudio en een creatieve buitenschoolse opvang.

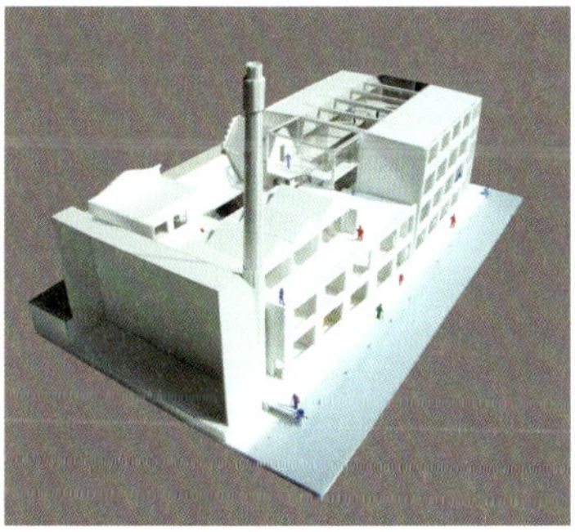

Model showing the east facade on the waterside in the foreground

A process of minimal intervention preserved the building

West facade on the Mathenesserdijk around 1927 and after the transformation in 2013

Located between Mathenesserdijk and the Delfshavense Schie, the dry cleaning, steam laundry and dyeing complex was on a major route. On Mathenesserdijk, the buildings remained of a smaller scale and included a representative office building. On the Schie side, larger and more industrial spaces in particular were placed over time. This contrast has been kept intact in the transformation.

#WOONOPSTAND
17 OKTOBER

2008
Apeldoorn, NL

Het ontwerp voor Woonfabriek I is een moderne vertaling van het industriële complex en de ontwikkeling die dit gebouwtype gedurende de afgelopen eeuw heeft doorgemaakt.

The design for Residential Factory I is a modern translation of the industrial complex and the development this building type has gone through over the past century.

A characteristic feature of factory buildings is the visibility of the development stages of the companies housed there: expansion and renewal, but also downsizing or a takeover. Economic, technological and stylistic trends are often reflected in the spatial structure and architectonic expression of the different parts of the building. In the resulting layering, local narratives are embedded alongside global developments—narratives that are part of the collective memory.

Residential Factory I, located in a former industrial canal zone, uses a—so-called—cultural-historical description as a design tool. The design is based on a fictitious reconstruction of the history of the bicycle factory of the Looyen brothers in Apeldoorn. This is translated into various extensions and modifications, which over the years have formed a composite factory building. The qualities of this spatial arrangement subsequently form the starting point for the design of the complex's next use: a residential building in the new urban district.

The authenticity of a reconstruction is related to technical skill, but also depends on current building practices. Today's construction methods are different from those of the past. Can a more hybrid approach, where reconstruction goes hand in hand with reference, be credible? Can fiction play a connecting role by giving identity to a place?

Kenmerkend voor fabrieksgebouwen is de zichtbaarheid van de ontwikkelingsstadia van de bedrijven die er zijn gehuisvest: uitbreiding en vernieuwing, maar ook krimp of overname. Economische, technologische en stilistische tendensen zijn vaak af te lezen uit de ruimtelijke opbouw en architectonische expressie van de verschillende delen van het bouwwerk. In de gelaagdheid die zo ontstaat, zitten naast globale ontwikkelingen ook lokale verhalen besloten – verhalen die deel uitmaken van het collectieve geheugen.

Woonfabriek I, gelegen in een voormalige industriële kanaalzone, zet een – zogenoemde – cultuurhistorische beschrijving in als ontwerpmiddel. Aan de basis van het ontwerp ligt een fictieve reconstructie van de ontstaansgeschiedenis van de fietsfabriek van de gebroeders Looyen. Deze is vertaald naar verschillende uitbreidingen en aanpassingen, die door de jaren heen een samengesteld fabrieksgebouw hebben gevormd. De kwaliteiten van deze ruimtelijke opzet vormen vervolgens het uitgangspunt voor het ontwerp van de volgende bestemming van het complex: een woongebouw in de nieuwe stadswijk.

De waarachtigheid van een reconstructie hangt samen met technische vakkundigheid, maar is ook afhankelijk van de actuele bouwpraktijk. Bouwmethoden van nu zijn anders dan die van toen. Kan een meer hybride benadering, waarin reconstructie samengaat met verwijzing, geloofwaardig zijn? Kan fictie een verbindende rol spelen door identiteit te geven aan een plek?

De opkomst en ondergang van Fietsenmakerij Kayer...

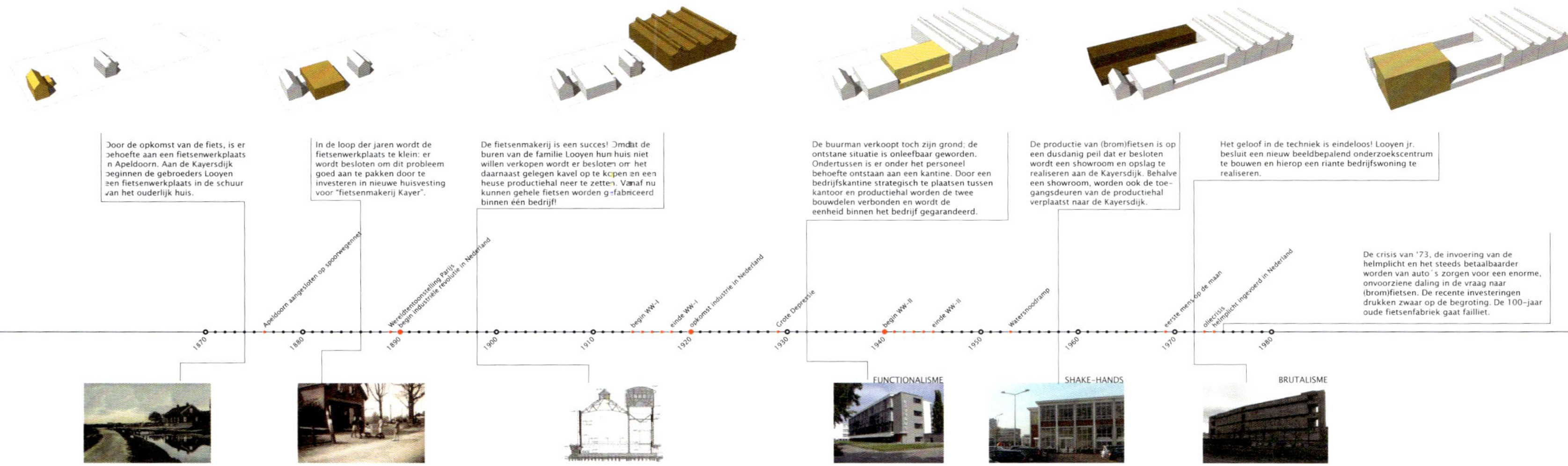

Timeline of the development of the Kayer bicycle factory in the context of global events and architectural movements: The rise and fall of Fietsenmakerij Kayer...

1874 With the rising popularity of the bicycle, there was a need for a bicycle workshop in Apeldoorn. On Kayersdijk, the Looyen brothers started a bicycle workshop in the shed of their parents' house.

1876 Apeldoorn connected to the railway network

1886 Over the years, the bicycle workshop became too small: it was decided to address this problem properly by investing in new accommodation for 'fietsenmakerij Kayer'.

1889 Paris World's Fair

1890 Beginning of the industrial revolution in the Netherlands

1898 The bicycle workshop was a success! As the Looyen family's neighbours did not want to sell their house, it was decided to buy the adjacent plot and build a real production hall. From then on, complete bicycles could be manufactured within one company!

1914 Start of World War I

1918 End of World War I

1920 Emergence of industry in the Netherlands

1929 Great Depression

1932 The neighbours did sell their land after all; the created situation had become unliveable. Meanwhile, a need had arisen among the staff for a canteen. Strategically placing a company canteen between the office and production hall linked the two building volumes and ensured unity within the company.

1940 Start of World War II

1945 End of World War II

1953 North Sea flood

1958 The production of mopeds and bicycles was at such a level that it was decided to build a showroom and storage at Kayersdijk. Apart from a showroom, the entrance doors to the production hall were also moved to Kayersdijk.

1969 First human on the moon

1972 The faith in technology was boundless! Looyen Jnr decided to build a new image-defining research centre with a spacious company house on top of it.

1973 Oil crisis

1974 Helmet for moped riders mandatory in the Netherlands

1975 The 1973 crisis, the introduction of mandatory helmets and the increasing affordability of cars caused a huge, unforeseen drop in demand for mopeds and bicycles. Recent investments weighed heavily on the budget; the 100-year-old bicycle factory went bankrupt.

2007 – 2011
Almere, NL

De Kaboutergarage creëert met het samenbrengen van typische lokale afbeeldingen een nieuw karakteristiek beeld voor Almere-Buiten. Met de ontwikkeling van speciaal voor de plek ontworpen gevelpanelen, bouwt het ontwerp voort op de experimenten met innovatieve materialisering en constructie waar de wijk bekend om is.

By bringing together typical local images, the Gnome Parking creates a new characteristic landmark for Almere-Buiten. With the development of facade panels specially designed for the site, the design builds on the experiments with innovative materialization and construction that the district is known for.

De gevel van de parkeergarage is opgebouwd uit geperforeerde panelen, ontwikkeld in samenwerking met een producent uit de auto-industrie en een gevelbouwbedrijf. Door middel van dieptrektechniek zijn hierin figuren geperst, van kenmerkende beelden van de natuur en cultuur van de provincie Flevoland en de stad Almere: vogels, windmolens, tuinkabouters, vogelhuisjes en rietkragen. De perforaties, samen goed voor veertig procent van het geveloppervlak, maken natuurlijke ventilatie en toetreding van daglicht mogelijk. Overdag geeft het figuratieve reliëf van de panelen de garage de uitstraling van een vrolijk tinnen doosje. 's Avonds vormt de garage een baken van licht, wat de sociale veiligheid in de directe omgeving vergroot. De meervoudige bewerking van het materiaal geeft het gebouw een rijke, verfijnde uitstraling, wat doorwerkt in de omgeving.

The facade of the car park consists of perforated panels that were specially developed in cooperation with a manufacturer from the automotive industry and a facade construction company. By means of a deep-drawing process, figures of characteristic images of the province of Flevoland and the city of Almere, such as birds, windmills, garden gnomes, bird houses and reed beds were pressed into the panels. The perforations, which account for 40 per cent of the facade surface, allow natural ventilation and the entry of daylight. During the day, the figurative relief of the panels gives the car park the appearance of a cheerful tin box. In the evening, the facade acts as a luminous object, which also makes the immediate vicinity socially safer. The multiple processing of the material gives the building a rich, refined appearance, which carries over into its surroundings.

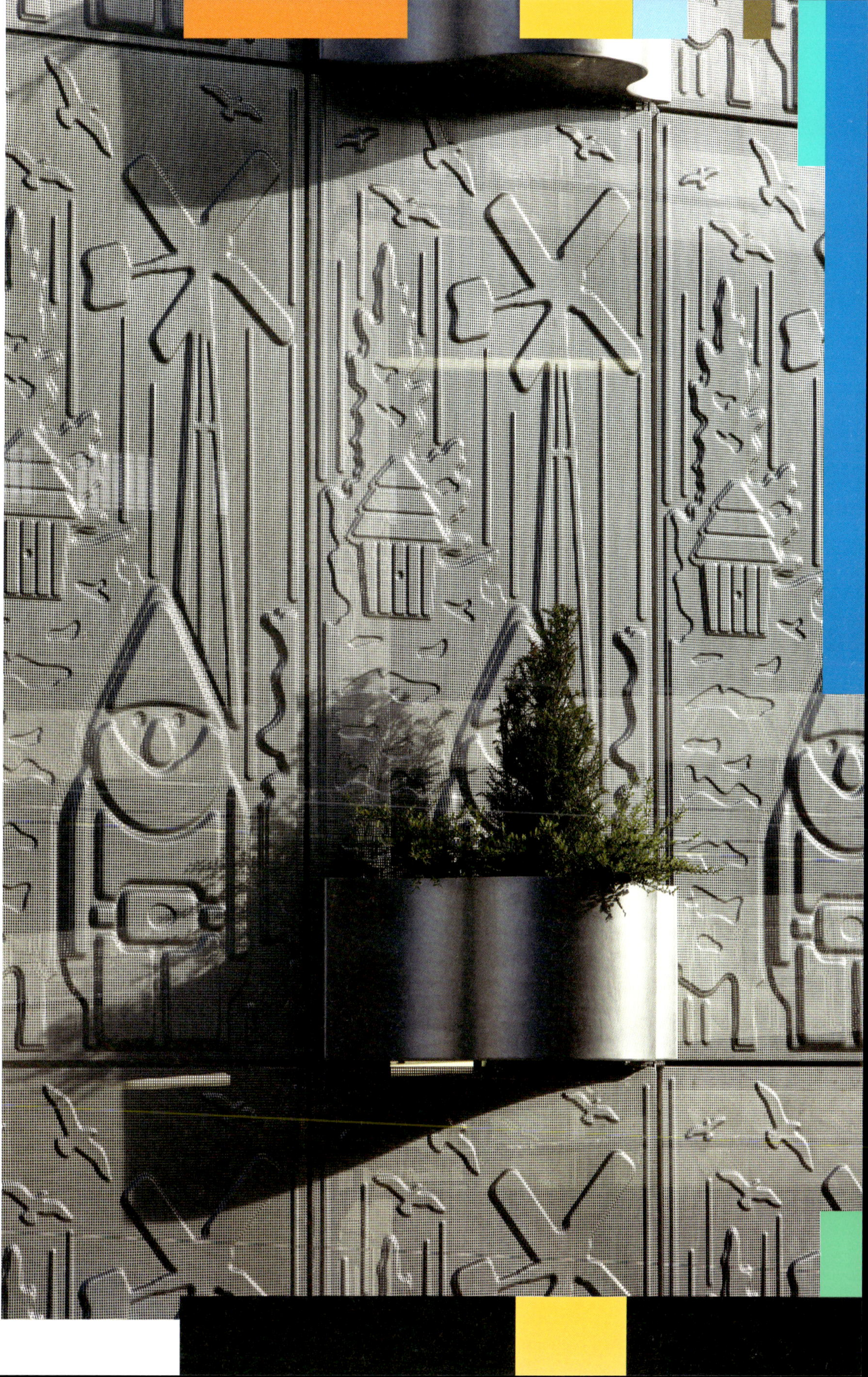

Northwest and southwest facade in daylight

The facade of the garage can be read in more than one way. From a distance, a strict rhythm of planters dominates the otherwise minimally articulated box. Closer up, the gnomes slowly become visible along with the iconic elements that surround them. Depending on weather conditions and time of day, the transparency of the facade varies, from solid-looking shell to light, translucent voile.

During the day, the figurative relief of the panels gives the car park the appearance of a cheerful tin box. In the evening, the building lights up its surroundings

Almere is one of the greenest municipalities in the Netherlands. This is continued in the building, with a grid of planters as part of the facade. For each facade, a specific tree species has been planted that can grow optimally with the orientation of that facade. In this way, the building aims to create sheltered and food-rich places for birds and insects.

Almere is een van de groenste gemeenten in Nederland. Dit wordt doorgezet in het gebouw, met een raster van plantenbakken als deel van de gevel. Per gevelzijde is een specifieke boomsoort geplant die optimaal groeit bij de oriëntatie van die gevel. Hiermee beoogt het gebouw beschutte en voedselrijke plekken te creëren voor vogels en insecten.

Northwest and southwest facade at dusk

Entrance on the Straat van Florida

Jobsveem

2003 – 2008
Rotterdam, NL

The revolutionary construction of the listed building Jobsveem is central to its redesign as a residential building.

The Jobsveem was built in 1912 along the newly constructed St. Job's port in Rotterdam, using construction methods that were highly advanced at the time. Cast-iron columns filled with concrete and loading bays of reinforced concrete were dimensioned for the storage and transfer of heavy goods. In the open floor plans of the loft apartments, the columns and wooden floor construction have remained visible. The loading decks have been transformed into spacious balconies.

Since its completion in 1913, the former warehouse had been very introvert in character, to protect the stored goods. In order to allow daylight in for the new residential function, three glass atriums are the key to the design. In the bright areas, where the staircases, lifts, and entrances are also located, residents run into each other. Neighbouring dwellings look out onto the atriums through large glazed fronts. These light courts also serve to exhaust smoke and heat when needed. In warm weather the glazed roof opens and a light breeze blows through the atrium.

De revolutionaire constructie van Rijksmonument het Jobsveem neemt in het herontwerp tot woongebouw een centrale plek in.

Het pakhuis St. Job werd in 1912 aan de net aangelegde Sint Jobshaven gebouwd, met toentertijd zeer vooruitstrevende bouwmethoden. Met beton gevulde gietijzeren kolommen en laadbalkons van gewapend beton waren gedimensioneerd op de op- en overslag van zware goederen. In de open plattegronden van de loftwoningen zijn de kolommen en houten vloerconstructie zichtbaar gehouden. De laadperrons zijn getransformeerd tot ruime balkons.

Het vroegere pakhuis had sinds zijn voltooiing in 1913 een heel gesloten karakter, ter bescherming van de goederen die er lagen opgeslagen. Om voor de nieuwe woonfunctie het daglicht juist binnen te laten, vormen drie glazen atria de sleutel van het ontwerp. In de lichte ruimtes, waar ook de trappenhuizen, liften en entrees liggen, komen bewoners elkaar tegen. Naastgelegen woningen kijken via grote glazen puien op de atria uit. Deze lichthoven dienen daarnaast als rook- en warmteafvoer. Bij mooi weer opent het glazen dak, waardoor een lichte bries door de ruimte waait.

Utilitarian 'back facade' of the warehouse on Sint Jobshaven
Right: Sint Jobshaven with the St. Job warehouse in the background, around 1930

As a building with two faces, the warehouse had a representative front and more utilitarian rear. This contrast has been maintained in the transformation of the property.

Built in 1912, the St. Job warehouse was conceived with construction methods that were highly advanced at the time

By concentrating interventions in the facade on the atria, the characteristic rhythm of the facade openings is preserved. The transparent facade surfaces of the courts are made up of glazed sliding panels attached to a minimal steel structure. With as little articulation as possible, the surfaces are in keeping with the large scale of industrial architecture. Heavy steel bars support the light courts. The materialization of the atria in steel and glass creates a contrasting framework for the monumental components in the building's interior, such as the cast-iron columns and wooden beams.

The openness and flexibility created by the load-bearing structure of columns and beams on the floors of the original warehouse also form the basis for the floor plans of the dwellings. The 99 loft apartments in Jobsveem have an open floor plan. Ten penthouses were created on top of the building. The existing roof had to be removed because of its poor condition. In its place came a new structure, the shape of which refers to the warehouses that used to be here. While these simply constructed structures were the first to be demolished in the area, the building type is given a new lease of life here in the form of a luxurious roof structure. Specially developed glazed sliding panels offer panoramic views of the city and port from the penthouses.

The dream of living and working in a warehouse unites the residents and users of the Jobsveem. There is a community of more than two hundred enthusiastic residents who have embraced the warehouse with all their heart.

Door ingrepen in de gevel te concentreren op de atria, blijft het karakteristieke ritme van gevelopeningen behouden. De transparante gevelvlakken van de hoven zijn opgebouwd uit glazen lamellen bevestigd aan een minimale stalen constructie. Zo min mogelijk gearticuleerd, verhouden de vlakken zich tot de grote schaal van industriële architectuur. Zware stalen jukken ondersteunen de lichthoven. De materialisatie van de atria in staal en glas creëert een contrastrijk kader voor de monumentale onderdelen in het interieur van het gebouw, zoals de gietijzeren kolommen en houten balken.

De openheid en flexibiliteit die ontstonden door de dragende structuur van kolommen en balken op de verdiepingen van het oorspronkelijke pakhuis, vormen ook de basis voor de woningplattegronden. De 99 loftappartementen in het Jobsveem hebben een open plattegrond. Bovenop het gebouw zijn tien penthouses gemaakt. Vanwege de slechte bouwkundige staat is het bestaande dak verwijderd. Daarvoor in de plaats is een nieuwe opbouw gekomen waarvan de vorm verwijst naar de loodsen die hier vroeger stonden. Terwijl deze eenvoudig geconstrueerde bouwwerken in het gebied als eerste zijn gesloopt, krijgt dit gebouwtype hier een voortbestaan in de vorm van een luxueuze dakopbouw. Speciaal ontwikkelde glazen schuifpuien bieden vanuit de penthouses wijds uitzicht over de stad en haven.

De droom om in een pakhuis te wonen en werken verbindt de bewoners en gebruikers van het Jobsveem. Er is een gemeenschap ontstaan van meer dan tweehonderd enthousiaste bewoners die met hart en ziel het pakhuis hebben omarmd.

Situation at the start of the project in 2003
and just after the start of construction

The warehouse had large open floor areas, a six-metre-high ground floor, a construction of cast-iron columns and ceilings of closely spaced wooden beams.

Design concept from diagram to realization, from top to bottom:
- Three atriums as compact interventions in the elongated closed building
- Floor plans with atriums and central corridor, and an indication of view and daylighting in the loft apartments
- Elevation of the west side
- West facade after transformation

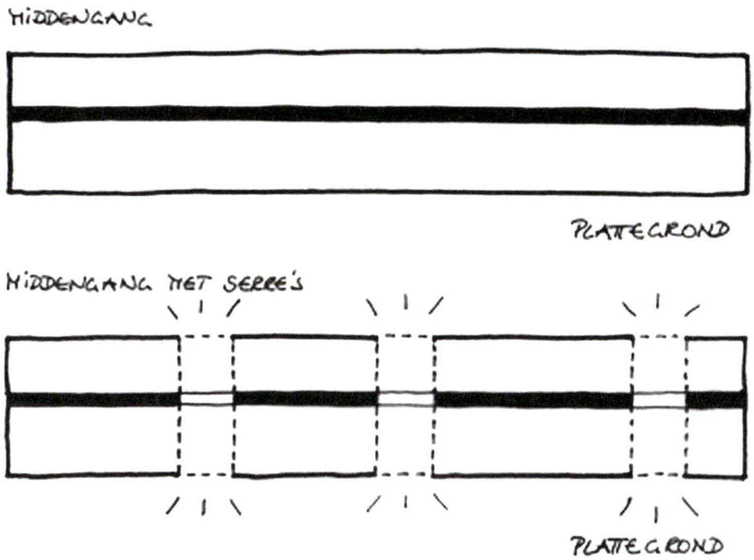

Three compact glass atriums carefully open up the introverted monument

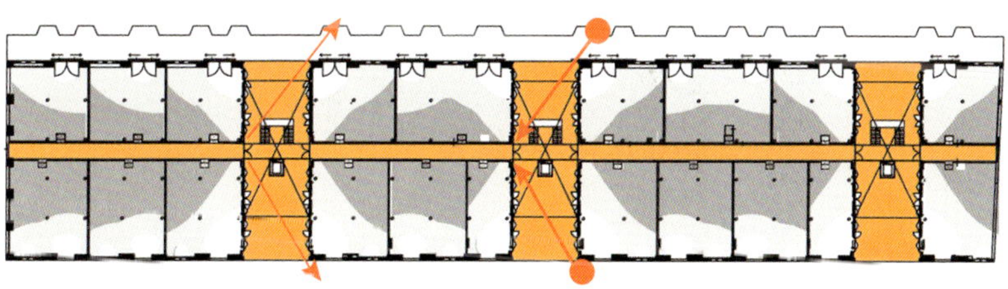

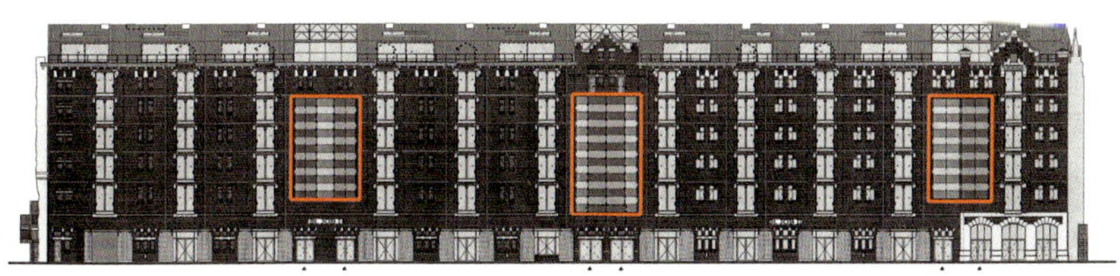

With the introduction of three atriums, the closed warehouse can be transformed into living space without further major interventions.

View from the atrium towards the street
Right: apartment along the atrium

Most of the residences look out onto an atrium with a large glazed front. The life in the apartments also gives life to the communal entrance areas, where residents can bump into each other or greet each other from afar.

The openness and flexibility of the original column and beam structure is preserved in the lofts

Top left: penthouse
Top right: loft apartment
Bottom: former office of Mei

The former loading bays have been transformed into spacious terraces.

Layout terraces

Lloydpier seen from the east with Jobsveem in the centre and Schiecentrale 4B at the top right

The two-sidedness of the warehouse, with a formal and informal facade, inspired the design for Schiecentrale 4B, where the gallery facade with staggered storage units is reminiscent of the Jobsveem's loading bays and pattern of balconies.

Schiecentrale 4B

2002 – 2008
Rotterdam, NL

Als laatste onderdeel van de herontwikkeling van de vroegere Schiehavencentrale en omgeving, speelt de nieuwbouw met de schaal en sfeer van de haven. Gezien vanuit de stad doemt een opvallend volume op, met een haast onleesbare schaal en vervreemdende compositie van industrieel-ogende bakjes die aan de gevel hangen.

As the last part of the redevelopment of Rotterdam's former Schiehaven power plant and its surroundings, the new building plays with the scale and atmosphere of the port. Seen from the city, a striking volume looms up, with an almost incomprehensible scale and alienating composition of industrial-looking boxes hanging from the facade. From the waterfront, quayside dwellings show how the proximity of the harbour basin can literally be felt in the living room. From the entire building, residents and users have a view of the port through large, fully opening glazed facades.

Like a small city, the new complex provides for different types of living and working spaces, a supermarket, gymnasium, car park, sun terrace, playground and after-school care facilities. It thus contributes to the transformation of the former port into a mixed neighbourhood.

The design is based on a flexible building structure, in which programme components can be exchanged and spaces can change along with the users' new preferences. The main load-bearing structure, facades, installations and finishing, each of which has

Vanaf de waterkant laten kadewoningen zien hoe de nabijheid van het havenbekken letterlijk voelbaar is vanuit de woonkamer. Vanuit het hele gebouw hebben bewoners en gebruikers uitzicht over de haven, door grote, geheel te openen glazen puien.

Als een kleine stad voorziet het nieuwe complex in verschillende typen woon-, woonwerk- en werkruimten, een supermarkt, gymzaal, parkeergarage, zonneterras, speelplaats en buitenschoolse opvang. Het draagt daarmee bij aan de transformatie van de voormalige haven naar een gemengde buurt.

Aan de basis van het ontwerp ligt een flexibele gebouwstructuur, waarbinnen programmaonderdelen uitwisselbaar zijn en ruimtes mee kunnen veranderen met nieuwe wensen van gebruikers. De hoofddraagconstructie, gevels, installaties en afbouw, die elk een andere gemiddelde levensduur hebben, zijn zoveel mogelijk los gehouden. De draagconstructie is opgebouwd als betonskelet. Functiescheidende wanden zijn niet dragend en dus eenvoudig aanpasbaar. De gevels en alle

Top: communal roof terrace
Bottom: Schiehavenkade

With the design of communal spaces and the connection to public spaces, the building invites people to use it collectively.

a different average lifespan, have been separated as much as possible. The supporting structure is constructed as a concrete skeleton. Function-separating walls are non-load-bearing and therefore easy to adapt. The facades and all technical installations in the living areas are surface-mounted. The installations, often concealed in other buildings, form a visible part of the interior.

The robust, industrial character of the docks has been incorporated into the design down to the last detail, with meticulous supervision where necessary and embracing the unexpected where possible. The fall protection for the galleries on the east side was designed and realized with great precision in cooperation with a metal and plastic weaving company. Whereas balcony railings in horizontal bands are characteristic of the traditional gallery flat, the floor-to-ceiling screens unify the facade of the Schiecentrale 4B. In the gallery zone, the screens create both shelter and openness. From afar, the woven stainless-steel mesh forms a veil that varies in colour and openness depending on the time of day, season, and weather. Up close, you experience the weaving pattern and the irregularities that have been intentionally incorporated into it.

technische installaties in de verblijfsruimtes zijn als opbouw uitgevoerd. De installaties, die vaak juist worden weggewerkt, vormen hier een zichtbaar onderdeel van het interieur.

Het robuuste, industriële karakter van de haven is tot op detailniveau in het ontwerp meegenomen, met zorgvuldige sturing waar nodig en omarming van het onverwachte waar mogelijk. Als beeldbepalend element is de doorvalbeveiliging van de galerijen aan de oostzijde met grote precisie ontworpen en gerealiseerd, in samenwerking met een metaal- en kunststofweverij. Waar balkonhekjes in horizontale banden kenmerkend zijn voor de traditionele galerijflat, maken de verdiepingshoge doeken het gevelvlak van de Schiecentrale 4B tot een eenheid. In de galerijruimte creëert het zowel beschutting als openheid. Van ver vormt het geweven roestvast stalen doek een sluier, die afhankelijk van tijdstip, seizoen en weer in kleurstelling en openheid varieert. Van dichtbij ervaar je het weefpatroon en de onregelmatigheden die hier bewust in zijn opgenomen.

Like a small city, the new complex provides for different types of living and working spaces

In order to make the creation process part of the building's appearance, Mei chose to give the contractor a lot of leeway and only stipulate essential aesthetic choices. The design accepts the traces of the production process and even embraces mistakes. Imperfections form a patina on the new construction, connecting it to the surrounding older buildings.

Om het maakproces verder deel uit te laten maken van de uitstraling van het gebouw, kiest Mei ervoor om veel ruimte te laten aan de aannemer en alleen essentiële esthetische keuzes vast te leggen. Het ontwerp accepteert de sporen van het maken en juicht schoonheidsfoutjes zelfs toe. Imperfecties vormen een patina op de nieuwbouw, waarmee deze aansluiting vindt bij de omliggende oudere bebouwing.

The design of the storage units, which hang from the gallery like brown plastic boxes, actually highlights what is normally hidden away. By placing the storage units directly across from the front door, they become part of everyday life. The unit can also be a space for tinkering, playing or collecting, with a view of the city. As part of the facade, the storage units create an almost sublime image of a myriad of unusual elements.

Het ontwerp van de bergingen, die als bruine kunststof bakjes aan de galerij hangen, plaatst wat normaal is weggestopt juist op de voorgrond. Door de bergingen tegenover de voordeur te plaatsen, maken ze deel uit van het dagelijks gebruik. Het opslaghok kan ook een ruimte zijn om te knutselen, spelen of verzamelen, met uitzicht over de stad. Als onderdeel van de gevel creëren de bergingen een haast subliem beeld van een ontelbare hoeveelheid ongewone elementen.

The woven stainless-steel mesh varies in colour and openness depending on the time of day, season, and weather.

Left: storage units on the east facade of the high section
Bottom: gallery of the high section

The storage units and storey-high facade screen break with the typical image of a gallery.

Roof of Hotel Stroom

The storage unit can also be a space for tinkering, playing or collecting, with a view of the city

Different uses of the storage units,
all with a view of the Euromast

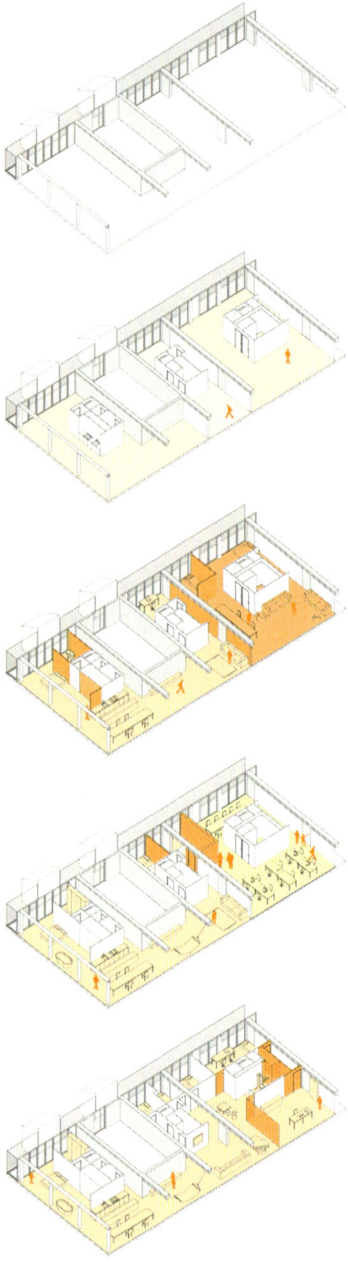

Transformation of the Winkel family home, from top to bottom:
- Shell structure with columns
- Three cores with possible division into units
- Interior of the winkel family home and adjacent property
- Additional bedroom in the winkel family home and transformation of adjacent property into office space Mei
- Office space becomes part of the dwelling

With a shorter lifespan than the load bearing structure, installations have been—visibly—kept separate

House interiors

The structure of columns and cores, with non-bearing house partition walls and detached installations, gives great flexibility in the layout of dwellings and workspaces and the possibility of adapting them when requirements change.

KANTOORUNITS
TEHUUR V.A. 75m²
www.schiecentrale.nl
schie centrale
Albert Heijn

Top: Schiecentrale complex seen from the north
Bottom: Schiecentrale complex seen from the Schiehaven

As with many historic harbour buildings, which often have a formal and utilitarian side, the slabs of Schiecentrale 4B have two faces. The west facade is designed as a regular grid, a uniform plane where life becomes visible in the evening. With the seemingly randomly placed brown storage units, the east facade presents a more informal image, where use becomes visible in the silhouettes on the gallery and the belongings behind the storage units' windows.

In line with the architecture of warehouses, the facade has no windows but large openings. Like a French balcony, the doors in the west facade can transform the living space into an outdoor space.

The proximity of the harbour basin can literally be felt in the living room

Opened harmonica doors in the west facade

Gedoogwonen *Condone Home*

2001
Amsterdam, NL

Het Nederlandse woningaanbod is uniform, zowel in afmeting en ruimtelijke opzet als in afwerkingsniveau en uitstraling. Het Gedoogwonen is een instrument voor het doorbreken van deze eentonigheid en het bieden van ruimte voor het realiseren van specifieke woonwensen.

The Dutch housing stock is uniform, both in terms of size and spatial layout, and in terms of level of finish and appearance. The Condone Home is an instrument for breaking this monotony and providing space for the realization of specific living wishes.

In de basis bestaat het woongebouw uit niet meer dan een casco, dat windluw, regenvrij en doorvalvrij is gemaakt. In een voorzieningenzone aan de langszijde zijn de installaties en verkeersruimte opgenomen, waardoor de overige ruimte volledig vrij is in te delen. Bewoners kunnen vloeroppervlak per strekkende meter kopen, met een bijbehorend deel van de faciliteitenstrook. Deze ruimte kunnen ze vervolgens naar wens invullen en aanpassen wanneer ze daar behoefte aan krijgen.

Basically, the residential building consists of nothing more than a shell that shelters from wind, is rain-proof and has fall protection. A service zone along the longitudinal side contains the installations and traffic area, leaving the remaining space completely free in its layout. Residents can buy floor space per linear metre, with a corresponding share of the facility strip. They can then fill in this space as they wish and adjust it when they feel the need.

Door bewoners een grotere rol in het realisatieproces te geven kunnen de bouwkosten omlaag, waardoor er meer opties aan de onderkant van de woningmarkt ontstaan. Als in een stellingkast kunnen verschillende onderkomens er een plek vinden, van caravans en containerwoningen tot woningen gebouwd uit restmateriaal. Wanneer bewoners meer geld te besteden hebben, is er plaats voor een ander soort droomhuizen.

By giving residents a greater role in the realization process, building costs can be reduced, creating more options at the lower end of the housing market. Like a shelving unit, different types of accommodation can be found there, from caravans and container houses to dwellings built from residual materials. When residents have more money to spend, there is room for a different kind of dream house.

Ruimte voor ver uiteenlopende woonwensen impliceert ook ruimte voor onaangepastheid, en lelijkheid. Hoeveel esthetische regie is er nodig voor het waarborgen van een samenhangend beeld, waarbinnen diversiteit tot zijn recht komt?

Space for widely divergent residential wishes also implies space for inappropriateness and ugliness. How much aesthetic direction is needed to guarantee a coherent appearance that does justice to diversity?

'Slide-out collage' as a representation
of the dynamics in the building

Smarthouse

2000 – 2004
Rotterdam, NL

Smarthouse combineert de voordelen van catalogusbouw met de ontwerpvrijheid van het werken met een architect. De millimeter is de moduulmaat van het gestandaardiseerde, geprefabriceerde bouwsysteem dat aan het concept ten grondslag ligt.

Door de uitgekiende bouwknopen waarmee het staalskelet wordt opgebouwd zijn buitenmaten, hoogte, dakvorm en indeling van de binnenruimten volledig vrij te bepalen. Variatie in de overspanning van de liggers is mogelijk door deze op te lossen in de wanddikte van de stalen kokers, zonder de buitenmaat van het profiel en daarmee de aansluitingen op andere elementen te beïnvloeden. Het transport van de lichte bouwelementen is eenvoudig en vergt weinig energie. De korte bouwtijd houdt de bouwplaatskosten laag. Wanneer woonwensen veranderen, kan de woning gemakkelijk worden uitgebreid, of verkleind. Alle componenten zijn demontabel en herbruikbaar.

De gerealiseerde woningen tonen een voor cataloguswoningen ongebruikelijke variatie. In de context van een toenemende vraag naar zelfbouw, is het Smarthouse ontwikkeld als een volledig op maat te maken product.

Smarthouse combines the advantages of catalogue construction with the design freedom of working with an architect. The millimetre is the module size of the standardized, prefabricated construction system on which the concept is based.

Due to the sophisticated construction nodes with which the steel skeleton is constructed, the exterior dimensions, height, roof shape, and layout of the interior spaces can be chosen at will. Variation in the span of the beams is possible by solving this in the thickness of the jacket of the steel tubes, without impacting the outer dimensions of the profile and thus the connections to other elements. The lightweight construction makes transport easy and requires less energy. The short construction period keeps construction site costs low. If living requirements change, the house can easily be extended or reduced in size. All components are detachable and can be reused.

The realized homes display an unusual variety for catalogue houses. In the context of increasing demand for self-construction, the Smarthouse was developed as a fully customizable product.

Steel skeleton of the model house under construction

Built from an optimally dimensioned steel skeleton, the house weighs only 1/5 of a conventionally built house of similar dimensions. The prefabricated house can be assembled in three months.

Realized building knot

The construction system is based on a standardized building knot that facilitates design freedom.

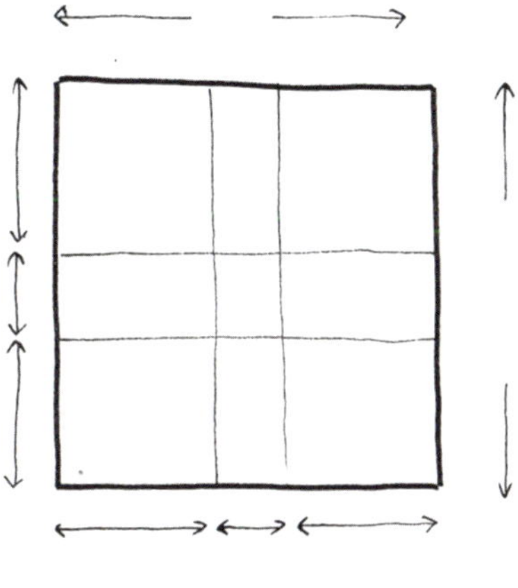

Schematic design concept

Many detached houses consist of three grids, in both directions. The Smarthouse has adopted this basic structure. The dimensions and design of the construction can vary greatly within this structure.

An unusual variety for catalogue houses

Top: completed house 'Townhouse', Zoetermeer
Bottom: model house, Rotterdam

Top: completed house 'Patio house', Zoetermeer
Bottom: completed house 'House with sloping roof', Zoetermeer

Masterplan Schiecentrale

1997 – 2004
Rotterdam, NL

De voormalige elektriciteitscentrale op de Rotterdamse Lloydpier vormt het hart van een gemengde stadswijk in ontwikkeling. Met een reeks herbestemmings- en nieuwbouwprojecten heeft Mei het hybride complex gaandeweg getransformeerd tot een nieuw ensemble.

De Schiecentrale werd in 1906 gebouwd voor het genereren van stroom voor straatverlichting en de aandrijving van kranen in de haven. Na diverse transformaties en uitbreidingen, was het decennia later een omvangrijk complex. In een compacte aaneenschakeling van industriële ruimtes – waaronder het ketelhuis, accuhuis, trafohuis en de turbinehal – was hier de verwerking van kolen tot elektriciteit vormgegeven. Grote dichte gevels, in bruin baksteen en beton, kenmerkten de centrale.

Deze morfologie en beeldtaal vormen de basis voor de ontwerpen van de transformaties – bedrijfsverzamelgebouw 25kV en multimedia hotel-restaurant Stroom – en toevoegingen – woonwerkgebouw Schiecentrale 4B en Kraton 230, thuisbasis van RTV Rijnmond. De afzonderlijke gebouwdelen krijgen een eigen karakter. Natuurlijke nissen worden de gezamenlijke entrees. De schaal van de oorspronkelijk gesloten volumes is behouden met de vlakke glasgevels van 25kV en de verdiepingshoge RVS-doeken van de Schiecentrale 4B. De kunststof bergingen van 4B en gietijzeren panelen van Kraton 230 brengen de kleur bruin terug in de gevel. De figuratieve bewerking van deze

The former power station on Rotterdam's Lloyd Pier forms the heart of a mixed urban district under development. With a series of conversion and new construction projects, Mei has gradually transformed the hybrid complex into a new ensemble.

The Schiecentrale was built in 1906 to generate power for street lighting and the cranes in the docks. Decades later, after various transformations and extensions, it was a sizeable complex. The processing of coal into electricity was organized in a compact chain of industrial spaces, including the boiler house, battery house, transformer house and turbine hall. Large, closed facades in brown brick and concrete characterized the power station.

This morphology and style form the basis for the designs of the transformations—multi-tenant building 25kV and multimedia hotel-restaurant Stroom—and additions—living/working building Schiecentrale 4B and Kraton 230, the home of RTV Rijnmond. The individual building sections are given their own character.

Schiecentrale Timeline Development

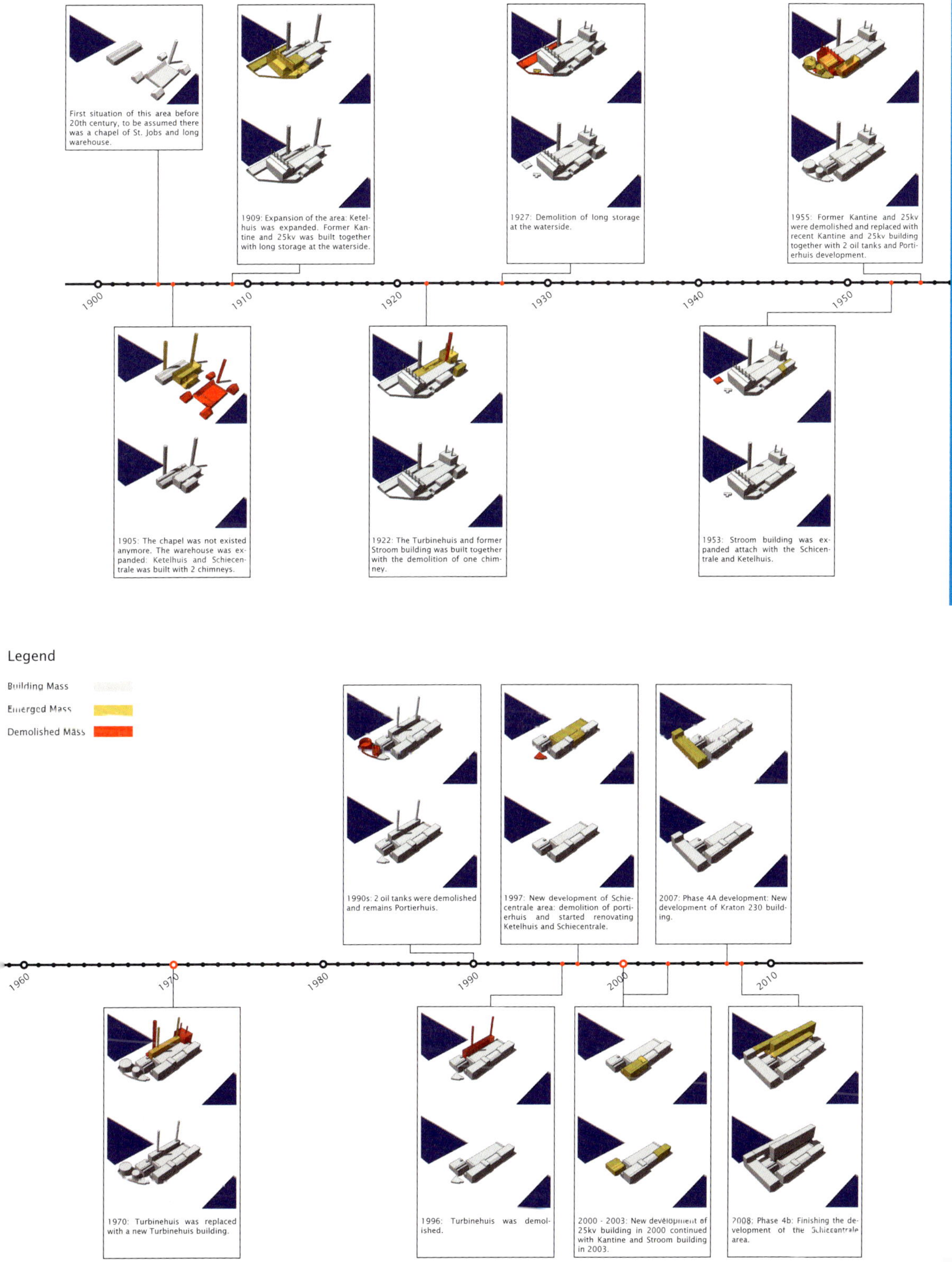

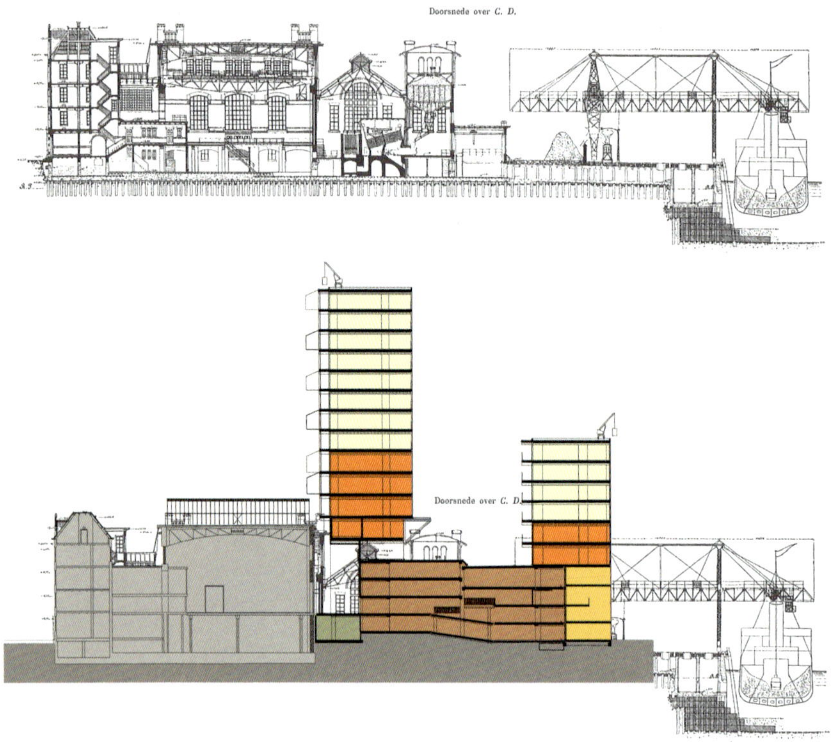

Cross-sections of the existing situation (above) and transformation of the Schiecentrale (below)

For efficiency, the process from coal to energy was designed in a compact succession of spaces.

Industrial architecture is often hybrid

Natural recesses become the joint entrances. The scale of the originally closed volumes has been maintained with the flat glass facades of 25kV and the floor-to-ceiling stainless-steel screens of Schiecentrale 4B. The storage units made of synthetic materials from 4B and the cast-iron panels from Kraton 230 have brought the colour brown back to the facade. The figurative design of these panels refers to the ornamentation of the original buildings. It's hard to tell the old from the new.

Industrial architecture is often hybrid, shaped over time by innovation in technical processes or changing company sizes. In order to build on the diversity of styles and construction methods that often results from this, Mei strives for a layering and multivocality in transformation plans. The Schiecentrale has become a complex of grand gestures, but also of sophisticated detailing, in which new materials are used in colours that are familiar to the area.

panelen refereert aan de ornamentiek van de oorspronkelijke bebouwing. Oud en nieuw zijn moeilijk te onderscheiden.

Industriële architectuur is vaak hybride, door de tijd heen gevormd door innovatie in technische processen of veranderende grootte van de gehuisveste bedrijven. Om voort te bouwen op de diversiteit aan stijlen en bouwmethodes die hieruit vaak ontstaat, zoekt Mei bij transformatieplannen naar gelaagdheid en meerduidigheid. De Schiecentrale is een complex geworden van grote gebaren, maar ook verfijnde detaillering, waarin nieuwe materialen worden toegepast in voor het gebied herkenbare kleuren.

Lloydpier and Müllerpier with the Rotterdam city centre in the background

New building parts match the large size of the former power plant and the ships in the port.

1997 – 2000
Rotterdam, NL

Het 25kV-gebouw is het eerste transformatieproject van de Schiecentrale. Het ontwerp voor het nieuwe bedrijfsverzamelgebouw opent het gesloten schakelstation van de voormalige elektriciteitscentrale met één radicale ingreep. Een glazen serre aan de oostgevel brengt licht, lucht en uitzicht in het gebouw en vormt een huiskamer voor de nieuwe gebruikers. De grote schaal van het oorspronkelijke bouwwerk blijft met de vormgeving van de gevel behouden. **Het zichtbare gebruik van de nieuwe ruimte brengt levendigheid in het nog onbewoonde gebied.**

Omdat de achterzijde van het blok grotendeels raakt aan de machinehal van de elektriciteitscentrale, komt licht eenzijdig binnen via de straatgevel. De veertig kleine mediabedrijven die er hun intrek nemen, kunnen de gesloten kant van het gebouw inrichten voor activiteiten die gebaat zijn bij beperkte lichttoetreding. **Ruimtes waar daglicht juist van waarde is, zoals plekken om te ontmoeten, ontspannen en mijmeren, zijn aan de gevel gesitueerd.** Verkeersruimtes, toiletten en pantry's zijn hier samengevoegd in een 2,5 meter diepe nieuwe schil, die na sloop van de bestaande betonnen gevel tegen het gebouw is geplaatst. Om zoveel mogelijk transparantie te behouden, is deze zone opgebouwd uit een licht gedimensioneerd stalen frame, een glazen binnen- en buitengevel en doorschijnende glazen pantry's en toiletten, als blokjes in een vide gehangen.

The 25kV building was the first transformation project of the Schiecentrale. The design for the new multi-tenant building opens up the closed transformer house of the former power plant with one radical intervention. A glass conservatory on the east facade brings light, air, and views into the building and forms a living room for the new users. The large scale of the original building is preserved in the design of the facade. **The visible use of the new space brings liveliness to the still uninhabited area.**

Because the back of the block largely faces the power plant's machine hall, light enters on only one side, through the street facade. The 40 small media companies that moved in were able to set up the closed side of the building for activities that would benefit from limited light. **Spaces where daylight is important, on the other hand, such as places to meet, relax, and muse, were located on the facade.** Here, circulation areas, toilets and pantries were combined in a 2.5-metre-deep new shell, which was placed against the building after the existing concrete facade was demolished. In order to retain as much transparency as possible, this zone is made up of a light steel frame, a glass inner and outer facade and translucent glass pantries and toilets, suspended like blocks in an atrium.

Connection of the existing end wall to the new glass shell

Concentrating the transformation on the street facade means that the 1950s plasticity of the original transformer building is preserved. As an—at first glance—unarticulated volume, the new glazed area matches the scale of the surrounding buildings and the original concrete facade. Within the abstract glass surface, however, the life in the building becomes visible.

The new shell regulates the indoor climate. The double skin has a high insulation value in winter and can be opened in summer with slats on the top and bottom. The void serves as an air channel and removes the warm ventilation air from the work spaces.

After twenty years, the wishes of users have changed. Pioneers have made way for established companies, toilets are moving inwards and living rooms are being transformed into green lungs. The design allows for adaptation. The steel skeleton will be retained and will be given a new appearance with a new use.

De nieuwe schil reguleert het binnenklimaat. De dubbele huid heeft een hoge isolerende waarde in de winter en kan in de zomer door middel van lamellen aan de boven- en onderzijde juist worden opengezet. De vide doet dienst als luchtkanaal en voert de warme ventilatielucht van de werkruimtes af.

Na twintig jaar zijn de wensen van gebruikers veranderd. Pioniers hebben plaatsgemaakt voor gevestigde bedrijven, wc's gaan naar binnen en de huiskamers worden getransformeerd tot groene longen. De opzet van het ontwerp maakt aanpassing mogelijk. Het staalskelet blijft behouden en zal met een nieuwe invulling een nieuwe uitstraling krijgen.

East façade of the Schiecentrale at the start of the project in 1999

Commonly hidden spaces—toilets, pantries, and corners to relax—are placed in the foreground

Seating area in the facade zone

The facade zone can be appropriated by the users.

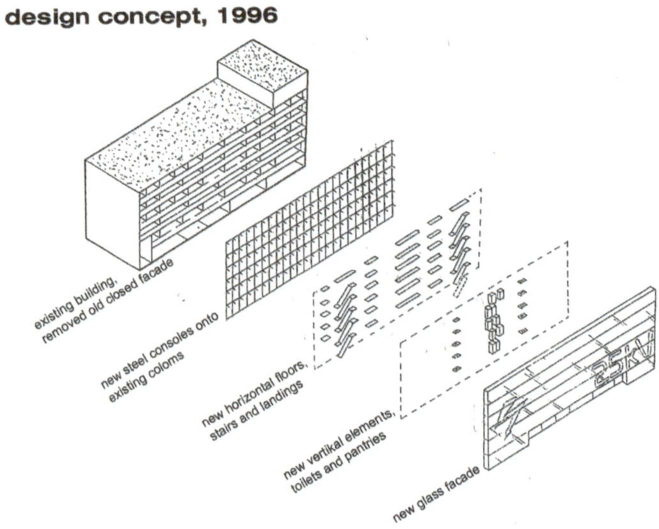

Schematic overview of design interventions, from left to right:

- Removal of the existing facade
- Steel supports attached to the existing concrete structure
- Stairs and floors
- Pantries and toilets
- Glass facade

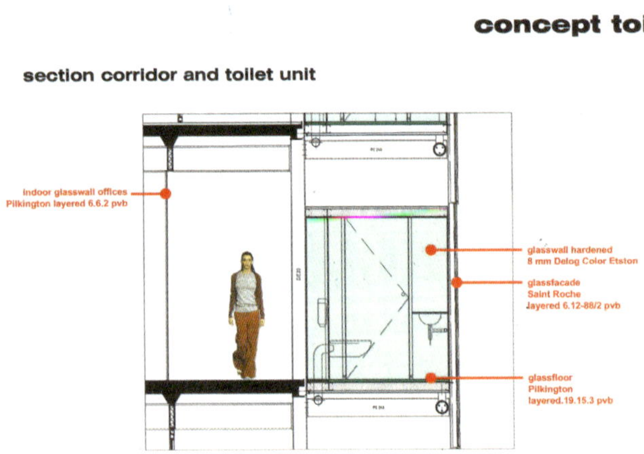

Cross-section of corridor and toilets, with specification of glass elements

Impression of the future transformation of the facade zone into a green space

25 kV

Het Wilde Noorden *The Wild North*

1997
Groningen, NL

Van bodem tot luchtruim biedt Het Wilde Noorden een nieuw, driedimensionaal perspectief op het 'lege' Noordoost Groningen. Als planningsinstrument koppelt het plan een extreem gedoogbeleid aan een systeem van monitoring, waarmee het van alle mogelijke ontwikkelingen in het gebied een netto positief effect op de leefbaarheid borgt.

From the ground to the sky, The Wild North offers a new, three-dimensional perspective on the 'empty' north-eastern part of the province of Groningen. As a planning instrument, the plan links an extreme tolerance policy to a system of monitoring, with which it secures a net positive effect on the liveability of all possible developments in the area.

Het Wilde Noorden gaat uit van het programmeren van de lucht, grond en ondergrond. Als een menukaart presenteert het mogelijkheden voor een strategische synergie tussen verschillende vormen van gebruik. Het zet in op het behoud van het vanouds open landschap, door intensief gebruik van de ondergrond, voor onder andere aardappelteelt, warmte-, zout- en zandwinning. De opbrengsten hiervan dragen bij aan natuurontwikkeling en het maken van plekken voor recreatie. Onbewoonde terreinen bieden ruimte aan programma met een geluids- of veiligheidscontour, zoals afvalverwerking of een militair oefenterrein, als bron van inkomsten en werkgelegenheid. Plekken waar in lage dichtheid of in afzondering gewoond kan worden, bieden kansen voor een uitzonderlijke leefkwaliteit en eigenheid, als uitwijkplaatsen voor verschillende gemeenschappen.

The Wild North is based on the programming of the air, surface, and subsoil. Like a menu, it presents possibilities for strategic synergy between different uses. It is committed to preserving the traditionally open landscape through intensive use of the subsoil for, among other things, potato cultivation, and the extraction of heat, salt, and sand. The proceeds from this contribute to nature development and the creation of sites for recreation. Uninhabited areas provide space for a programme with a noise or safety contour, such as waste processing or a military training site, as a source of income and employment. Low-density or secluded areas provide opportunities for exceptional quality of life and individuality a refuge for various communities.

Op schaal van de regio introduceert Het Wilde Noorden een sturingsmechanisme voor het garanderen van omgevingskwaliteit, zonder ontwikkelingen uit te sluiten of een eindbeeld vast te leggen. Lokale karakteristieken vormen de basis voor een reeks doordachte modellen, die als bouwstenen fungeren voor uiteenlopende toekomstige scenario's.

On a regional scale, The Wild North introduces a steering mechanism for guaranteeing the quality of the environment, without ruling out developments or setting an end goal. Local characteristics form the basis for a series of well-thought-out models, which serve as building blocks for a variety of future scenarios.

HET WILDE NOORDEN

‘go North young man’

Informele Architectuur (her)introduceert tijd als ontwerpprincipe

Informele architectuur houdt niet op bij de oplevering. Door het gebruik gedurende de jaren komt de werkelijke kwaliteit van een goed gebouw of stadsdeel tot uiting. De mate waarin een ontwerp in staat is om te reageren op het veranderende gedrag van de gebruiker, op veranderende bouwkundige of maatschappelijke normen en waarden, kortom de mate waarin het ontwerp het onverwachte toelaat, is bepalend voor het succes op de lange termijn. De introductie van de factor tijd als ontwerpprincipe is de sleutel voor informele architectuur. De informele architect is een programmeur. Informele architectuur laat ruimte voor veranderende eisen en functies, reageert op het gebruikersproces in de tijd. Informele architectuur levert daarom een kader voor een instabiele verschijningsvorm. Form follows behaviour, de gebruiker beïnvloedt vorm, en bepaalt het gebruik.

Informal Architecture (re)introduces time as a design principle
Informal architecture does not stop after completion. Use over the years reveals the true quality of a good building or neighbourhood. The extent to which a design is able to respond to the changing behaviour of the users, to changing architectural or social norms and values, in short, the extent to which the design allows for the unexpected, determines its long-term success. The introduction of the time factor as a design principle is the key to informal architecture. The informal architect is a programmer. Informal architecture allows for changing requirements and functions, responds to the user process over time. Informal architecture thus provides a framework for a flexible appearance. Form follows behaviour, the user influences the form, and determines the use.

Five scenarios for the future of north-eastern Groningen, from left to right: 0021 Military Training Ground North; 0057 From -100 to 0 metres NAP; 0146 Groninger Compost Heap; 0211 Groninger Hideaway; 0666 Doom Scenario

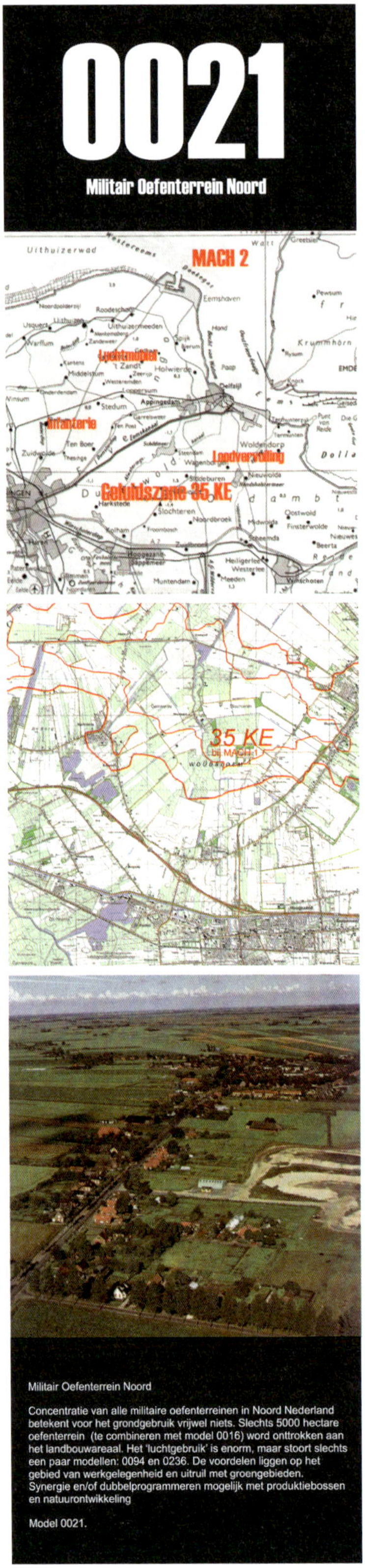

Model 0021
Military Training Ground North
Concentrating all military training grounds in the northern Netherlands has virtually no impact on land use. Only 5,000 hectares of training grounds (to be combined with model 0016) would be taken from agricultural land. The 'air usage' is massive, but only interferes with a few models: 0094 and 0236. The advantages are in the fields of employment and exchange with green areas. Synergy and/or dual programming can be realized with production forests and nature development

Model 0057
From -100 to 0 metres NAP
Groningen is not poor; in some ways it is arguably the most prosperous province in the Netherlands. However, most of the production of Gross Regional Product takes place underground: potatoes, gas, salt, heat extraction, sand extraction. The openness of the Groningen landscape, so valued by all parties, is preserved by the continuation of this underground industry. Profit sharing, however, should go beyond the occasional museum for the townspeople. Synergy and/ or dual programming is possible with almost all models.

Model 0146
Groningen Compost Heap.
Waste processing is the industry of the future. Groningen can continue and even strengthen its leading economic position even when the gas extraction stops by using the vast amount of land (from -100 - 0 NAP) in the clean processing of future waste. The exchange potential is huge: forests, recreational areas (sponsored forests, ski resorts on the artificial Slochterberg – Groningen's Highest Point of the Netherlands) or direct financial compensation for the local residents (money granted when living at the foot of the waste mountain).

Model 0211
Groningen Hideaway
It is precisely this region, with the combination of a large Gross Regional Product and a relatively small population, that should be able to realize the low-labour utopia. The excess of available space offers the northern part of the Netherlands a unique opportunity to leave the twentieth-century work ethic behind. By abandoning all restrictions on settlement: The Wild North emerges, a refuge for lifestyles (Jomanda Land, Gronierders, Eco Kolchoses). Especially this model can be optimally combined with model 0146; the compost heap pays for freedom. Analogous to the Wild West (USA), this Leisure Mecca will become the happiest region of the New Europe in the twenty-first century.

Model 0666
Doom Scenario
Even the blackest model has its silver lining. If all negative expectations for the north of the Netherlands come true, a potential for new interpretation immediately arises. Population decline provides the opportunity for the establishment of The Wild North (model 0211) or heavy industry and compost functions, an agricultural downturn facilitates the realization of recreational areas (easy expropriation, EU subsidies), land subsidence automatically produces a Slochterplas. In short, more misery generates more opportunities for development.

0146

Groninger Composthoop

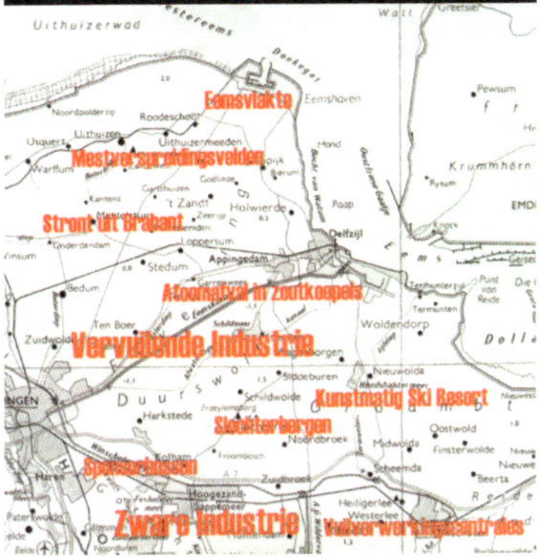

Groningen composthoop.

Afvalverwerking is de industrie van de toekomst. Groningen kan zijn vooraanstaande economische positie ook als de gasbel opraakt continueren en zelfs versterken door de enorme hoeveelheid grond (van -100 - 0 NAP) in te zetten bij de schone verwerking van het toekomstige afval. Het uitruilpotentieel is enorm: bossen, recreatiegebieden (sponsorbossen, ski resorts op de kunstmatige Slochterberg - Groningen Hoogste Punt van Nederland) of directe financiële tegemoetkomingen voor de plaatselijke bevolking (geld toe bij het wonen aan de voet van de afvalberg)

Model 0146.

0211

Groninger Uitwijkplaats

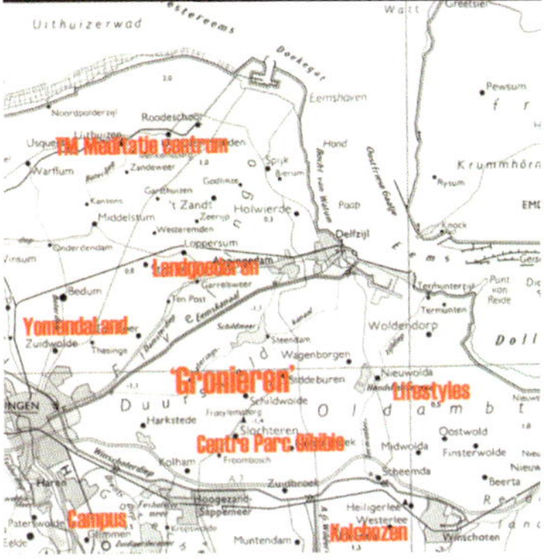

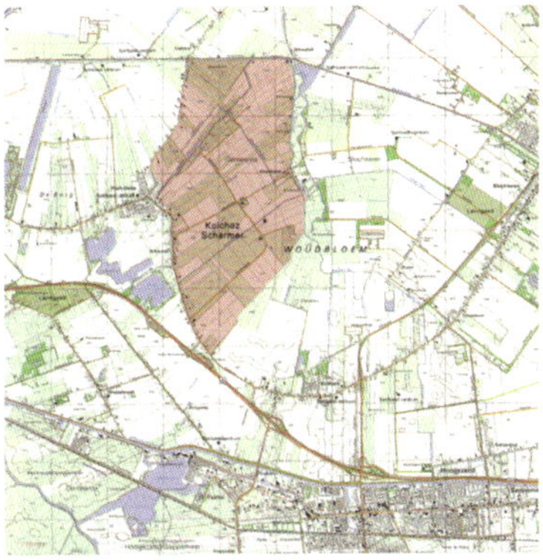

Groningen Uitwijkplaats

Juist deze regio zou, door de combinatie van een groot Bruto Regionaal Produkt en een relatief gering inwoneraantal, in staat moeten zijn de arbeidsarme utopie te realiseren. De overmaat aan beschikbare ruimte biedt Noord nederland de unieke kans om met de 20ste eeuw ook het arbeidsethos achter zich te laten. Door de alle restricties op de vestiging te laten varen: Het Wilde Noorden, onstaat een uitwijkplaats voor lifestyles (Jomanda Land, Gronierders, Eco Kolchozen). Juist dit model laat zich optimaal uitwisselen met model 0146; de composthoop betaalt de vrijheid. Analoog aan het Wilde Westen (USA) zal dit Vrije-Tijds Mekka zich in de 21ste eeuw ontwikkelen tot de gelukkigste regio van het Nieuwe Europa.

Model 0211.

0666

Doem-scenario

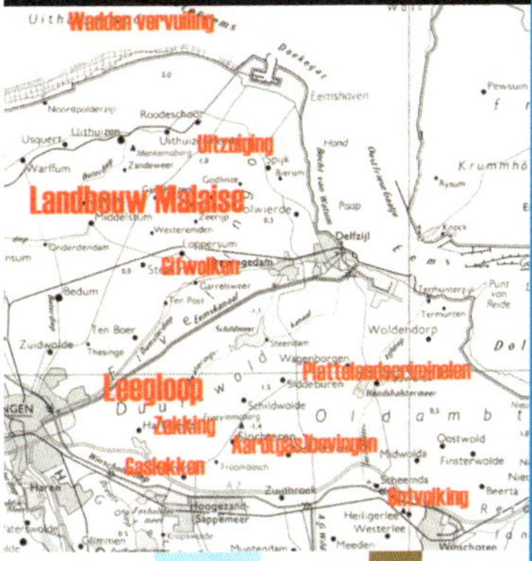

Doem-scenario

Zelfs het zwartste model heeft zijn gouden randje. Als alle negatieve verwachtingen voor Noord Nederland uitkomen, ontstaat onmiddellijk een potentieel voor nieuwe invulling. Leegloop biedt de mogelijkheid tot de vestiging van Het Wilde Noorden (model 0211) of zware industrie en compostfuncties, een landbouwmalaise vergemakkelijkt de realisatie van recreatiegebieden (gemakkelijke onteigening, EEG subsidies), grondverzakking levert vanzelf een Slochterplas op. Kortom meer ellende geeft meer ontwikkelingsmogelijkheden.

Model 0666.

1995
Leerdam, NL

Als ultieme architectonische glazen doos bouwt het Glazen Huis voort op een modernistisch prototype, maar laat daarbij ongekende ruimte aan de bewoner en zijn of haar voor de architect oncontroleerbare voorkeuren.

As the ultimate architectural glass box, the Glass House builds on a modernist prototype, but leaves unprecedented leeway to the occupants and their preferences, which are beyond the control of the architect.

The house explores constructive possibilities and spatial organization principles for shaping user freedom. As closed surfaces, the floor and the roof of the house demarcate the space in which living can take place. This space contains no walls but climate screens that define zones according to temperature and air quality: the conservatory shell, the living shell, the wet shell and the smelly shell. Use can be freely organized within these.

In the all-glass construction, the possessions of the residents form the visual filters that function like old-fashioned curtains. With the furnishings, the residents can determine the degree of transparency of the Glass House, as well as its external appearance. The furniture makes up the living environment and determines the look of the house, which may change over time.

At a time when the life cycle of things seems to be getting shorter and shorter, the plan raises questions about the value of possessions. Does visibility give rise to more care and appreciation? Does it encourage people to select what is of real value to them personally?

Het huis verkent constructieve mogelijkheden en ruimtelijke organisatieprincipes voor het vormgeven van gebruikersvrijheid. Als dichte vlakken bakenen de vloer en het dak van het huis de ruimte af waarbinnen het wonen kan plaatsvinden. Deze ruimte bevat geen wanden maar klimatologische schermen die zones definiëren aan de hand van temperatuur en luchtkwaliteit: de serreschil, de woonschil, de natte schil en de stankschil. Gebruik kan hierbinnen vrij worden georganiseerd.

In de volledig glazen constructie vormen de bezittingen van de bewoners de visuele filters, die functioneren als ouderwetse gordijnen. Met de inrichting kunnen de bewoners de mate van transparantie van het Glazen Huis bepalen, evenals de uitstraling naar buiten. De meubels maken de leefomgeving en bepalen het – mogelijk met de tijd veranderende – beeld van het huis.

In een tijd waarin de levensloop van spullen steeds korter lijkt te worden, roept het plan vragen op over de waarde van bezittingen. Vormt zichtbaarheid een aanleiding voor meer zorg en waardering? Zet het aan tot het selecteren van wat voor ieder persoonlijk echt van waarde is?

Model

By making household items visible, personal furnishing choices and daily use define the appearance of the house.

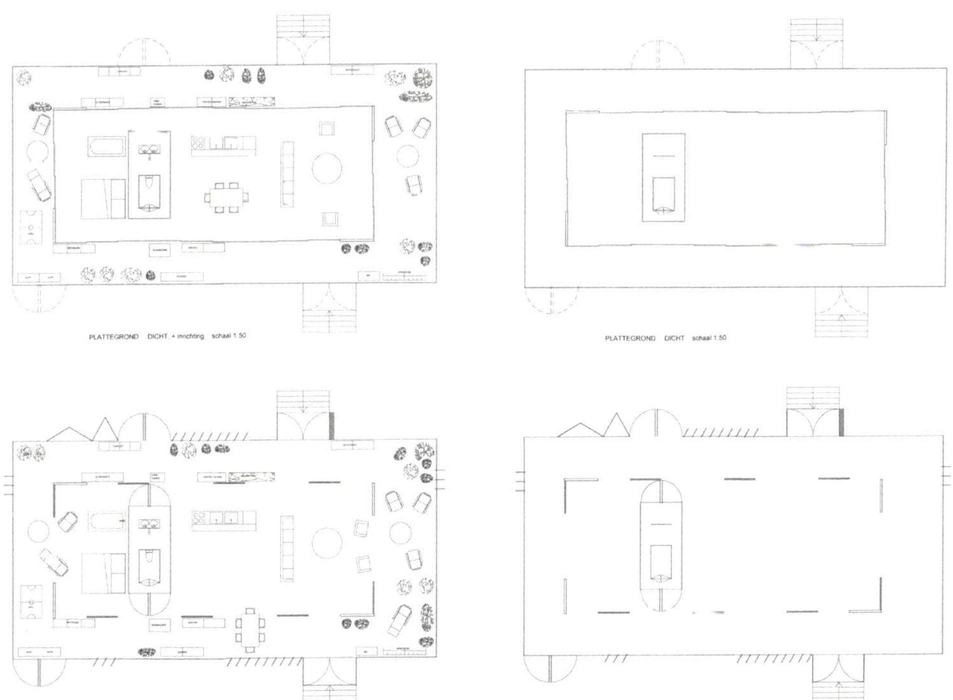

Floor plans, upstairs with closed living shell, downstairs with opened living shell

The furniture determines the appearance of the house

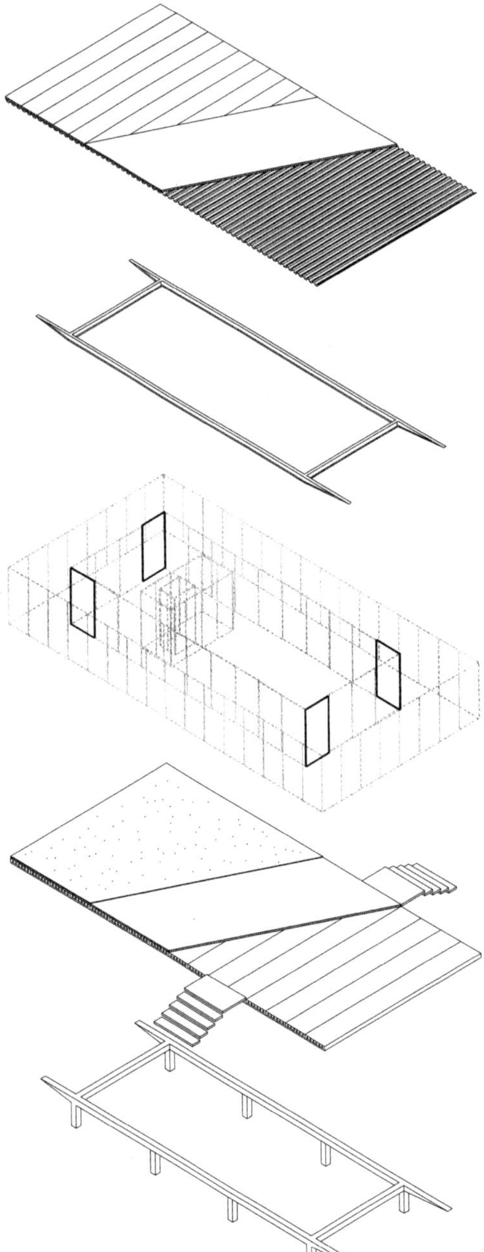

Exploded view, from top to bottom:
- Roof
- Roof construction
- Glass shells
- Floor
- Floor construction

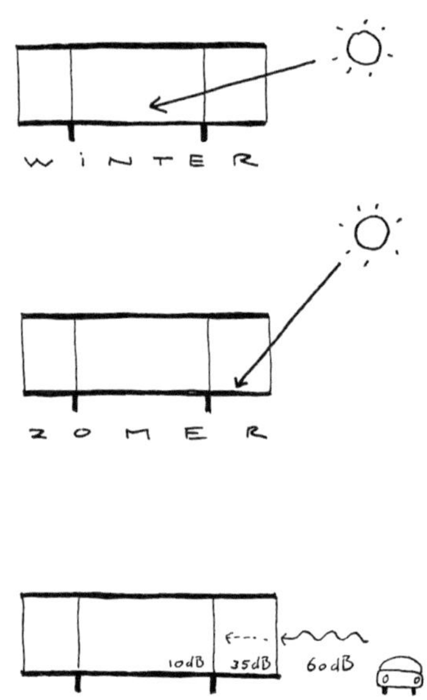

Design principles, from top to bottom:
- Daylighting in winter
- Daylighting in summer
- Soundproofing

1992
Den Bosch, NL

As a plea against the typical terraced house and the uniform landscape that results from it, Ravages of Time presents a design in which the user determines what the living environment looks like, with room for extremes.

Within the clear structure of the 30-metre-high building, residents can compose their own home, in terms of size, spatial layout and location. A view of the surrounding park offers the experience of a garden; a balcony, conservatory, terrace or winter garden are optional. The car, which is becoming progressively cleaner due to recently stricter environmental requirements, is parked right at the door in the inner street. The plan provides for all traditional living requirements.

However, under the influence of the increasing diversity of experiences—the convenience of travelling by car and the constant stream of images on television—other needs are emerging. Variation in encounters and activities in the daily living environment is becoming more important. The facility strip, on the noise-exposed side of the building, is therefore intended for the development of collective functions, such as a classroom, a café-restaurant, a do-it-yourself space, a greenhouse for plants and vegetables, a cinema, a guesthouse and a used-goods centre. Residents can go out here or practice their hobbies—close to home—while socializing with their neighbours.

Ravages of Time plays with the generic qualities of the Dutch landscape: car accessibility and proximity to greenery. The building design is prototypical, focused on efficiency and manufacturability. The configuration is always specific and adaptable to new living patterns.

Als pleidooi tegen de typische rijtjeswoning en het eenvormige landschap dat daaruit ontstaat, presenteert Tand des Tijds een ontwerp waarin de gebruiker bepaalt hoe de woonomgeving eruitziet, met ruimte voor extremen.

Binnen de heldere gebouwstructuur van de dertig meter hoge schijf kunnen de bewoners hun gewenste woning samenstellen, in grootte, ruimtelijke opzet en ligging. Zicht op het omliggende park biedt de beleving van een tuin; een balkon, serre, terras of wintertuin zijn optioneel. De auto, die door recent aangescherpte milieueisen steeds schoner wordt, staat in de binnenstraat voor de deur. Het plan voorziet in alle traditionele woonwensen.

Onder invloed van de toenemende diversiteit aan ervaringen – het gemak van reizen met de auto en de constante stroom aan beelden op de televisie – ontstaan echter ook andere behoeften. Variatie in ontmoeting en activiteit in de dagelijkse leefomgeving wordt van groter belang. De faciliteitenstrip, aan de geluidbelaste zijde van het gebouw, is daarom bestemd voor het ontwikkelen van collectieve functies, zoals een cursusruimte, café-restaurant, doe-het-zelf-ruimte, kas voor planten en groenten, filmzaal, gastenverblijf en tweedehandsgoederencentrum. Bewoners kunnen hier uitgaan of hun hobby beoefenen – dichtbij huis – en komen in contact met buren.

Tand des Tijds speelt met de generieke kwaliteiten van het Nederlandse landschap: autobereikbaarheid en nabijheid van groen. De gebouwopzet is prototypisch, gericht op efficiëntie en maakbaarheid. De invulling is altijd specifiek en aanpasbaar aan nieuwe leefpatronen.

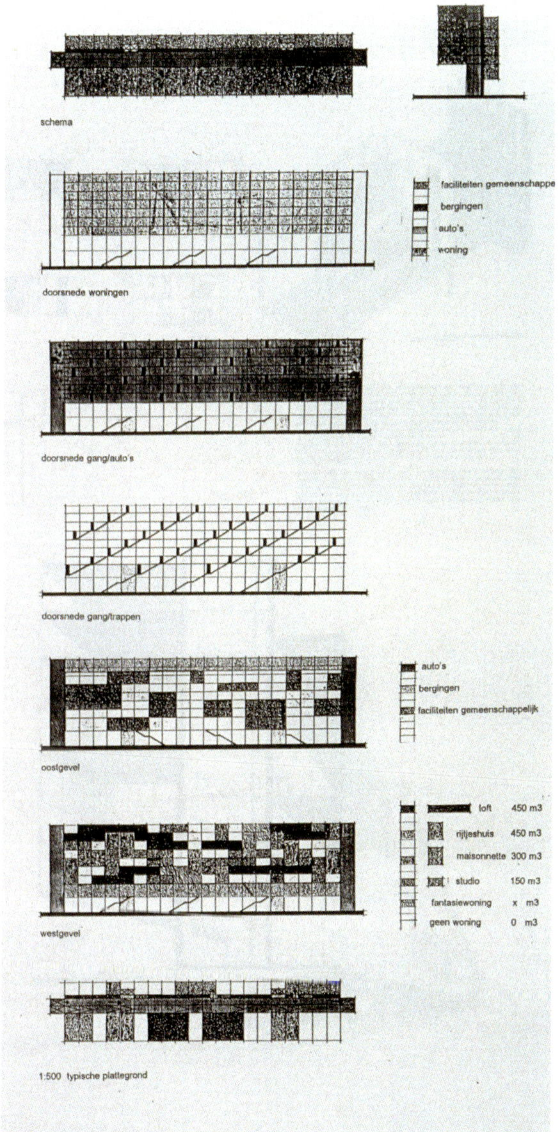

Schematic overview of the building's spatial structure, from top to bottom:

- Schematic floor plan and cross-section
- Longitudinal section of dwellings
- Longitudinal section of corridor
- Longitudinal section of stairs
- East facade
- West facade
- Typical floor plan

Houses are sold per m³

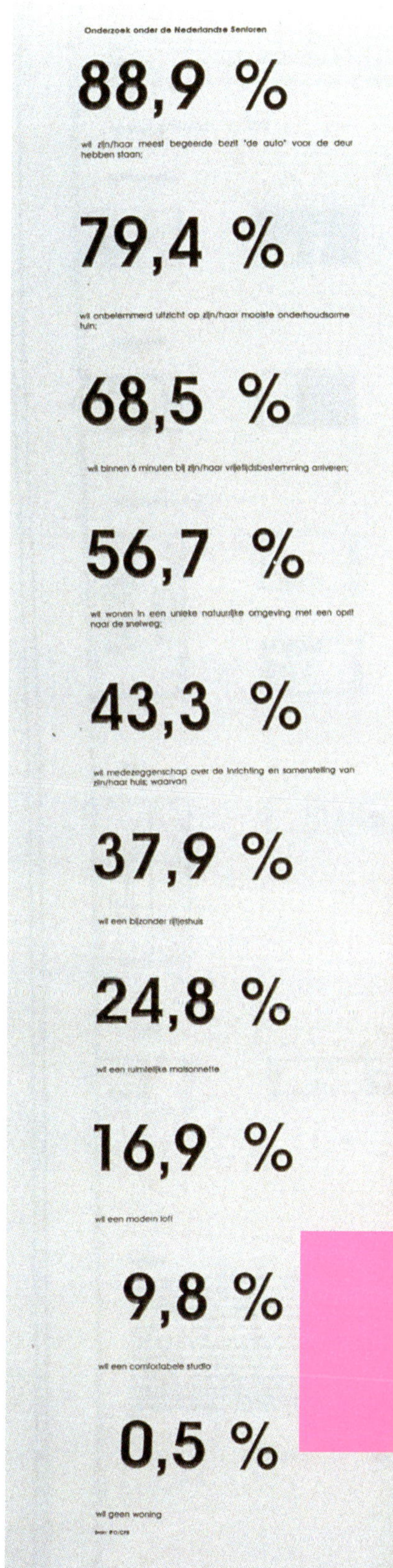
Onderzoek onder de Nederlandse Senioren

88,9 %

wil zijn/haar meest begeerde bezit 'de auto' voor de deur hebben staan;

79,4 %

wil onbelemmerd uitzicht op zijn/haar mooiste onderhoudsarme tuin;

68,5 %

wil binnen 6 minuten bij zijn/haar vrijetijdsbestemming arriveren;

56,7 %

wil wonen in een unieke natuurlijke omgeving met een oprit naar de snelweg;

43,3 %

wil medezeggenschap over de inrichting en samenstelling van zijn/haar huis; waarvan

37,9 %

wil een bijzonder rijtjeshuis

24,8 %

wil een ruimtelijke maisonnette

16,9 %

wil een modern loft

9,8 %

wil een comfortabele studio

0,5 %

wil geen woning

'Research' into the housing preferences of Dutch seniors

FENIX I

PINCHOS

Techniques

Open

Improving user freedom
and long-term suitability

Adaptability improves user freedom and extends the lifespan of buildings. Building components have different life cycles. Due to changing wishes and requirements regarding usage possibilities, technical performance, and the appearance of spaces and materials, certain parts of a building become outdated faster than others. On average, the architectural finishing now meets these requirements for 15 years, installations 25 years, the facade 50 years. The main load-bearing structure of a building, when properly designed, can last more than 200 years. Building on the principles of Open Building as developed by N. John Habraken in the 1960s, we create flexible, future-proof buildings by separating these four layers.

Where we explored the extremes of these principles with the competition entries Ravages of Time p.270 and the Condone Home p.240, with Schiecentrale 4B p.226 we realized a flexible and adaptable building, which has already undergone many changes since its completion in 2008. On the robust precast concrete structure, the installations are left in sight and connections are unfinished. The aesthetics of the building embrace the open building system.

SAWA's p.124 laminated timber building system builds on these principles, but also introduces new aspects. From the dry ballast in which pipes are detachably installed to the modular, demountable main load-bearing structure, the design anticipates full reuse in a circular construction economy.

Former warehouses and industrial buildings such as the Jobsveem p.216 and the Cable Factory p.152, which are part of current or recently realized conversion projects, were often built with excess space and open floor plans. These qualities have given the properties future value and we have utilized and preserved them with the transformation plans.

Aanpasbaarheid vergroot de gebruikersvrijheid en verlengt de levensduur van gebouwen. De levenscyclus van gebouwonderdelen verschilt. Onder invloed van veranderende wensen en eisen ten aanzien van gebruiksmogelijkheden, technische prestaties en het uiterlijk van ruimtes en materialen, raken bepaalde delen van een gebouw sneller verouderd dan andere. De afbouw voldoet nu gemiddeld vijftien jaar, installaties vijfentwintig jaar, de gevel vijftig jaar. De hoofddraagconstructie van een gebouw kan, wanneer goed ontworpen, meer dan tweehonderd jaar meegaan. Voortbouwend op de principes van het Open Bouwen, ontwikkeld door N. John Habraken in de jaren zestig, maken we flexibele, toekomstbestendige gebouwen door deze vier lagen te scheiden.

Waar de prijsvraaginzendingen Tand des Tijds p.270 en het Gedoogwonen p.240 de extremen van deze principes verkennen, is met de Schiecentrale 4B p.226 een flexibel en aanpasbaar gebouw gerealiseerd, dat sinds de oplevering in 2008 al veel veranderingen heeft ondergaan. Op de robuuste prefab betonnen constructie zijn de installaties zichtbaar en aansluitingen onafgewerkt gelaten. De esthetiek van het gebouw omarmt de open bouwsystematiek.

Het gelamineerd houten bouwsysteem van SAWA p.124 bouwt verder op deze principes, maar introduceert ook nieuwe aspecten. Van de droge ballast waarin leidingen losmaakbaar zijn weggewerkt tot de modulaire, demontabele hoofddraagconstructie, anticipeert het ontwerp op volledig hergebruik, in een circulaire bouweconomie.

Voormalige pakhuizen en industriële gebouwen zoals het Jobsveem p.216 en de Kabelfabriek p.152, die deel uitmaken van huidige of recent gerealiseerde herbestemmingsopgaven, zijn vaak gebouwd met overmaat en open plattegronden. Deze kwaliteiten gaven de panden toekomstwaarde en hebben we met de transformatieplannen benut en behouden.

SAWA p.124

De constructie van SAWA bestaat uit verlijmde gelamineerde balken en kolommen (Glulam) en kruislings verlijmde gelamineerde vloerplaten (Cross Laminated Timber, of CLT), met demontabele verbindingen. Door het gebruik van droge ballast zijn ook de installaties en vloerdelen losmaakbaar.

SAWA's construction consists of glued-laminated beams and columns (Glulam) and cross-laminated timber floorboards (Cross Laminated Timber, or CLT), with demountable joints. The use of dry ballast also makes the installations and floor sections detachable.

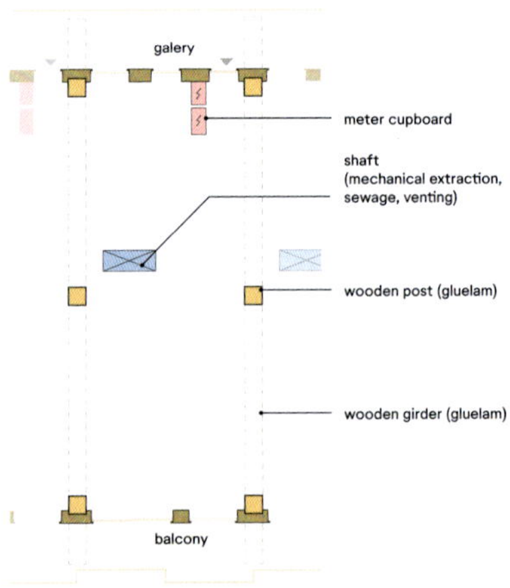

Apartment plan with construction and shafts

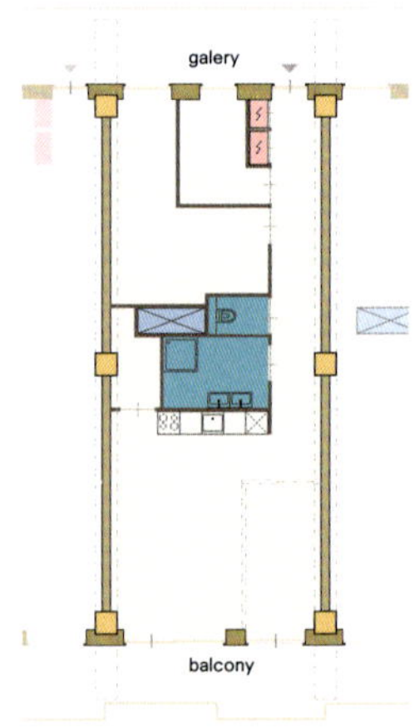

Apartment plan with built-ins

Structure composed of Glulam columns and beams and CLT floors

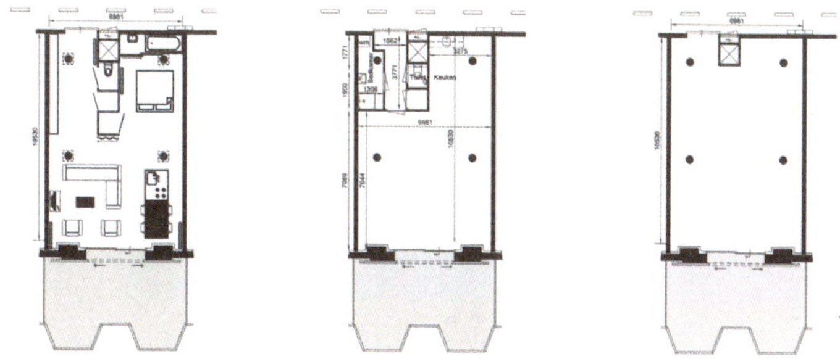

MAATWERKINDELING   STANDAARDINDELING   CASCO +

Apartment plan options, from left to right: customized layout; standard layout; casco+

Storey of the former warehouse, before the transformation

Jobsveem p.216

Pakhuis het Jobsveem had ruime, open vloeren voor de opslag van goederen. Met een voor die tijd vernieuwende constructiemethode waren grote overspanningen gerealiseerd. Deze kwaliteiten zijn behouden in de loftwoningen. Met afstand tot de – niet dragende – woningscheidende wanden, zijn de bijzondere gietijzeren kolommen in het zicht gehouden. De inbouw kan naar wens worden uitgevoerd.

The Jobsveem warehouse had spacious, open floors for storing goods. Using a construction method that was innovative at the time, large spans had been realized. These qualities have been retained in the loft apartments. Set back from the—non-bearing—walls separating the dwellings, the special cast-iron columns have been kept in sight. The infill can be created as desired.

Interior of one of the realized loft apartments, with the original construction still clearly visible

Open

Tand des Tijds p 270

Ravages of Time

De centrale zone van het gebouw bevat de verkeersruimte en bergingen: eenrichtingsstraten, met autoliften aan beide uiteinden, met parallel hieraan een zone met cascadetrappen en bergingen over de gehele lengte. Kabels en leidingen zijn in de wanden opgenomen. De naastgelegen woningen en faciliteiten zijn hierdoor volledig vrij in te delen.

The central zone of the building contains the circulation space and storerooms: one-way streets, with car lifts at both ends. Parallel to this is a zone with cascading stairs and storage along its entire length. Cables and pipes are incorporated into the walls. As a result, the layout of the adjacent houses and facilities is completely free.

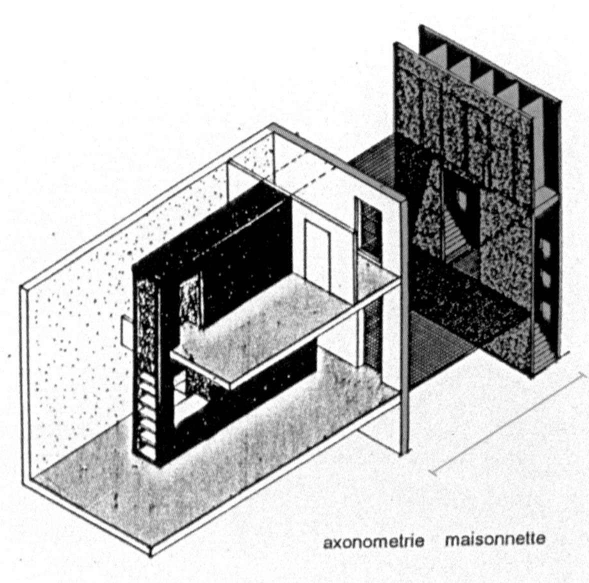

Axonometry of a fragment of the central zone, with a maisonette attached as a possible housing type

Glazen Huis p 266

Glass House

De woning is opgebouwd uit vier schillen die zijn gescheiden door glazen wanden, elk met een eigen klimaat. De buitenste serreschil is ’s winters gesloten en vormt dan een isolerende bufferzone. In de zomer is deze geopend en deel van de leefruimte. De daarbinnen gelegen woonschil wordt op kamertemperatuur gehouden. Hier wordt het hele jaar door geleefd. De badkamer ligt in de natte schil, waar het warm is, met een hoge luchtvochtigheid. Wanneer hier wordt gedoucht, ontstaat condensatie op de glazen wanden. Hierbinnen ligt als laatste de stankschil – de ruimte voor het toilet – afgeschermd door lcd-glas dat ondoorzichtig wordt wanneer de ruimte in gebruik is.

The house is composed of four shells separated by glass facades, each with its own climate. The outer conservatory shell is closed in winter, forming an insulating buffer zone. In summer, it is opened and part of the living space. The living shell inside is kept at room temperature. This is where people live all year round. The bathroom is located in the wet shell, where it is hot and humid. When people take a shower here, condensation forms on the glass screens. In here, lastly, is the smelly shell—for the toilet—shielded by LCD glass that becomes opaque when the space is in use.

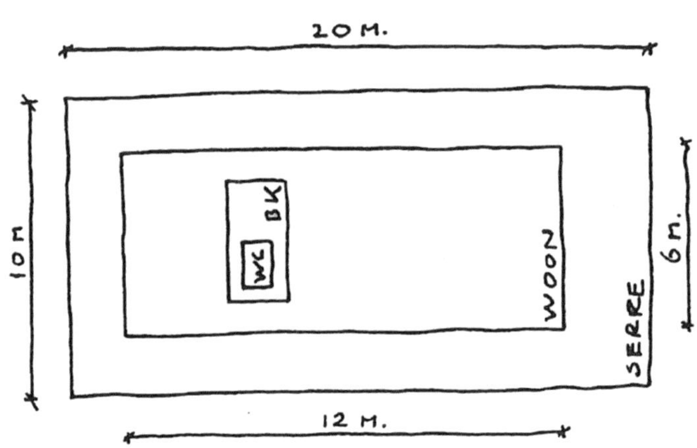

Schematic layout of the house plan with four climate zones

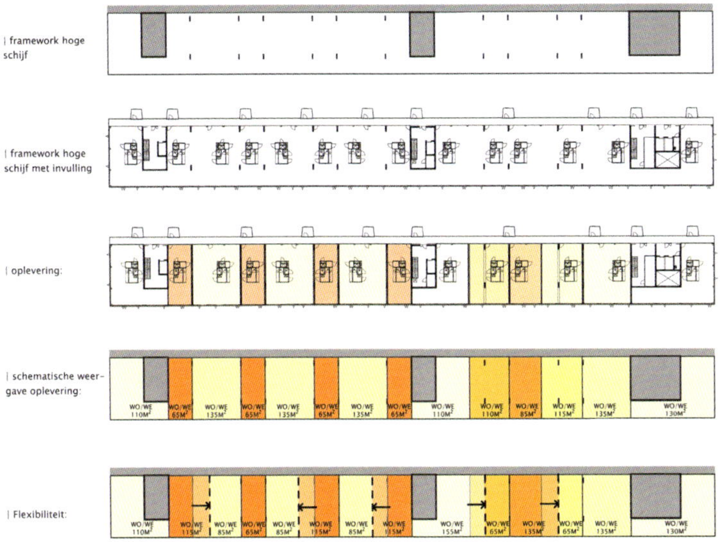

Floor plans and diagrams of a standard floor of the high section, from top to bottom:
- Structure
- Lifts, stairwells, pipes and wet cells
- Floor plan at completion
- Schematic layout at completion
- Options for adaptation

Schiecentrale 4B

De Schiecentrale 4B is gebouwd volgens principes van IFD bouwen (industrieel, flexibel en demontabel). Binnen een geprefabriceerd betonskelet van schijfkolommen en kernen kunnen ruimtes van verschillende afmetingen worden gecreëerd en na verloop van tijd weer worden aangepast. Functiescheidende wanden maken deel uit van de afbouw en installaties zijn zichtbaar uitgevoerd als opbouw, waardoor veranderingen eenvoudig kunnen worden doorgevoerd.

Schiecentrale 4B was built according to principles of IFD construction (industrial, flexible and demountable). Within a precast concrete skeleton of columns and cores, spaces of different sizes can be created and reconfigured over time. Function-separating walls are part of the finishing and installations are visibly designed as superstructures, which means that changes can be made easily.

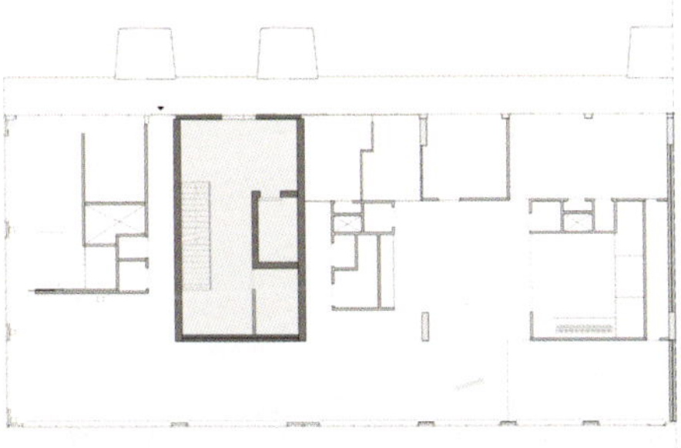

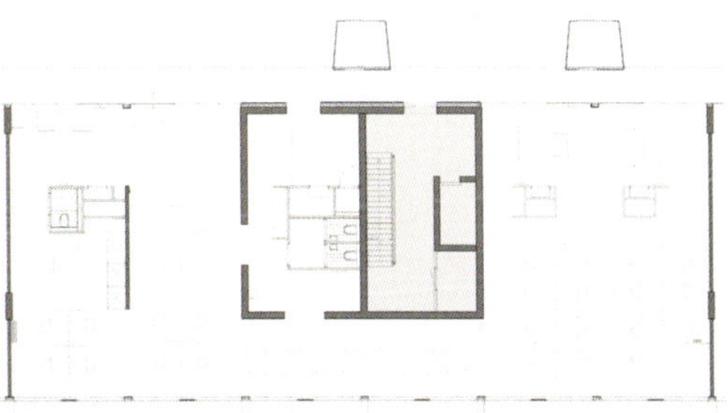

The Winkel family home and Mei's office space as examples of the possible arrangement of the building structure as living or working space.

Open

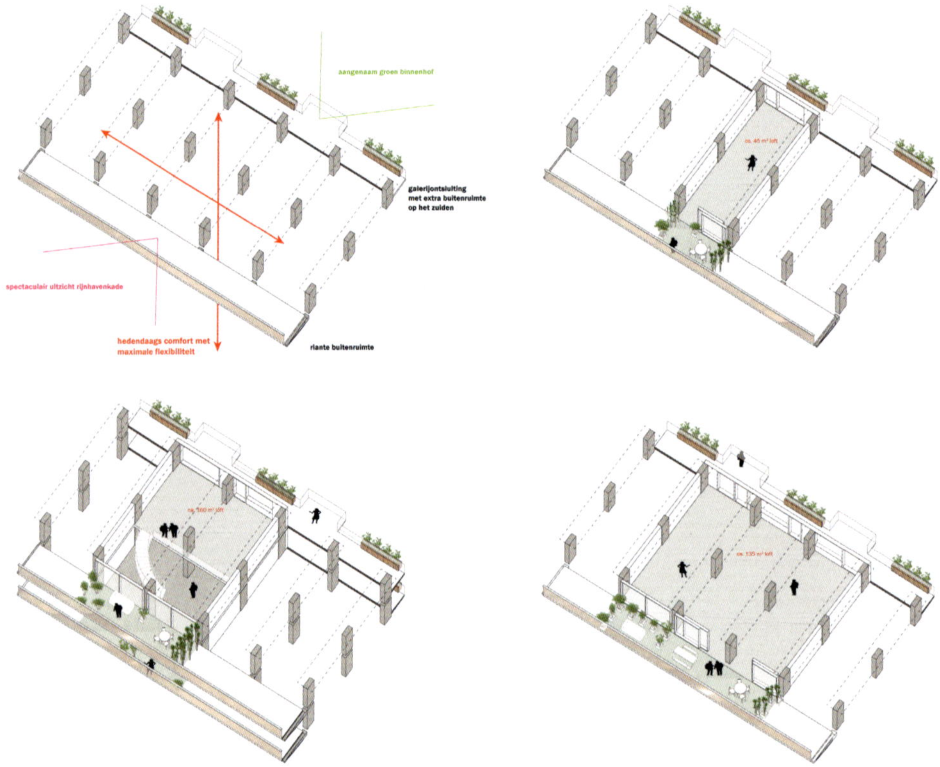

Schemes of the structure with examples of housing types

Fenix I

Door toepassing van schijfkolommen in de hoofddraagconstructie van de bovenbouw van Fenix kan de invulling variëren en wanneer nodig veranderen. Verschillende woningtypes kunnen worden samengesteld uit beuken van circa 22 vierkante meter, van een studio van 45 vierkante meter tot lofts over meerdere beuken en verdiepingen, mogelijk met vide.

The use of columns in the main load-bearing structure of Fenix's superstructure allows the layout of the interior to vary and change as required. Different housing types can be composed of bays of around 22 square metres, from a studio of 45 square metres to lofts over several bays and floors, with a possible mezzanine.

Columns as striking elements in one of the completed apartments

Gedoogwonen
Condone Home

De basis van de Gedoogwoning is een stapeling van open vloervelden, met een voorzieningenzone aan de langzijde waarin de installaties en verkeersruimte zijn opgenomen. Hierbinnen kunnen individuele wooneenheden worden gerealiseerd, uiteenlopend van caravans tot villa's. Als IFD-demonstratieproject is er gekeken naar verschillende uitvoeringen van de constructie, in zowel staal als beton.

The basis of the Condone Home is a stacking of open floor fields, with a service zone along the longitudinal side containing the installations and circulation space. Individual residential units can be created here, ranging from caravans to villas. As an IFD (industrial, flexible, demountable) demonstration project, different versions of the structure were considered, in both steel and concrete.

Structure of the building executed in steel and concrete

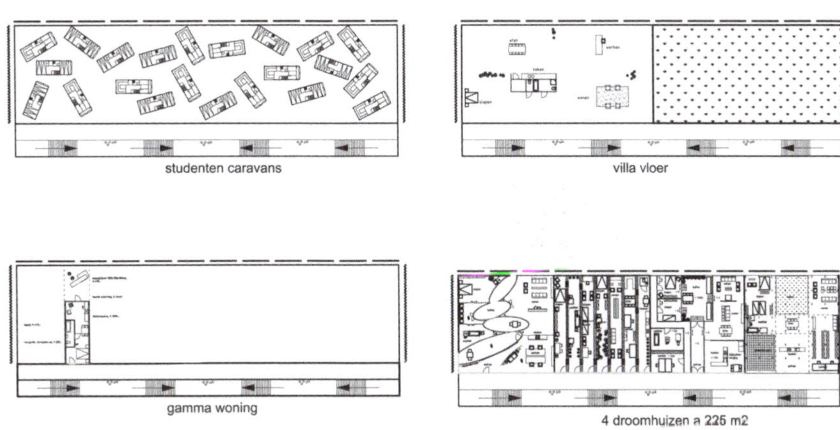

Floor plans with possible forms of use

Open

Kabeldistrict
Cable District

De structuur van de oorspronkelijke fabriekshal van de Kabelfabriek kan door de grote hoogte, enorme overspanning en eindeloze ruimte voor verschillende inrichtingen gebruikt worden. Het Kabeldistrict bouwt op deze structuur voort met principes voor flexibele invulling, op lange en korte termijn. Voor de tijdelijke KD campus, waar studententeams van de TU Delft werken aan innovatieprojecten, is binnen de structuur een werkplaats met containers gebouwd.

The structure of the Cable Factory's original factory hall can be used for various layouts thanks to its great height, huge span and endless space. The Cable District builds on this structure with principles for flexible programming, both in the long and short term. A workspace with containers was built within the structure for the temporary KD campus, where TU Delft student teams work on innovation projects

Factory hall of the Cable Factory

KD campus

Components of the Smarthouse

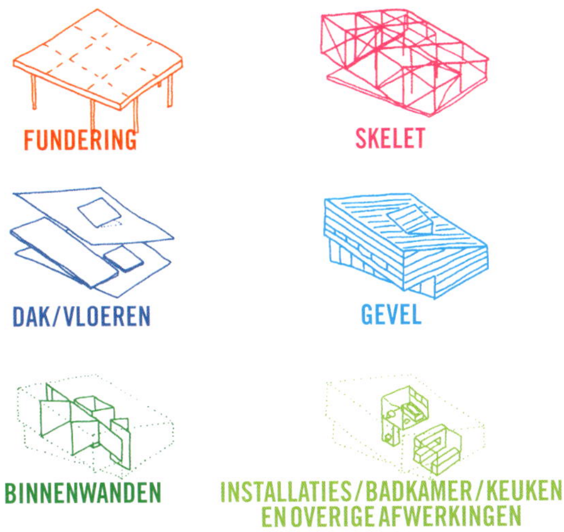

Smarthouse

Met de millimeter als moduulmaat, biedt het gestandaardiseerde, geprefabriceerde bouwsysteem van het Smarthouse grote flexibiliteit in de ontwerpfase. Doordat de stalen constructie losstaat van de gevel, het dak, de binnenwanden en de vloeren, is het huis ook na de bouw eenvoudig aanpasbaar en zijn de onderdelen ook los van elkaar herbruikbaar.

With the millimetre as its module size, the standardized, prefabricated construction system of the Smarthouse allows for great flexibility in the design phase. Because the steel structure is separate from the facade, roof, internal walls and floors, the house can easily be adapted even after completion and the components can also be reused separately.

Show house under construction

Reflect

Expressing the material and immaterial history

Onze gebouwen geven uitdrukking aan de geschiedenis van de plek: aan verschillende tijdlagen en aan transformaties die er hebben plaatsgevonden, aan architectuur en aan verhalen, aan belangrijke historische karakteristieken en aan toevalligheden. Van zorgvuldige restauratie tot zinspeling op een niet meer fysiek aanwezige historie, maken we deze zichtbaar in de vormgeving en materialisering van het gebouw.

Behoud van bestaande materialen en elementen vormt het uitgangspunt. Belangrijke instrumenten daarbij zijn een cultuurhistorische verkenning – waarbij we samenwerken met architectuurhistorici – en een precieze inventarisatie van de actuele staat van de bebouwing. Inzicht in de oorspronkelijke bouwwijze vormt bij Fenix I [p.178] de aanleiding voor de precieze vorm van restauratie van de verschillende gevels. De inventarisatietekening van de bakstenen wand in de Zijdefabriek [p.136] laat goed de schaal zien waarop er aan een reparatiestrategie wordt gewerkt. In het Kaaspakhuis [p.192] zijn de oorspronkelijke kaasplanken hergebruikt in een nieuwe toepassing, als gevelbekleding van het atrium. In deze planken staan spreuken gegraveerd uit een oud Ganzenbordspel, symbool voor de cultuur in de fabriek in de jaren zestig en de modernisering van het productieproces in die periode.

Met nieuwe gebouwen en gebouwdelen bouwen we voort op de bestaande context, door aansluiting te zoeken in de sfeer die de bebouwing creëert. Het masterplan Schiecentrale [p.248] reageert op de kleur in het gebied en de schaal en esthetiek van de haven; de McDonald's [p.172] introduceert een eigentijdse versie van de rijke, bewerkte materialen van de naastgelegen historische gebouwen. Beeld en tekst kunnen een verhalende laag aan de gebouwen toevoegen. Met figuratieve gevelpanelen speelt de Kaboutergarage [p.210] met plaatselijke iconen. De dichtregels op De Verkenner vertellen over het leven in en om het gebouw.

Our buildings express the history of a location: different layers of time and transformations that have taken place there, architecture and stories, important historical characteristics and coincidences. From careful restoration to a reference to a history that is no longer physically present, we make it visible in the design and materialization of the building.

Preservation of existing materials and elements is our key principle. Important tools here are a cultural-historical reconnaissance—in which we collaborate with architectural historians—and a precise inventory of the current state of the buildings. In the case of Fenix I [p.178], insight into the original construction method informed the precise manner in which the various facades were restored. The inventory drawing of the brick wall in the Silk Factory [p.136] clearly shows the scale at which a repair strategy is being worked on. In the Cheese Warehouse [p.192], the original cheese boards have been reused as cladding for the atrium. Engraved in these boards are sayings from an old game of snakes and ladders, symbolic of the culture in the factory in the 1960s and the modernization of the production process during that period.

With new buildings and building elements, we build on the existing context by connecting with the atmosphere created by the premises. The Schiecentrale masterplan [p.248] responds to the colour in the area and the scale and aesthetics of the port; the McDonald's [p.172] introduces a contemporary version of the rich, crafted materials of the adjacent historic buildings. Image and text can add a narrative layer to the buildings. With figurative facade panels, the Gnome Parking [p.210] plays with local icons. The lines of poetry on The Scout narrate about life in and around the building.

Composition of building parts: in the foreground the restored Schiecentrale on the left and Hotel Stroom on the right, behind it the east facade of the high section of 4B

Masterplan Schiecentrale p.248

De kleur bruin was kenmerkend voor de Schiecentrale en andere bebouwing op de Lloydpier. Met het behouden van aan aantal gebouwdelen is ook het bruin in het complex behouden. In de nieuwbouw is het aanwezige spectrum uitgebreid met verschillende tinten en materialen. Hoewel subtiel, zorgt de verwantschap in kleur voor een zekere samenhang in het complex en verbinding met de omgeving.

The colour brown was characteristic of the Schiecentrale and other buildings at the Lloydpier. With the preservation of a number of building parts, the brown in the complex has also been preserved. In the new buildings, the existing spectrum has been expanded with various shades and materials. Although subtle, the affinity in colour creates a certain coherence in the complex and a connection with the surroundings.

Storage units hanging from the galleries of 4B as scattered brown boxes

The grey-brown concrete end wall of 25kV, with the masonry facade of Rocktown behind it

Cast iron facade panels with figuration on Kraton 230

Fragment of the facade of the McDonald's, opposite Rotterdam's City Hall

McDonald's p.172

In antwoord op de rijk bewerkte materialen van de historische gebouwen aan de Coolsingel is de McDonald's vormgegeven met een eigentijdse versie van deze verfijning. Geanodiseerd, geperforeerd, geïllustreerd met een compositie van verschillende perforatie-groottes, en gezet, sluiten de aluminium gevelpanelen in het aantal bewerkingen aan op de tegenovergelegen natuurstenen gevelbekleding van het Stadhuis en andere monumentale panden aan de boulevard.

In response to the rich ornamentation of the historic buildings on Coolsingel, McDonald's was designed to feature a contemporary version of this refinement. Anodized, perforated, illustrated with a composition of different perforation sizes, and set, the aluminium facade panels match the elegant natural stone cladding of City Hall and other monumental buildings along the promenade.

Snakes and ladders board game, around 1960

Kaaspakhuis p.192
Cheese Warehouse
Het Ganzenbordspel dat werd gevonden in het archief van kaaspakhuis de Producent bevatte stichtelijke teksten, die in de jaren vijftig en zestig werden gebruikt om werknemers op te voeden en de kaasproductie te professionaliseren. Om deze geschiedenis ook na de transformatie zichtbaar te houden, zijn de spreuken in de wanden van het atrium van het Kaaspakhuis gelaserd, in elf oude kaasplanken.

The snakes and ladders board game that was found in the archive of cheese warehouse De Producent featured edifying texts, which were used in the 1950s and 1960s to educate workers and professionalize cheese production. To keep this history visible even after the transformation, the phrases have been lasered into the walls of the atrium of the Cheese Warehouse, in eleven old cheese boards.

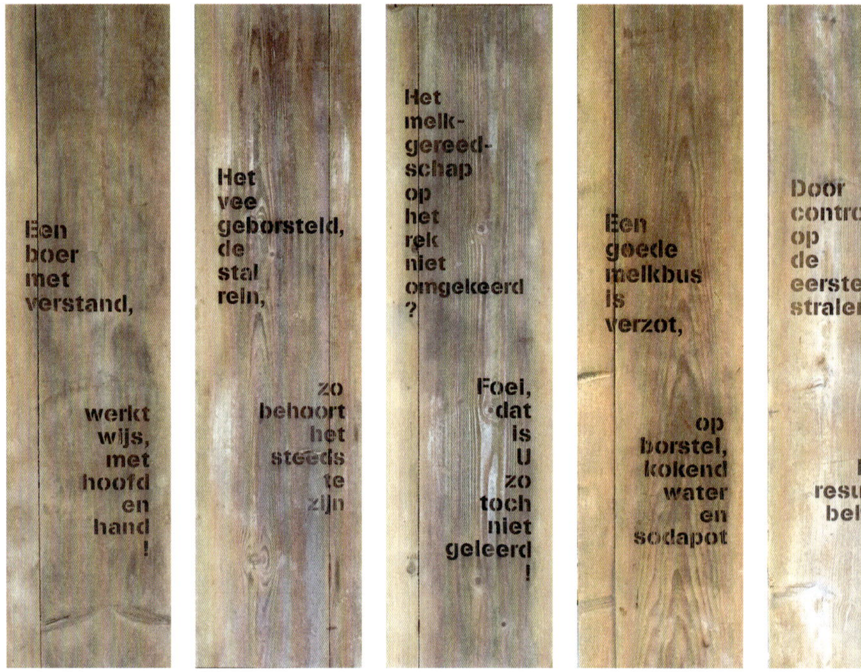

Cheese boards with phrases from the snakes and ladders game

Skylight fitted with polyester sheets

A new ceiling covered the entire skylight

The sky is visible again in the atrium of the Spaardersbad

Spaardersbad p.164

Het dak van het Spaardersbad heeft verschillende veranderingen ondergaan. In de jaren dertig werd het bad met een groot daklicht gebouwd. Deze glazen kap werd in de jaren zestig vervangen door polyester platen. Bij een volgende verbouwing in de jaren negentig is het plafond vernieuwd en de vroegere lichtstraat volledig bedekt. Met het atrium in het Spaardersbad is het contact met de lucht weer teruggebracht en zijn ook de bijzondere stalen spanten zichtbaar gemaakt, die sinds de oplevering waren verstopt.

The roof of the Spaardersbad has undergone several transformations. In the 1930s, the swimming pool was built with a large skylight. This glass canopy was replaced by polyester sheets in the 1960s. A subsequent renovation in the 1990s saw the ceiling renewed and the former skylight completely covered. With the atrium, the residents of the Spaardersbad can see the sky again and the special steel girders, which had been hidden since completion, have also been brought into view.

Fenix I p178

De pakhuisgevel aan de Veerlaan, gebouwd in de jaren twintig van de twintigste eeuw, was gerealiseerd in beton dat vervolgens was gestuukt. Omdat het beton destijds nog niet voldoende kon worden verdicht, was de samenstelling onregelmatig. Om esthetische redenen en voor het behoud van het materiaal werd het daarom afgewerkt. De gevel aan de kade is gebouwd in de jaren vijftig, toen de beschadigingen werden hersteld die waren veroorzaakt door vernielingen tijdens de Tweede Wereldoorlog en door een grote brand een aantal jaren later. Dit beton was van betere kwaliteit en werd in die tijd al in het zicht gehouden. Met de herbestemming van het pakhuis, zijn beide delen naar de oorspronkelijke bouwstijl gerestaureerd: de zuidwestgevel weer gestuukt, de noordoostgevel in bruut beton, alleen gerepareerd op de plekken waar dit nodig was.

The warehouse facade on Veerlaan, built in the 1920s, had been realized in concrete that had been plastered. Because the concrete could not be sufficiently compacted at that time, its composition was irregular. For aesthetic reasons and for the preservation of the material, it was therefore finished in plaster. The quayside facade was built in the 1950s, when damage caused by the destruction during the Second World War and by a major fire several years later was repaired. This concrete was of better quality and was already kept in sight at that time. With the redevelopment of the warehouse, both parts were restored to the original architectural style: the southwest facade plastered again, the north-east facade in raw concrete, repaired only where needed.

Concrete in sight on the Rijnhaven side

Plastered concrete on the Veerlaan side

Translation from collage, to drawing, to facade element

Kaboutergarage p 210
Gnome Parking
Als symbool voor het groene Almere is een reeks iconische beelden vertaald naar een figuratie voor de diepgetrokken aluminium gevelpanelen van de parkeergarage. Tuinkabouters, vogelhuisjes, windmolens en rietstengels verbeelden letterlijk de alledaagsheden van de plek. Maar ook de innovatieve toepassing van een techniek uit de auto-industrie past bij Almere en bij het innovatieve karakter van deze stad.
As a symbol of green Almere, a series of iconic images were translated into a figuration for the car park's deep-drawn aluminium facade panels. Garden gnomes, birdhouses, windmills, and reeds literally depict the everyday things of the location. The innovative application of a technology from the automotive industry also suits Almere and the innovative character of this city.

Jobsveem p.216
Als kenmerkende onderdelen van het rijksmonument zijn de voor- en achtergevels van het Jobsveem precies gerestaureerd. Maar ook de betonnen wachtgevel aan de noordzijde is behouden, als gelijkwaardig deel van de geschiedenis van het gebouw. Door alle losse elementen af te hakken en en de gevel te conserveren met een hydrofoberende laag, is de kopgevel functioneel gemaakt.
As distinctive parts of this listed building, the front and rear facades of the Jobsveem have been precisely restored. But the concrete facade on the north side has also been preserved, as an equal part of the building's history. By cutting off all loose elements and preserving the facade with a hydrophobic coating, the end wall was made functional.

Preserved northern facade with a few newly added windows

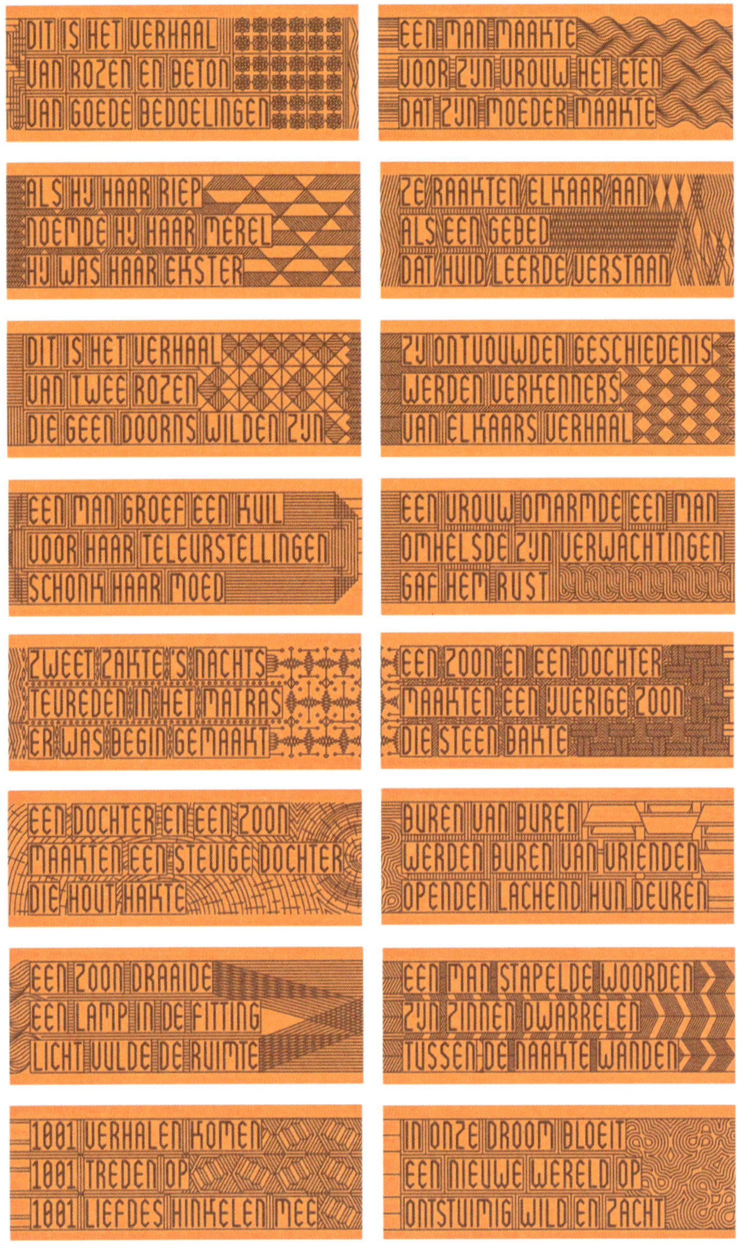

Sixteen poems stamped into tiles

De Verkenner
The Scout

De gevel van De Verkenner vertelt verhalen over de context van het gebouw in de vorm van gedichten. De tekst voor de zestien tegels, geschreven door dichter Tsead Bruinja samen met Milou van Ham, is te lezen als een improvisatie, met variaties zoals in de jazz. De tegelteksten vormen een poëtische reflectie op menselijke vriendschappen en relaties. Het zijn miniverhalen waarin huis-, tuin- en keukengebeurtenissen en echte mensen de hoofdrol spelen. Ze gaan over samenleven in een huis, een gebouw, een wijk of een stad; toen, nu en later. In 13.000 tegels zijn ze over het gebouw verspreid, te lezen als losse teksten of in relatie tot elkaar.

The facade of The Scout tells stories about the context of the building in the form of poems. The text for the sixteen tiles, written by poet Tsead Bruinja together with Milou van Ham, can be read as an improvisation, with jazz-like variations. The tile texts are a poetic reflection on human friendships and relationships. They are mini-stories in which domestic scenes and real people take centre stage. They are about living together in a house, a building, a neighbourhood, or a city; then, now and in the future. They are distributed across the building in 13,000 tiles, to be read as individual texts or in relation to each other.

Valuation of the facade and instruction for repair

Zijdefabriek p.136

Silk Factory

Restauratie begint met een precieze inventarisatie van de bestaande constructie en een systematische waardering van alle elementen. Vervolgens kan worden besloten hoe met de verschillende lagen wordt omgegaan, wat er gerepareerd wordt en hoe. Uit de dikke muren van de oude zijdefabriek zijn veel verhalen afleesbaar. Deze worden met een coherente restauratievisie zo zorgvuldig mogelijk behouden in de nieuwe bestemming van het pand.

Restoration always starts with a precise inventory of the existing construction and a systematic valuation of all elements. It can then be decided what to do with the different layers, what will be repaired and how. Many stories can be read from the thick walls of the old silk factory. With a coherent restoration vision, these will be preserved as carefully as possible in the property's new use.

Technique

Encounter

Encouraging contact and shared use

By designing collective spaces, we aim to stage encounters and encourage shared use. Visual connections and a clustering of walking routes increase the likelihood of chance encounters. Residents can appropriate transitional zones, smoothing the boundary between circulation and residential space. A designated place, such as a garden or workshop, provides an incentive for joint activities. But a sufficient amount of undesignated space can also invite use.

As a high-up residential street, the gallery forms the basis for many of our designs. Broadened parts or small balconies, as in Fenix I p.178 and SAWA p.124, provide space for residents to furnish themselves. The storage units in Schiecentrale 4B p.226 make efficient use of the circulation space and break up the length of the gallery. Shielded by a glass facade, the gallery area in the 25kV building p.254 plays a role in the building's climate control. Glass pantries and toilets turn the circulation area into a lively space. The competition design Ravages of Time p.270 explores the limits of this form of opening up, by making the space accessible to cars and locating collective spaces on the other side of the 'upper street'.

The atrium is an important space for the transformation of former industrial buildings—often deep, dark spaces, with largely closed facades. As a concentrated intervention, atria bring light, air, and collective space to the Jobsveem p.216, the Factory Delfshaven p.202 and the Cheese Warehouse p.192, among others, and organize access to living and working quarters.

We also look for connection in the relationship between residential space and the street, in line with the scale and dynamics of the adjacent public space. Quayside houses are located on the quiet side of the building in both Schiecentrale 4B and Fenix I. The low-traffic residential streets in the Cable District p.152 are dimensioned in such a way that sheltered spaces can be created in the densely built-up urban district.

Met het ontwerp van collectieve ruimtes proberen we ontmoeting te ensceneren en gedeeld gebruik te stimuleren. Zichtrelaties en een clustering van looproutes vergroten de kans op toevallige ontmoeting. Bewoners kunnen zich overgangszones toe-eigenen, waardoor de grens tussen verkeers- en woonruimte wordt verzacht. Een ingerichte plek, zoals een tuin of workshop, vormt een aanleiding voor gezamenlijke activiteiten. Maar ook voldoende onbestemde ruimte kan uitnodigen tot gebruik.

Als straat op hoogte vormt de galerij de basis voor veel van onze ontwerpen. Verbredingen of kleine balkons, zoals in Fenix I p.178 en SAWA p.124, bieden ruimte voor inrichting door bewoners. De bergingen in de Schiecentrale 4B p.226 maken efficiënt gebruik van de verkeersruimte en breken de lengte van de galerij. Afgeschermd door een glazen gevel speelt de galerijzone in het 25kV gebouw p.254 een rol in de klimaatbeheersing van het gebouw. Glazen pantry's en toiletten maken de verkeerszone tot een levendige verblijfsruimte. Het prijsvraagontwerp Tand des Tijds p.270 verkent de grenzen van deze ontsluitingsvorm, door de ruimte toegankelijk te maken voor auto's en collectieve ruimtes aan de overkant van de 'bovenstraat' te situeren.

Voor de transformatie van voormalig industriële gebouwen – vaak diepe, donkere ruimtes, met grotendeels gesloten gevels – vormt het atrium een belangrijke ruimte. Als geconcentreerde ingreep brengen atria licht, lucht en collectieve ruimte in onder andere het Jobsveem p.216, de Fabriek Delfshaven p.202 en het Kaaspakhuis p.192, en organiseren de toegang tot de woon- en werkruimtes.

Ook in de relatie tussen woonruimte en de straat zoeken we naar verbinding, passend bij de schaal en dynamiek van de publieke ruimte. Kadewoningen zijn zowel in de Schiecentrale 4B als Fenix I aan de rustige zijde van het gebouw gesitueerd. De autoluwe woonstraatjes in het Kabeldistrict p.152 zijn zo gedimensioneerd dat beschutte ruimtes kunnen ontstaan in het dichtbebouwde stadsdistrict.

Appropriation of the quay by residents of the quayside houses

Schiecentrale 4B p.226
Vanuit gedeelde trappenhuizen worden zowel de woningen als kantoren in het complex ontsloten. Hier komen de bewoners en mensen die in het gebouw werken elkaar tegen. Galerijen geven vervolgens toegang tot de woon- en werkruimtes – en de bergingen van de hoge schijf. Aan de kade liggen grondgebonden woningen, die hier de grote ruimte een menselijke maat geven en een beetje huiselijkheid.
Shared stairwells provide access to both the flats and offices in the complex. This is where residents and people who work in the building meet. Galleries then give access to the living and work spaces, as well as storage units of the high section. Along the quay are ground-level dwellings, which give the large space a human scale and a bit of a homely feel here.

Activity on the gallery of the high section

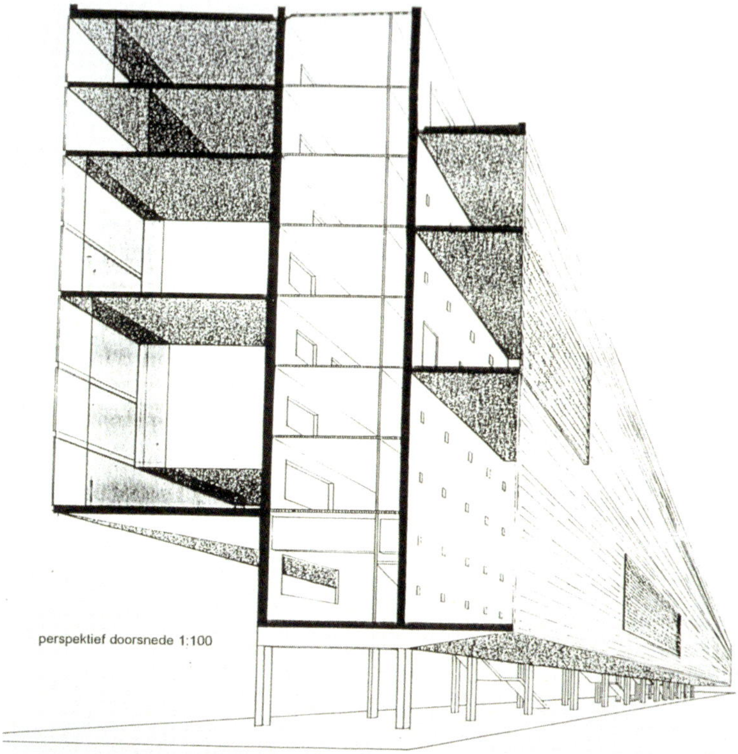

Perspective cross-section of the building with housing to the left of the inner streets and the zone with collective functions to the right

Tand des Tijds p 270

Ravages of Time

Zowel de woningen als het collectieve programma in de voorgestelde hoogbouw zijn ontsloten vanuit de ruime binnenstraten, waar ook de bergingen en parkeerplaatsen in opgenomen zijn. Bewegingen in het gebouw zijn zoveel mogelijk geclusterd om bewoners elkaar tijdens hun dagelijkse routines te laten ontmoeten.

Both the dwellings and the collective programme in the proposed high-rise are accessed from the spacious inner streets, which also contain the storage and parking spaces. Movements in the building are clustered as much as possible to allow residents to meet each other during their daily routines.

Spaardersbad

Het bassin van het voormalige zwembad is getransformeerd tot binnentuin van een woongebouw. Woningpuien staan op de rand van het zwembad; houten vlonders creëren toegang tot de woningen en kunnen deels als terras worden ingericht. De twaalf meter breedte en vijfentwintig meter lengte van het bad hebben de afstand tussen de woningen bepaald. De kleine gemeenschap van het Spaardersbad kent elkaar goed, maar heeft ook de ruimte om zich even af te zonderen.

The swimming pool has been transformed into a courtyard garden of a residential building. The glass facades of the loft homes are located on the edge of the pool; wooden decks create access to the homes and can be partly arranged as a terrace. The 12-metre width and 25-metre length of the pool determined the distance between the homes. The small community of the Spaardersbad is close-knit, but the residents also have sufficient space for privacy.

View from a balcony, in the longitudinal direction of the atrium

Jobsveem p 216

Drie grote atria brengen daglicht, lucht en uitzicht in het gesloten pakhuis. Alle woningen in het pand worden van hieruit ontsloten. De woningen direct aan de atria kijken door grote glazen puien over de ruimte uit. Met zicht op de entree en trappenhuizen zien zij de dagelijkse gang van de bewoners van het Jobsveem en creëren een sfeer van bewoning in de entreezones van het gebouw.

Three large atria add daylight, air and views to the closed warehouse. All dwellings in the building are accessed from here. The apartments directly adjacent to the atria overlook the space through large glazed facades. Overlooking the entrance and stairwells, they see the daily comings and goings of the Jobsveem residents and create an atmosphere of habitation in the entrance areas of the building.

Model of the atrium, with lift and stairs

View from the house entrance onto the atrium and adjacent properties

Collages of the facade zone, as part of the competition entry

25kV p.254

In de 2,5 meter brede gevelzone van het werkgebouw zijn de toiletten en pantry's verbonden aan de verkeersruimte, waardoor gebruikers van het gebouw elkaar in het voorbijgaan tegenkomen of samen even pauze kunnen houden.

In the 2.5-metre-wide facade zone of the office building, toilets and pantries are connected to the circulation area, allowing occupants and visitors to meet each other in passing or take a break together.

Realized facade zone

MENU p.116
De vroegere medicijnopslag van de Onderlinge Pharmaceutische Groothandel wordt een hub binnen de nieuwe Utrechtse stadswijk Merwede, met woningen op het dak en een publiek toegankelijke begane grond. Tussen de kenmerkende kolommen van het gebouw komen een markt, cafés en restaurants, en diverse werkruimtes. De dichte straatgevels worden geopend, waardoor er daglicht het donkere gebouw binnenkomt.
The former medicine warehouse of the Onderlinge Pharmaceutische Groothandel will become a hub within the new Utrecht city district Merwede, with housing on the roof and a publicly accessible ground floor. Between the building's distinctive columns will be a market, cafes and restaurants, and various workspaces. The closed street facades will be opened, allowing daylight into the dark building.

Collage of the market, on the ground floor of MENU

Impression of a small cross street

Kabeldistrict p.162
Cable District
Met een netwerk van autoluwe straatjes en pleintjes geeft het stedenbouwkundig plan voor het Kabeldistrict de straat verblijfskwaliteit. Van hofjes met grondgebonden woningen tot pleinen met winkels en werkplaatsen kunnen in deze publieke ruimte verschillende sferen ontstaan, van buurtgevoel tot stedelijkheid.
With a network of low-traffic streets and squares, the urban plan for the Cable District gives the street an attractive ambience. From courtyards with ground-level housing to squares with shops and workshops, different vibes can emerge in this public space, from a neighbourhood feel to urbanity.

Fabriek Delfshaven p.202
Factory Delfshaven

Het nieuwe atrium, dat ter plaatste van het oorspronkelijke lichthof van de fabriek is gemaakt, vormt het hart van het werkgebouw. Tussen de trappen en rondgang zijn gedeelde plekken gemaakt, die gebruikers hebben ingericht als eet-, zit- of schommelhoek. Door deze ruimtes te laten verspringen, ontstaan er zichtlijnen, waardoor ook gebruikers van verschillende verdiepingen met elkaar in contact komen.

The new atrium, created on the site of the factory's original light court, forms the heart of the office building. Shared areas have been created between the stairs and circular walkway, which users have set up as corners to eat, sit, or even swing. By staggering these spaces, lines of sight have been created, allowing users from different floors to interact as well.

Use of the central atrium

Max & Moore p.142

De kantoorruimtes van Max & Moore hebben een sterke relatie met buiten. Wintertuinen en terrassen zijn vanuit elke werkverdieping toegankelijk. In het gebouw vormen vides de ontmoetingsplekken, waar verschillende verdiepingen met elkaar verbonden worden. De dubbelhoge glazen gevels van deze ruimtes zijn begroeid met klimplanten, die het direct invallende zonlicht filteren.

Max & Moore's office spaces have a strong relationship with the outside. Winter gardens and terraces are accessible from each of the office floors. In the building, double height spaces form the meeting places, connecting different floors. Climbing plants grow along the glass facades of these spaces, filtering the directly incident sunlight.

Impression of one of the roof terraces

Fenix I p.178

De route vanaf de straat tot aan de woning geeft geleidelijk vorm aan de overgang van de stad naar de woonomgeving, van reuring naar rust. Vanaf de kade of de straat kom je via de Fenix-passage bij de liften en trappenhuizen. Deze publieke doorgang verbindt de kade met de achterliggende buurt en geeft een inkijkje in de naastgelegen oefenruimte van de Codarts circusopleiding. Eenmaal boven betreed je een andere ruimte: de binnenzijde van het gesloten bouwblok. Rondom een lange daktuin liggen de woningen aan galerijen, die met plantenbakken en kleine balkons ook een verblijfsplek kunnen zijn.

The route from the street to the apartment gradually guides the transition from the city to the living environment, from bustle to tranquillity. From the quay or the street, you reach the lifts and stairwells via the Fenix passage. This public passage connects the quay to the neighbourhood behind and gives a glimpse into Codarts Circus Arts School's training room next door. Once upstairs, you enter a different area: the inside of the closed building block. Surrounding a long roof garden, the dwellings are located along galleries, which are also nice places to relax, with their planters and small balconies.

1: The Fenix passage with a view of the training room
2: A get-together with a hundred residents in the Fenix passageway
3: The transition zone from the roof garden to the homes
4: The court as a theatre with galleries as stands, at the opening of Fenix I

View from the gallery on the atrium

Kaaspakhuis p.192
Cheese Warehouse

Het Kaaspakhuis bestond uit twee gebouwen, van elkaar gescheiden door een ventilatiesteeg waarmee de luchtkwaliteit ten behoeve van het rijpen van de kazen werd geregeld. Een atrium op de plaats van deze doorgang geeft nu toegang tot de 52 woningen die in het monumentale pakhuis zijn gemaakt. De ruimte is vormgegeven met een aantal karakteristieke elementen uit het oorspronkelijke gebouw, die een geschiedenis verbeelden die de bewoners zich eigen kunnen maken en die uitnodigen tot – gezamenlijke – betrokkenheid bij het gebouw.

The Cheese Warehouse consisted of two buildings, separated by a ventilation alley that controlled the air quality for ripening the cheeses. An atrium at the site of this alley now gives access to the 52 loft apartments created in the warehouse, a listed building. The space is designed with a number of characteristic elements from the original building, representing a history that residents can make their own and inviting them to—collectively—engage with the building.

Impression of an apartment on the communal deck

SAWA p.124

Het dak van de parkeergarage, op de begane grond van SAWA, wordt een leefdek waar bewoners samen gebruik van kunnen maken. In samenwerking met de naastgelegen Tuin op de Pier is een plan ontwikkeld om hier een moestuin te maken. Met een uitnodigende trap zijn beide tuinen met elkaar verbonden.

The roof of the car park, on the ground floor of SAWA, will become a communal deck for the residents. In collaboration with the adjacent 'Tuin op de Pier' (Garden on the Pier), a plan has been developed to set up a vegetable garden here. An inviting staircase connects the two gardens.

Impression of the inner area of CAWA, in the foreground the stairs seen from the street, in the direction of the Garden on the Pier

Engineering

Collaborating on novel building systems and products

We are interested in the construction process and make engineering a crucial part of the design. In cooperation with manufacturers, structural engineers and technical advisers, we make challenging constructions possible and innovative material applications feasible.

We often develop prominent elements together with building material manufacturers or other manufacturing companies. Small changes in standard production methods make it possible to realize special components within available budgets. For the screens of the gallery facade of Schiecentrale 4B p.226, the manufacturer combined steel and plastic for the first time—materials the company normally uses separately. A manufacturer of car parts made the deep-drawn panels of the Gnome Parking p.210. The tile in the facade of The Scout is a flat fired ridge tile, printed by means of a stamp roller.

In addition to project-specific solutions, we develop building systems, such as the Smarthouse p.242. In this project, the construction knot is key to the flexibility of the modular, precast steel skeleton. Over several generations, its design has evolved and been optimized. We are also working on prototypical solutions for SAWA's p.124 timber construction system. As a construction method that is rapidly advancing at the moment, timber construction has many challenges that have not yet been solved, or for which innovative design principles have not yet been certified. The application of dry ballast on the floors in a wooden building of this height is new. With an equivalence test, we are working towards certification, which can make this solution widely applicable.

We zijn geïnteresseerd in het maakproces en maken techniek een cruciaal onderdeel van het ontwerp. In samenwerking met producenten, constructeurs en technisch adviseurs maken we uitdagende constructies mogelijk en vernieuwende materiaaltoepassingen haalbaar.

Beeldbepalende elementen ontwikkelen we vaak samen met bouwmaterialenproducenten of andere maakbedrijven. Door kleine veranderingen in standaard productiemethodes is het mogelijk om bijzondere componenten te realiseren, binnen de beschikbare budgetten. Voor de doeken van de galerijgevel van de Schiecentrale 4B p.226 heeft de producent voor het eerst staal en kunststof gecombineerd – materialen die het bedrijf normaal gesproken apart toepast. De diepgetrokken panelen van de Kaboutergarage p.210 zijn gemaakt door een producent van auto-onderdelen. De tegel in de gevel van De Verkenner is een plat gebakken nokvorst, bedrukt door middel van een stempelrol.

Naast project-specifieke oplossingen ontwikkelen we bouwsystemen, zoals het Smarthouse p.242. De bouwknoop vormt in dit project de sleutel tot de flexibiliteit van het modulaire, prefab staalskelet. In meerdere generaties is het ontwerp hiervan geëvolueerd en geoptimaliseerd. Ook voor het houten bouwsysteem van SAWA p.124 werken we aan prototypische oplossingen. Als bouwwijze die op dit moment een snelle ontwikkeling doormaakt, kent houtbouw veel uitdagingen die nog niet zijn opgelost, of waarvoor innovatieve ontwerpprincipes nog niet zijn gecertificeerd. De toepassing van droge ballast op de vloeren bij een houten gebouw van deze hoogte is nieuw. Met een toetsing op gelijkwaardigheid werken we aan certificering, die deze oplossing op grote schaal toepasbaar kan maken.

Fragment elaborated in perforations of different sizes

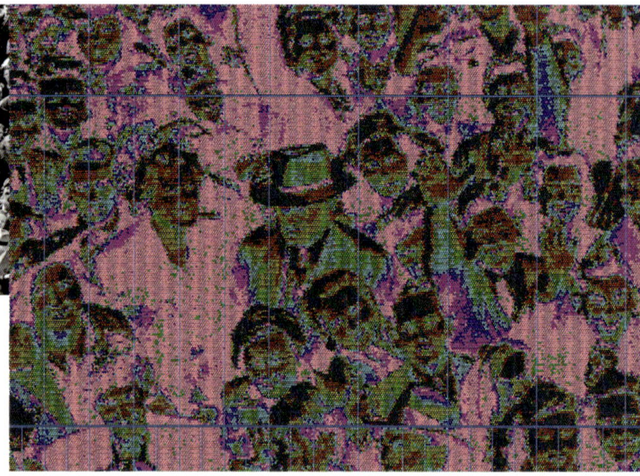

Original image

McDonald's p.172
In de gevelpanelen van de McDonald's is een tekening van een uitgelaten menigte geponst. Bij bezoek aan de fabriek van de gevelproducent bleek dat het ronde ponsgereedschap tegen beperkte kosten kon worden vervangen, zonder het verdere bewerkingsproces te hoeven veranderen. Hierdoor werd het mogelijk een patroon van hartjes te maken. De foto is vertaald naar pixels en vervolgens naar hartjes van de verschillende groottes, die zijn geperforeerd uit goudkleurige, geanodiseerde aluminium panelen.

A drawing of an elated crowd was punched into the McDonald's facade panels. When visiting the facade manufacturer's factory, it turned out that the round punching tool could be replaced at limited cost, without having to change the further machining process. This made it possible to create a pattern of hearts. The picture was translated into pixels and then into hearts of different sizes, which were perforated from gold-coloured, anodized aluminium panels.

Perforation drawing zoomed in on a few faces

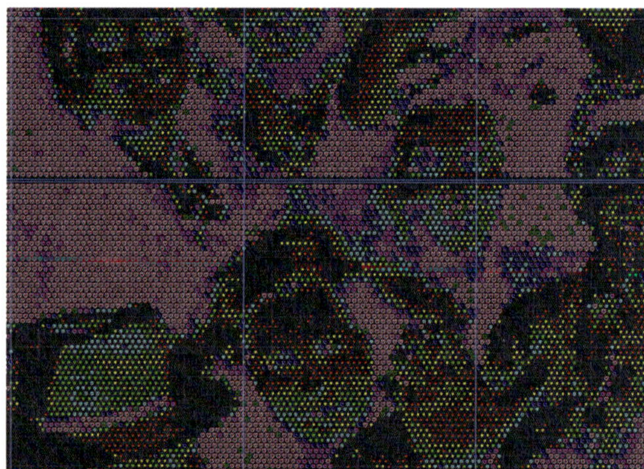

Punching process in the factory

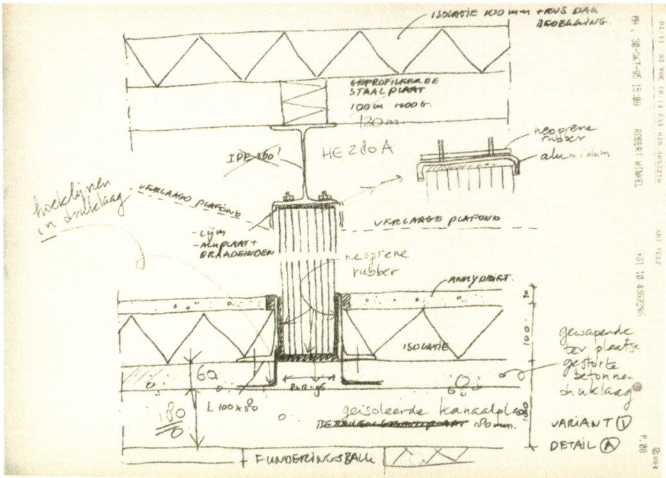

Sketch of the detailing of the glass main load-bearing structure

Glazen Huis p.268

Glass House

Tussen vloer en plafond is de constructie van de woning geheel van glas. De hoofddraagconstructie van het huis bestaat uit gelamineerde glazen schijven met een dikte van 96 millimeter, die het dak dragen en zorgen voor stabiliteit. De bewegende glasdelen zijn zodanig gedetailleerd dat de geleidingssystemen niet in zicht komen. Verticale profielen ontbreken volledig.

Between floor and ceiling, the structure of the house is made entirely of glass. The main load-bearing structure of the house consists of 96-millimetre-thick laminated glass panes, which support the roof and provide stability. The moving glass parts are detailed in such a way that the guide systems are not in sight. Vertical profiles are completely absent.

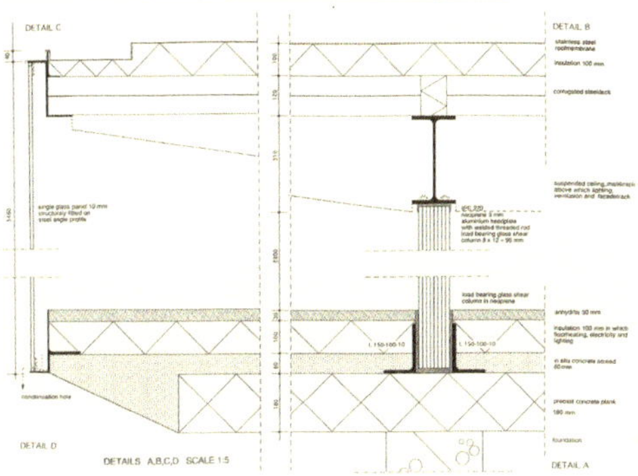

Detailing of main load-bearing structure and glass outer facade

Gedoogwonen p.240

Condone Home

De constructie van een van de mogelijke uitwerkingen van het Gedoogwonen bestaat uit een staalskelet en betonnen kanaalplaatvloeren, waarmee kolomvrije vloervelden met een diepte van vijftien meter kunnen worden gerealiseerd. Alle leidingen en circulatieruimte zijn in een metalen frame aan een van de langsgevels geplaatst. Bruikbaarheid, flexibiliteit, bouwkosten en -snelheid zijn meegewogen in de keuze voor de maatvoering en bouwmethode.

The structure of one of the possible versions of the Condone Home consists of a steel skeleton and concrete hollow-core beam floors, allowing column-free floor fields with a depth of 15 metres. All pipes and circulation space are installed in a metal frame on one of the longitudinal walls. Usability, flexibility, construction cost and speed were considered in the choice of dimensions and construction method.

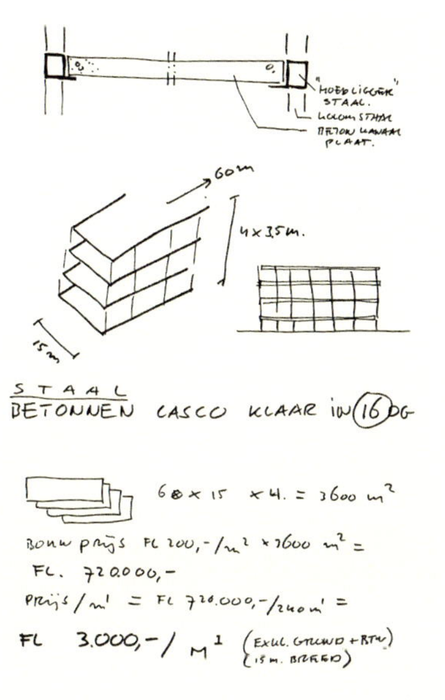

Breakdown of the construction costs per linear metre and indication of the construction time of the shell building

Engineering

Fenix I p178

Constructief losgehouden van het bestaande pakhuis, ondersteunt een stalen tafel de nieuwe bovenbouw. De constructeur heeft voor de constructie de optimale staalprofielen gekozen. Samen met Mei is het ontwerp voor de knooppunten verfijnd, zodat deze goed zijn ingepast in de ruimtes van het gebouw.

Constructively detached from the existing warehouse, a steel table supports the new superstructure. The structural engineer selected the optimum steel profiles for the structure. Together with Mei, the design of the nodes has been refined so that they fit well into the spaces of the building.

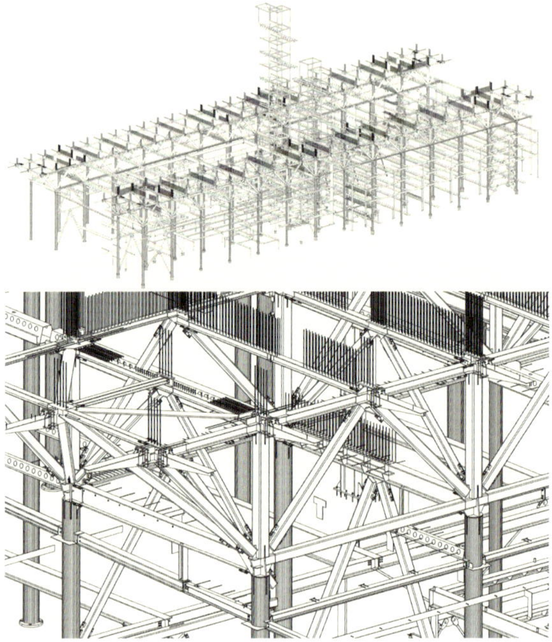

Drawings of the steel structure

Realized steel node

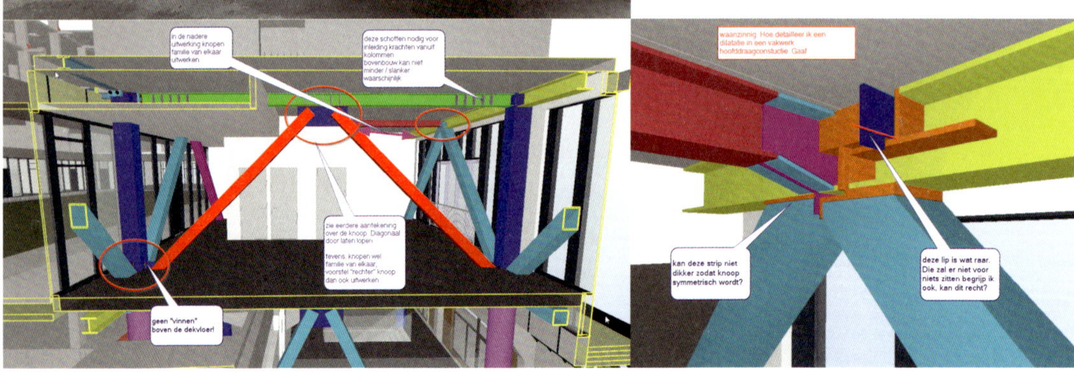

BIM model of the construction and other building parts, with notes by Mei regarding the design of the node

Kabeldistrict

p.152

Cable District

Het behoud van de bestaande gevels en vakwerkliggers van de fabriekshal in het masterplan voor het fabrieksterrein leidt tot vragen op het gebied van materiaal- en restauratietechniek in een stedenbouwkundig plan. Als ontwerper van het masterplan combineert Mei deze verschillende schalen en vormen van expertise.

Preserving the existing facades and lattice girders of the factory hall in the masterplan for the factory site leads to questions of material and restoration engineering in an urban development plan. As designer of the masterplan, Mei combines these different scales and forms of expertise.

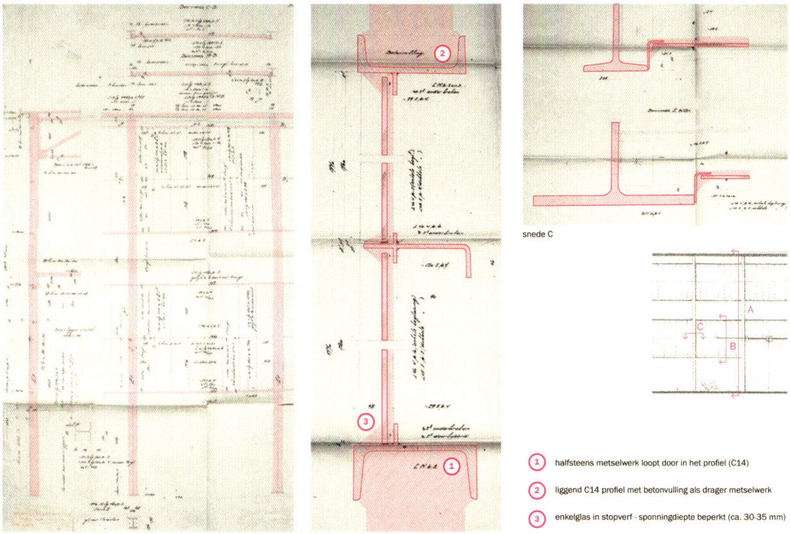

Annotation of the original building plans as an analysis of the existing structure

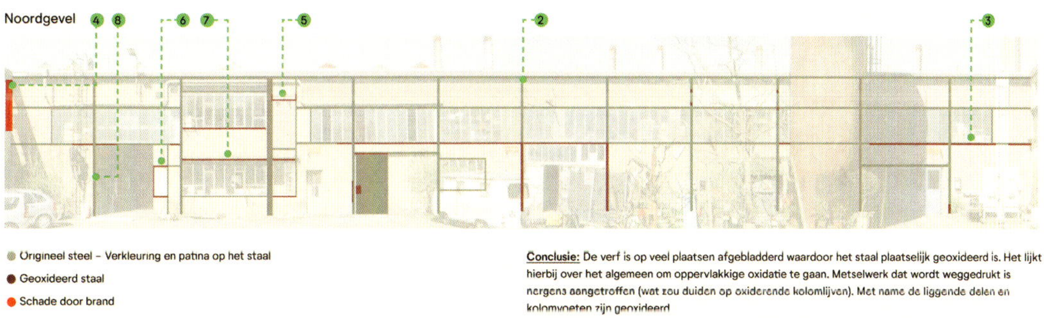

Conclusie: De verf is op veel plaatsen afgebladderd waardoor het staal plaatselijk geoxideerd is. Het lijkt hierbij over het algemeen om oppervlakkige oxidatie te gaan. Metselwerk dat wordt weggedrukt is nergens aangetroffen (wat zou duiden op oxiderende kolomlijven). Met name de liggende delen en kolomvoeten zijn geoxideerd

Advies: Verkleurde en afpellende verflagen onderhouden. Ook licht en sterk verroest staal onderhouden. Daar waar staal door oxidatie substantieel is aangetast/verdwenen door oxidatie de situatie laten beoordelen door een restauratieconstructeur en zo nodig plaatselijk vervangen of aanhelen. Tot slot dient er een kleur te worden bepaald nadat het kleuronderzoek is afgerond zodat het staal waar gewenst in één gelijke kleur geschilderd kan worden voor een eenduidige uitstraling.

1 Original steel | 2 Verkleuring en veel patina op het staal | 3 Geoxideerd staal | 4 Schade door brand | 5 ongeschilderd staal | 6 Geoxideerd staal t.p.v. nieuwe opening | 7 Sterk geoxideerde zonwering | 8 Geoxideerd staal door t.p.v. verwijderd metselwerk (doorgang)

Disclaimer: Alle waarnemingen zijn inschattingen op basis van visuele inspecties

Inventory of the condition of the construction on site

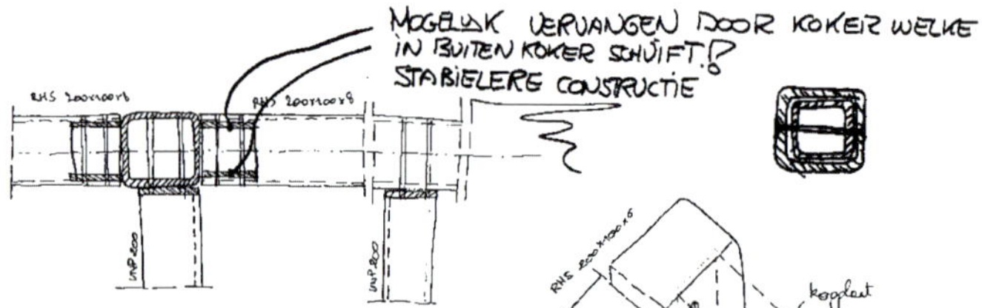

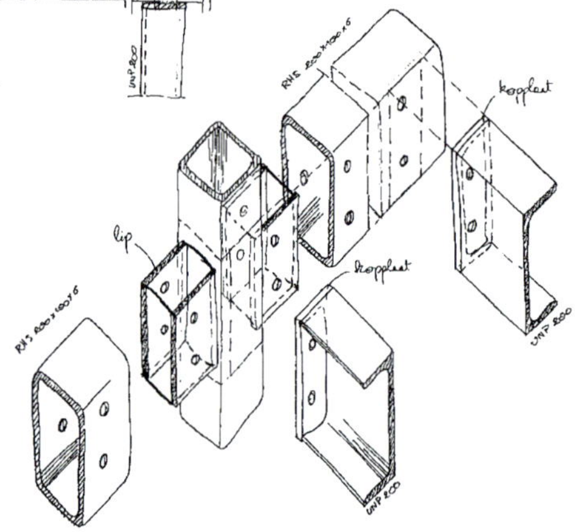

Smarthouse p.242

Het systeem van het Smarthouse heeft een grote mate van flexibiliteit, door variatie in de benodigde constructieve sterkte op te lossen in de wanddikte van de stalen kokerprofielen. Het is mogelijk verschillende hoogtes en overspanningen te realiseren, terwijl de buitenmaten van de profielen altijd gelijk blijven – 100 bij 100 millimeter voor kolommen, 100 bij 200 voor liggers – evenals de aansluiting tussen liggers en kolommen. Deze bouwknoop is gedurende het proces steeds verder geoptimaliseerd, vanuit het oogpunt van kosten en maakbaarheid. In drie generaties knopen is in samenwerking met het staalconstructiebedrijf een knoop ontworpen die eenvoudig te produceren en te monteren is.

The Smarthouse system has a high degree of flexibility by solving variation in the structural strength required in the wall thickness of the steel box sections. It is possible to realize different heights and spans, while the outer dimensions of the profiles always remain the same—100 by 100 millimetres for columns, 100 by 200 for beams—as does the connection between beams and columns. This construction knot was continuously optimized throughout the process, in view of costs and manufacturability. In three generations of knots, a knot that is easy to produce and assemble was designed in collaboration with the steel construction company.

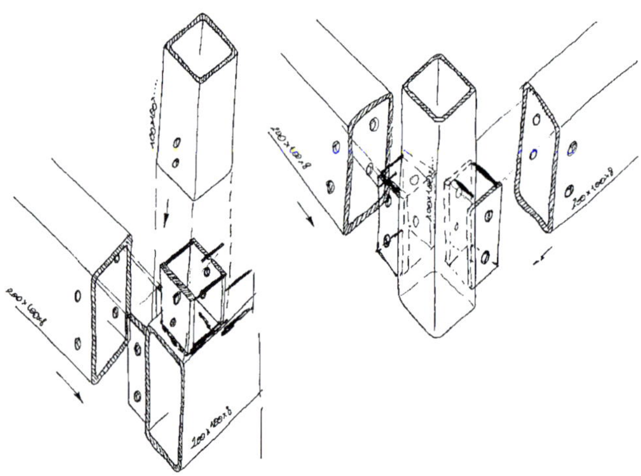

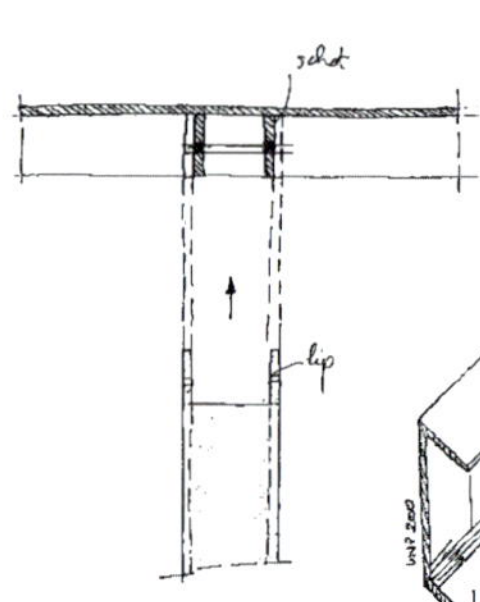

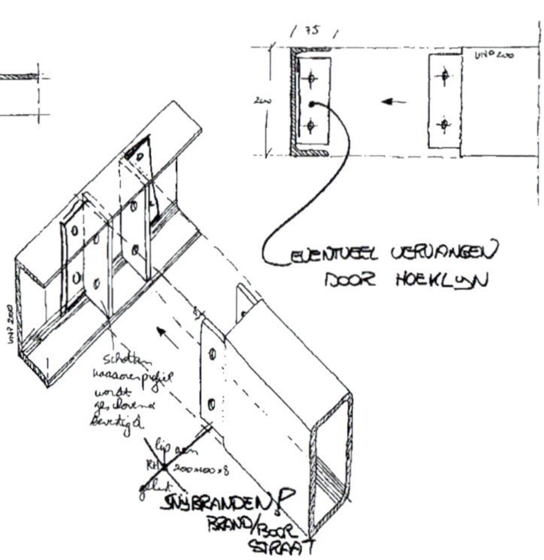

Construction drawings of the building knot development, with comments from the steel construction company

Kaaspakhuis

p.192

Cheese Warehouse

Om het gewicht van alle opgeslagen kazen te kunnen dragen, heeft het kaaspakhuis naast de hoofddraagconstructie ook een apart gefundeerde constructie voor de kaasrekken. Terwijl de kaasrekken verdwenen, is bij de transformatie van de opslagruimtes naar woningen een nieuwe belasting toegevoegd. Betonnen dekvloeren op de houten vloeren waren nodig om voldoende geluidsisolatie en brandwerendheid tussen de woningen te realiseren. Omdat de woningen te zwaar zijn voor alleen de fundering van de hoofddraagconstructie, is ook de kaasplankfundering gebruikt om de nieuwe krachten af te dragen. Met een overdrachtsconstructie in de kelder – betonnen schijven van 1m60 bij 2m30, met een dikte van vierhonderd millimeter – zijn de krachten verdeeld over alle betonpoeren en heipalen. De stalen kolommen van de hoofddraagconstructie, die onvoldoende stijfheid hadden voor het opvangen van de extra belasting van de dekvloeren, zijn lokaal versterkt met strips en hamerstukken, waardoor ook delen van de oorspronkelijke staalprofielen zichtbaar zijn gebleven.

To support the weight of all the stored cheeses, the cheese warehouse has a separate support structure for the cheese shelving units in addition to the main load-bearing structure. While the cheese shelving units disappeared, the transformation of the warehouses into housing added a new load. Concrete screeds on top of the wooden floors were necessary to achieve sufficient sound insulation and fire resistance between the dwellings. Since the loft homes are too heavy for the main load-bearing structure foundation alone, the cheese shelving foundation was also used to support the new loads. With a transfer structure in the basement—concrete slabs measuring 1m60 by 2m30, with a thickness of 400 millimetres—the forces were distributed to all concrete footings and piles. The steel columns of the main load-bearing structure, which lacked sufficient rigidity to cope with the additional load of the screeds, were locally reinforced with strips and hammer heads, which also left parts of the original steel profiles in sight.

Storage space with cheese shelving units
1. column of the cheese shelving units
2. column of the main support structure

Basement construction and foundation
1. foundation of the cheese shelving units
2. foundation of the main support structure

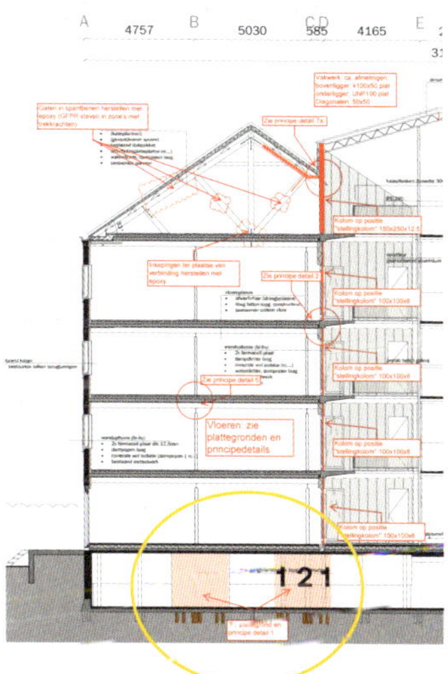

Construction drawing of the transfer structure from the main load-bearing structure to the foundation of the cheese shelving units, in the basement of the warehouse

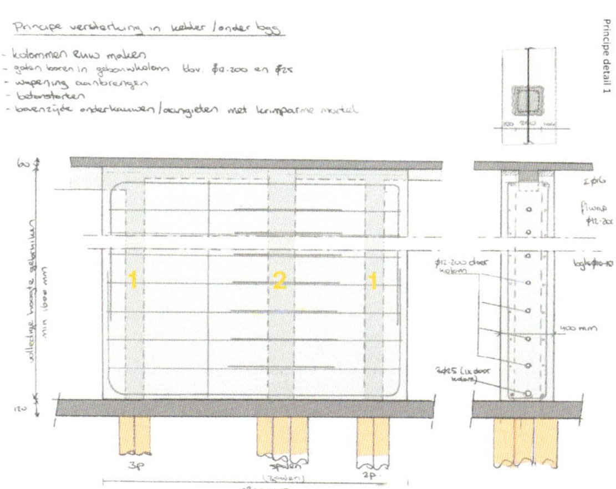

Construction drawing showing the local reinforcement of the column of the main load-bearing structure (UNP160 sections, back-to-back) with strips and hammerheads

Schiecentrale 4B p.226
De galerijen van de hoge schijf zijn afgeschermd met RVS metaalgaas, ontwikkeld in samenwerking met een productiebedrijf dat gespecialiseerd in het weven van metaal en kunststof. Het doek van RVS draden (met een dikte van acht tiende millimeter) wordt incidenteel onderbroken door smalle stroken van geweven doorzichtig kunststofdraad, die zichtbaar worden als weeffouten in het gevelvlak.

The galleries of the high section are screened with stainless steel metal mesh, developed in collaboration with a manufacturing company specializing in metal and plastic weaving. The fabric of stainless-steel wires (with a thickness of eight-tenths of a millimetre) is occasionally interspersed with narrow strips of woven transparent plastic wire, which become visible as weaving flaws in the facade surface.

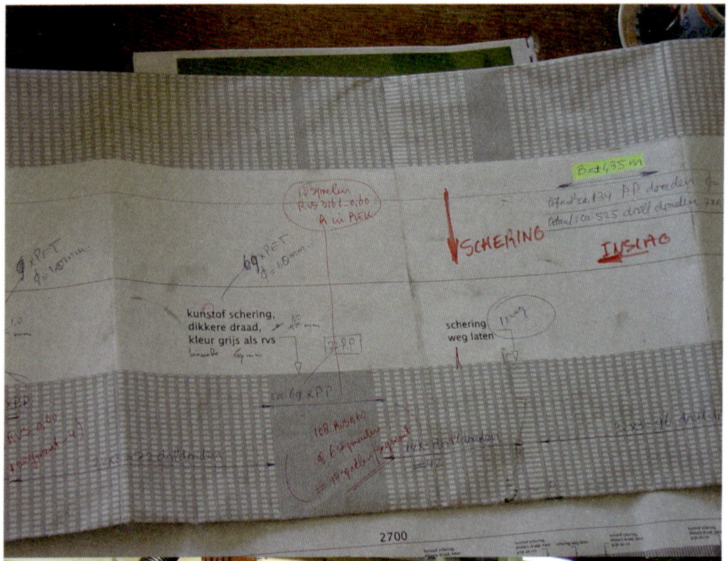

Annotated design drawing, showing the weave pattern down to the tenth millimetre

Weaving process in the manufacturer's factory

Facade screen fabric with a pattern of plastic strips and missing warps

Max & Moore p.142

In de gevel van Max & Moore zijn panelen met PV cellen haast onzichtbaar geïntegreerd, in beide gebouwen in een andere vorm. In Moore sluiten de panelen zo goed aan bij het beton, dat het onderscheid nauwelijks zichtbaar is. In Max vormen de panelen een volledig vlak, ingekaderd door staalprofielen en aluminium kokers. Aan de noordzijde van het gebouw zijn dummypanelen gebruikt, van gekleurd glas zonder PV cellen.

In the facade of Max & Moore, panels with PV cells are integrated almost invisibly, in a different way in each building. In Moore, the panels match the concrete so well that the distinction is hardly visible. In Max, the panels form a complete surface, framed by steel profiles and aluminium sleeves. Dummy panels made of coloured glass without PV cells were used on the north side of the building.

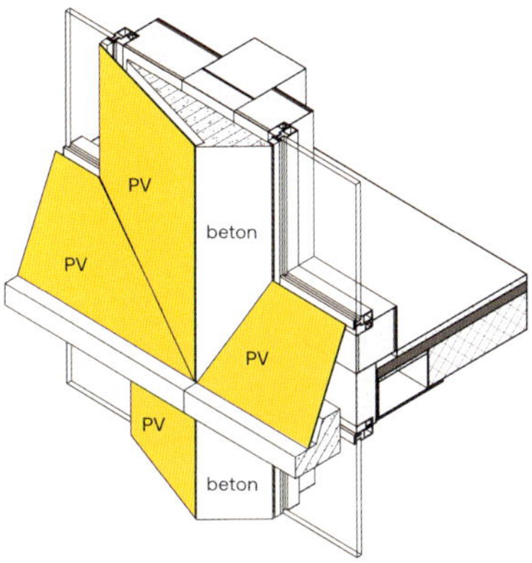

Drawing of a facade fragment of Moore

Realized facade Moore

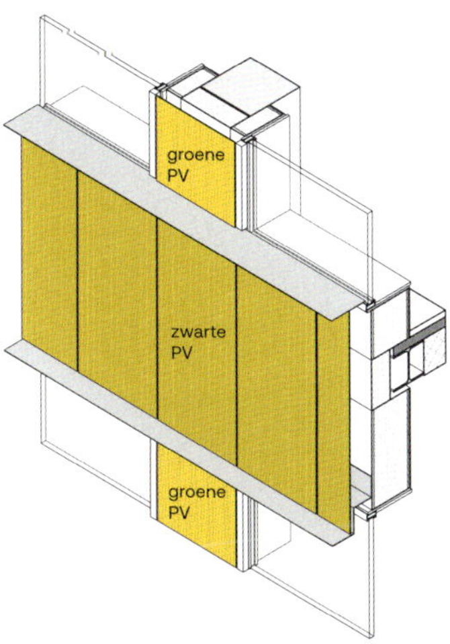

Drawing of a facade fragment of Max

Realized facade Max

Technique
Engineering

SAWA p.124

Voor hoogbouw in Cross Laminated Timber wordt tot nu toe de benodigde ballast op de vloeren met gestort beton gerealiseerd. Voor SAWA is een principe ontwikkeld voor de toepassing van droge ballast, waarmee de constructie losmaakbaar blijft en dus herbruikbaar. Met deze droge ballast wordt een dekvloer op de CLT vloer gemaakt, waarin alle leidingen zijn opgenomen. Deze toepassing wordt getest op gelijkwaardigheid, onder andere met betrekking tot de bescherming van de sprinkler leidingen, voor het verkrijgen van certificering.

For high-rise buildings in Cross Laminated Timber, the required ballast on the floors has so far been realized with poured concrete. A principle was developed for SAWA for the application of dry ballast, which keeps the structure detachable and thus reusable. This dry ballast is used to create a screed on the CLT floor, incorporating all pipes. In order to obtain certification, this application is tested for equivalence, among other things with regard to the protection of the sprinkler pipes.

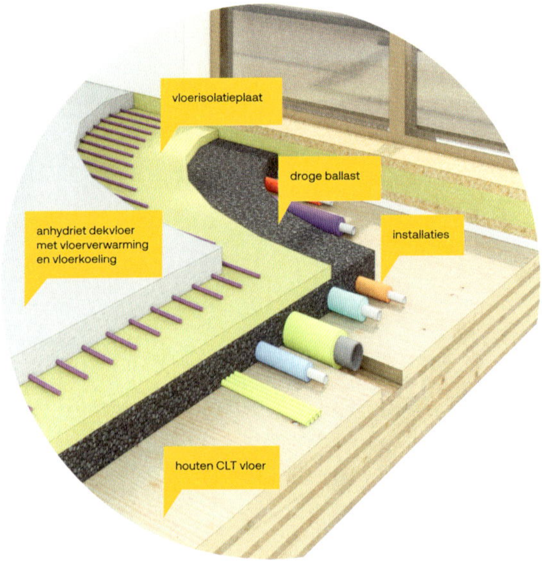

Fragment of the floor construction

25kV p.254

Het toepassen van puur verlijmde glasconstructies is in Rotterdam – sinds een incident met dit type constructie – niet meer toegestaan. Lijm kan in de loop van de tijd delamineren, dus glasplaten dienen altijd mechanisch geborgd te zijn. Voor het 25kV gebouw is daarom een handje ontworpen dat haast onzichtbaar de panelen aan de boven- en onderkant bevestigt.

The use of purely adhesively-bonded glass structures is no longer allowed in Rotterdam—ever since an incident involving them. Glue can delaminate over time, so glass panels should always be mechanically secured. A small 'hand' was therefore designed for the 25kV building that almost invisibly secures the panels at the top and bottom.

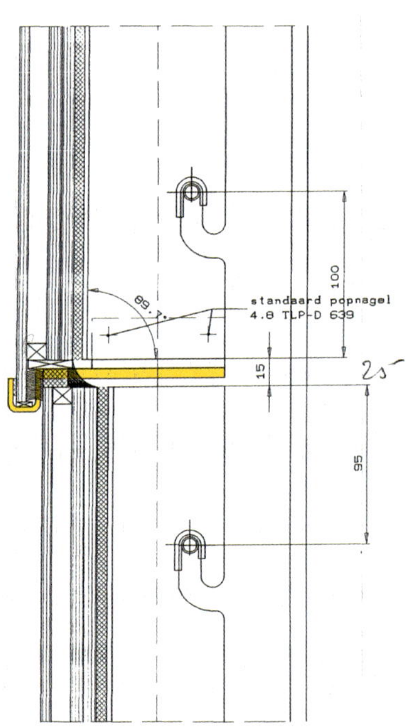

Vertical detail of a hand holding two panels

The hand attached to a glazed facade section, in rotated position

Drawing of the steel construction of the truss

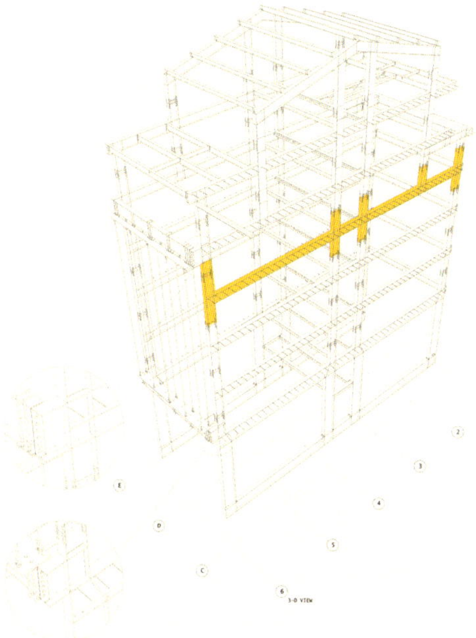

Vierendeel truss on the construction site

Creation of the atrium, in which the steel truss is placed

Jobsveem p.216

Bij de start van het herbestemmingsontwerp stond het voormalige pakhuis op instorten. Met de constructie van de drie atria is daarom ook de stabilisatie van het gehele gebouw meegenomen. Drie jukken ondersteunen elk een atrium en creëren stabiliteit in de dwarsrichting. Door te werken met vierendeelliggers in plaats van stabiliteitskruisen, blijven de glazen puien van de woningen aan de atria vrij van constructie.

At the start of the redevelopment design, the former warehouse was on the verge of collapse. The construction of the three atriums therefore included the stabilization of the entire building. Three trusses each support an atrium and create stability in the transverse direction. By working with Vierendeel trusses instead of stability crosses, the glazed facades of the dwellings on the atria remain free of construction.

De Verkenner
The Scout

Voor de gevel van De Verkenner zijn speciale tegels gemaakt, met gedichten over de plek: de Utrechtse wijk Kanaleneiland. Bij een bezoek aan de fabriek viel het keurmerk op, dat met een stempel op een wieltje in de achterkant van elke tegel werd gedrukt. Vanuit dit principe is in samenwerking met de producent een veel groter wiel ontwikkeld, om de gehele tegel te bedrukken. Als basis is hiervoor de simpelste tegel gebruikt: de nokvorst, gebakken uit rode klei.

Special tiles were made for the facade of The Scout, with poems about the location: Utrecht's Kanaleneiland district. On a visit to the factory, we noticed the hallmark, which was printed on the back of each tile with a stamp on a roller. Based on this principle, a much larger roller was developed in cooperation with the manufacturer to print the entire tile. The simplest tile was used as the basis: the ridge tile, made from red clay.

Tiles with poems on the facade of the building

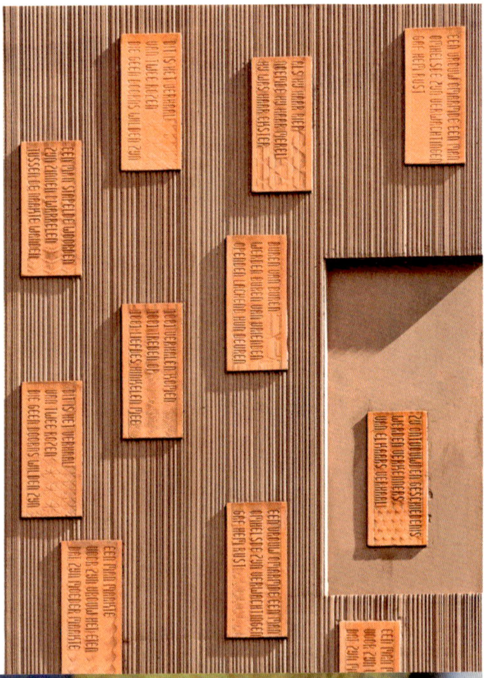

Stamping of the text into the unfired tile

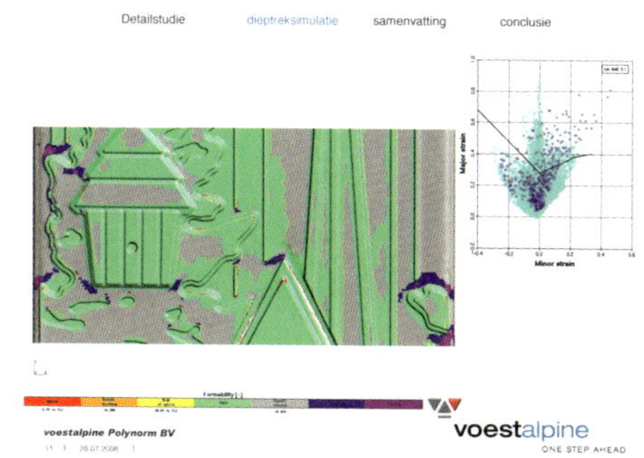

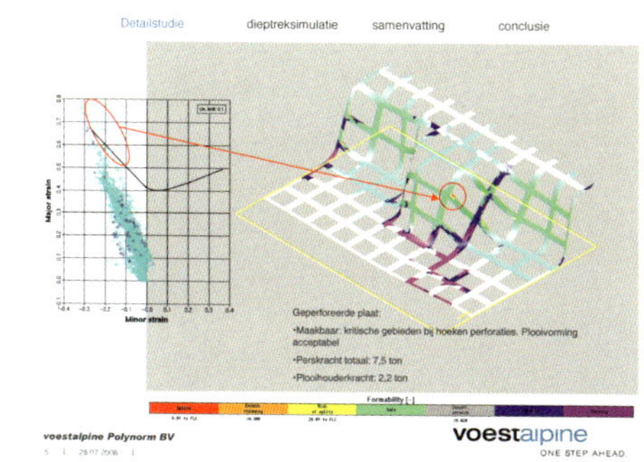

Simulation by the manufacturer, of the forces generated in the deep-drawn panel

Indication of weak spots
Manufacturer's proposal for adding auxiliary steel

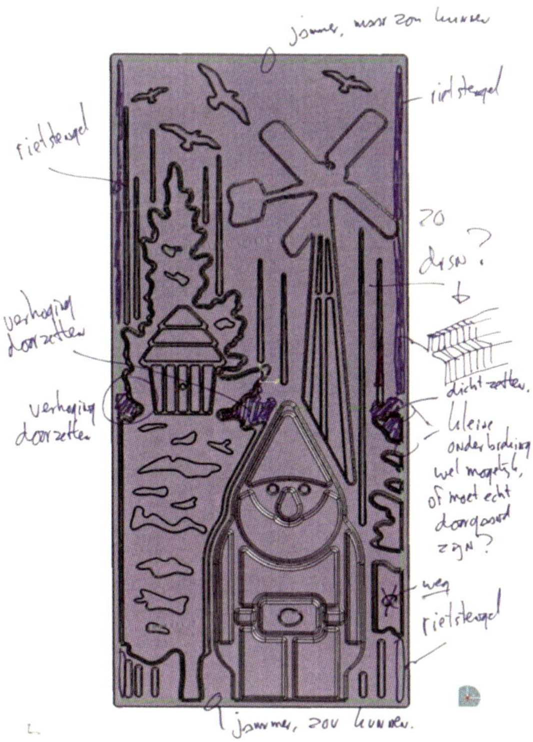

Mei's sketch of adjustments of the image to realize the panel without auxiliary steel

Kaboutergarage p.210
Gnome Parking

De geperforeerde panelen van de parkeergarage zijn in samenwerking met een producent uit de auto-industrie ontwikkeld. Door de diepgetrokken panelen stijf genoeg te maken, is het budget dat gerekend was voor hulpstaal – de verticale ondersteuning van gevelpanelen – naar de productie van de panelen zelf gegaan. De stijfheid in de panelen ontstaat door het reliëf in de afbeelding. Op zwakke plekken is daarom soms een extra rietstengel gemaakt, in het landschap rondom de kabouter.

The perforated panels of the car park were developed in collaboration with a manufacturer from the automotive industry. By making the deep-drawn panels sufficiently rigid, the budget that had been allocated for auxiliary steel—the vertical support of facade panels—went to the production of the panels themselves. The stiffness in the panels results from the relief in the image. At weak spots, an extra reed was therefore sometimes added in the landscape around the gnome.

Let go

Safeguarding the essential while leaving room for the unexpected

We work on buildings and environments full of character, which also leave room for the unexpected. We safeguard essential qualities with specific instruments. We let go of an ultimate image.

In early Mei plans, process tools played a major role. The Wild North p.262 proposed an extreme tolerance policy, combined with a system of monitoring, to allow for a variety of future developments, while safeguarding their quality. Ravages of Time p.270 introduced a zoning plan at the scale of the building, defining zones for different uses.

Schiecentrale 4B p.226 marked a turning point in Mei's development. The architect was commissioned only up to the PD+: a preliminary design with additional technical detailing. The contractor was responsible for the building application. Full control over the quality of execution was out of the question from the outset. This led to the decision to accept—even embrace—possible construction mistakes and concentrate all energy and communication on the handful of truly important design aspects. Large parts of the building can easily absorb unexpected anomalies. A small pipe that is not in the right place even adds to the industrial character of the building. Only the facade, for which evenness is crucial, has been carefully detailed and controlled.

By focusing on specific elements, we strategically respond to the reality of construction. Cutbacks will usually not be made in design aspects that determine the identity of a building or neighbourhood. By subsequently tendering essential parts separately, we keep control over these. For other parts of the design, we always look for ways to guide the process in such a way that design intentions are clear to the people making those parts, without stipulating the exact outcome.

We werken aan karaktervolle gebouwen en omgevingen, die ook ruimte laten voor het onverwachte. Essentiële kwaliteiten borgen we met specifieke instrumenten. Het eindbeeld laten we los.

In vroege plannen van Mei spelen procesinstrumenten een belangrijke rol. Het Wilde Noorden p.262 stelt een extreem gedoogbeleid voor, in combinatie met een systeem van monitoring, om uiteenlopende toekomstige ontwikkelingen mogelijk te maken, maar wel de kwaliteit hiervan te kunnen waarborgen. Tand des Tijds p.270 introduceert een bestemmingsplan op de schaal van het gebouw, waarin zones zijn vastgelegd voor verschillende invullingen.

De Schiecentrale 4B p.226 vormt een omslagpunt in de ontwikkeling van Mei. De opdracht aan de architect was slechts tot en met het VO+ gegeven: een voorlopig ontwerp met extra technische uitwerking. De aannemer was verantwoordelijk voor de bouwaanvraag. Volledige controle op de kwaliteit van de uitvoering was bij voorbaat uitgesloten. Dit gaf aanleiding tot het besluit om mogelijke bouwfouten te accepteren – zelfs te omarmen – en alle energie en communicatie te concentreren op de paar echt belangrijke ontwerpaspecten. Grote delen van het gebouw hebben een groot incasseringsvermogen. Een pijpje dat niet op de juiste plek zit draagt zelfs bij aan het industriële karakter van het gebouw. Alleen de gevel, waarvoor gelijkmatigheid cruciaal is, is met veel aandacht gedetailleerd en gecontroleerd.

Met het inzetten op specifieke elementen spelen we strategisch in op de realiteit van de bouw. Ontwerpaspecten die de identiteit van een gebouw of buurt bepalen, zullen niet snel wegbezuinigd worden. Door essentiële onderdelen vervolgens apart aan te besteden, houden we hier controle op. Voor andere delen van het ontwerp zoeken we steeds naar manieren om het proces zo te sturen dat ontwerpintenties voor de makers helder zijn, zonder de exacte uitkomst vast te leggen.

Technique

Let go

Glazen Huls

Glass House

Door met glas te werken laat het ontwerp van de woning compositie en hiërarchie als middelen van de architect los. Met zo min mogelijk articulatie cijfert het gebouw zichzelf weg. Wat er overblijft, zijn de spullen van de mensen, zichtbaar in al hun eigenheid.

By working with glass, the design of the house lets go of composition and hierarchy as tools of the architect. With as little articulation as possible, the building effaces itself. What remains are people's belongings, visible in all their individuality.

Glass House with furniture

Investigating the state of the 'average household' in the then rapidly globalizing world, Peter Menzel, in the book *A Global Family Portrait* (1994), photographed families from all over the world with their possessions. The uniqueness of the interiors, the alienation of domestic scenes detached from the home and the relevance of questioning growing consumerism, were an inspiration for the Glass House.

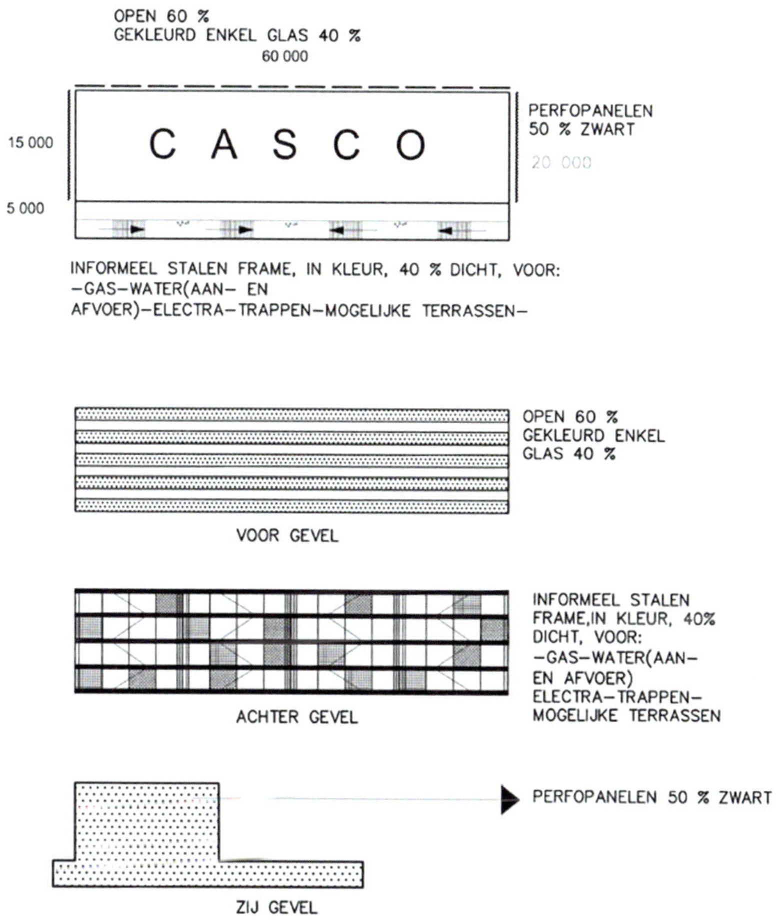

Proposal with panels of coloured glass and perforated steel, acting as a translucent shell to create cohesion in the building.

Gedoogwonen
Condone Home

Het Gedoogwonen gaat uit van de minimale constructie die nodig is om gestapeld te bouwen. De gevel is een vraag. Is er esthetische regie nodig?

The Condone Home is based on the minimum construction required for stacked construction. The facade is a question. Do we actually need aesthetic direction?

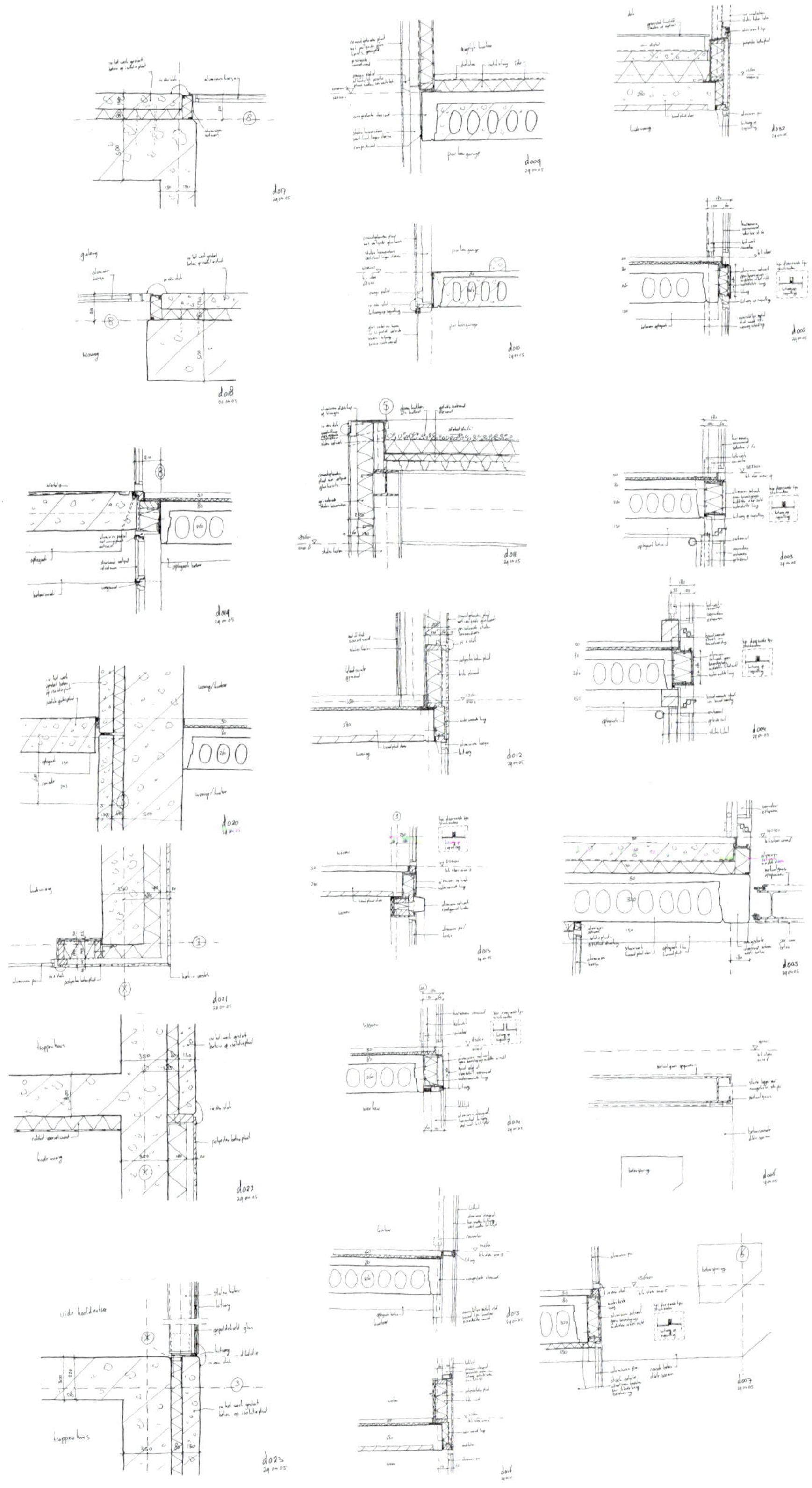

Schiecentrale 4B

Het ontwerp van de Schiecentrale 4B is met slechts dertig handgetekende details en een compacte toelichting in geannoteerde foto's aan de aannemer overgedragen. In plaats van dat elk lijntje getekend was, stonden hierin de ideeën achter de detaillering vastgelegd, met uitleg van wat er belangrijk was en wat er vooral ook niet moest gebeuren. De sporen van het maken mochten zichtbaar worden. Controle werd beperkt tot de gevels, maar dan ook met grote precisie. Voor de oostgevel van het gebouw zijn een met RVS geweven doek ontwikkeld en kunststof bergingen die als vervreemdende bakjes aan de gevel hangen. De westgevel moest, door zo min mogelijk articulatie, de grote schaal benadrukken. De specifieke geveldelen zijn tot op de tiende millimeter ontworpen en ontwikkeld tot een product dat maakbaar is en aan alle eisen voldoet.

The design of Schiecentrale 4B was given to the contractor with just thirty hand-drawn details and a compact explanation in annotated photographs. Instead of drawing out each and every detail, these recorded the ideas behind the detailing, explaining what was important and, above all, what should not be done. Traces of the production process were allowed to show in the building. Control was limited to the facades, but these we designed with great precision. For the building's east facade, a screen woven from stainless steel fabric was developed, as well as plastic storage units that hang from the facade like alienating boxes. With as little articulation as possible, the west facade was to emphasize the large scale. The specific facade sections were designed down to the tenth millimetre and developed into a product that is feasible and meets all requirements.

Selection from the thirty hand-drawn details

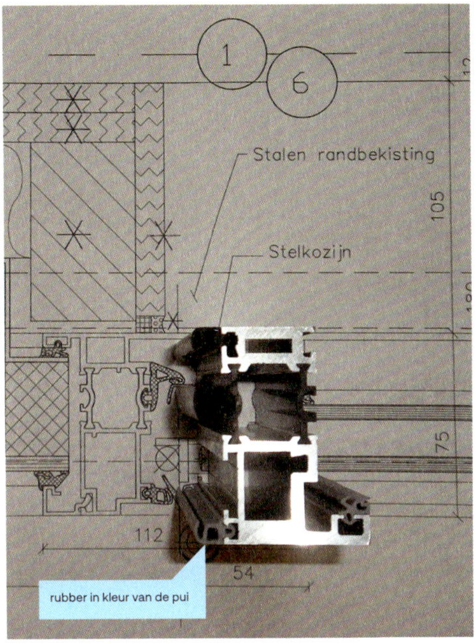

Mock-up aluminium facade detail, with grey sealing rubbers matching the colour of the front facade

Mock-up of the front facade, as a test fixture for measuring whether it is wind- and waterproof

Results of the test on how wind- and waterproof the front facade is

Realized front facade

Let go

Fabriek Delfshaven
Factory Delfshaven

De staat van het bestaande gebouw en het beperkte budget zijn bepalend voor de transformatie van het voormalige fabriekscomplex. De bebouwing die bij aanvang van het project wordt aangetroffen, is een samenstel van gebouwdelen dat door verbouwing en uitbreiding in de loop der tijd is ontstaan. Delen hiervan zijn vervallen, op sommige plekken zelfs ingestort. Met een atrium, ter plaatste van een voormalig – ingestort – lichthof, krijgt de renovatie structuur. Daaromheen is opgeruimd en met eenvoudige middelen werkruimte gemaakt. Gefragmenteerde ruimtes krijgen samenhang door deze in één kleur te verven. Het goedkoopste beschikbare hekwerk is wit: een goede aanleiding om deze kleur bepalend te maken voor het hele ontwerp.

The condition of the existing building and the limited budget determined the transformation of the former factory complex. The construction found at the start of the project was an assemblage of building parts created over time by conversion and extension. Parts of these were dilapidated; in some places they had even collapsed. With an atrium in place of a former—collapsed—light court, the renovation was given structure. Around it, things were tidied up and workspace was created using simple means. Fragmented spaces gained cohesion by painting them in one colour. The cheapest available fencing was white: a good reason to make it the defining colour for the entire design.

View of the atrium and adjacent offices

Restored console and loading platform

The production hall painted white on completion

The production hall in dilapidated condition, at the start of the project

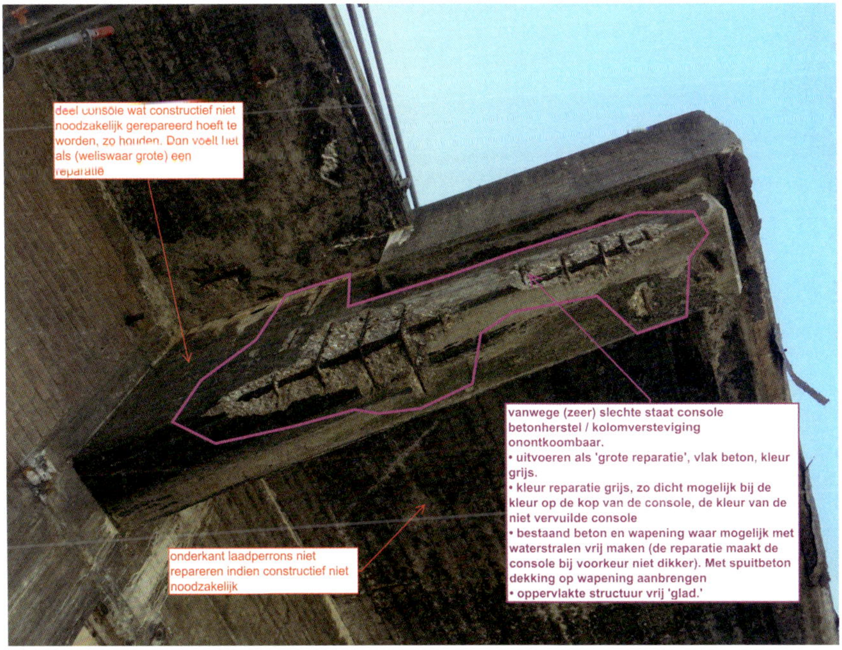

Excerpt from the restoration report, supplementing the technical description, which identified areas that did and did not require repair based on photos of the existing situation

Fenix I

De restauratie van de betonnen gevel, consoles en laadperron, aan de waterzijde van de Fenixloods, is gericht op het behoud van het zichtbeton en waar mogelijk van het patina dat zich hier door de jaren heen op heeft gevormd. Door alleen te herstellen waar het constructief noodzakelijk is, blijft de ingreep zichtbaar als reparatie. De aannemer krijgt de vrijheid om dit naar eigen inzicht te doen, zolang niet de volledige constructie uniform wordt behandeld en eruit gaat zien als nieuw.

The restoration of the concrete facade, consoles and loading dock, on the waterfront of the Fenix warehouse, was aimed at preserving the exposed concrete and, where possible, the patina that had formed on it over the years. By repairing only where it was constructively necessary, the intervention remained visible as a repair. The contractor was given the freedom to do this as they saw fit, as long as the entire structure was not uniformly treated and the restorations would not look new.

Technique

Let go

Kabeldistrict
Cable District

De oorspronkelijke spanten en metselwerk wanden van de Kabelfabriek zijn sleutelelementen in het stedenbouwkundige plan voor het terrein, zonder af te doen aan het aanpasbaar vermogen dat noodzakelijk is voor planning op lange termijn. De wanden van voor de verbouwing in 1963 zijn opgenomen in de hoofdstructuur van het plan. Voor de spanten zijn een ondergrens en regels vastgelegd: 30% van de bestaand spanten moet behouden blijven; deze moeten worden geclusterd, in de oorspronkelijke kleur geschilderd en op de oorspronkelijke positie behouden. Hoe ze als ruimtelijke elementen worden ingezet, is nog onbepaald, evenals het programma dat hier een plek zal vinden. Van specifieke toepassingen tijdens het proces kan geleerd worden voor een volgende fase.

The original cable factory trusses and masonry walls are key elements in the urban plan for the site, without compromising the adaptability necessary for long-term planning. The walls from before the 1963 renovation are included in the main structure of the plan. A lower limit and rules are set for the trusses: 30% of the existing trusses are to be retained; they are to be clustered, painted in the original colour and retained in their original position. How they will be used as spatial elements is still undetermined, as is the programme that will find a place here. From specific uses applied in the short term, lessons can be learned for a next phase.

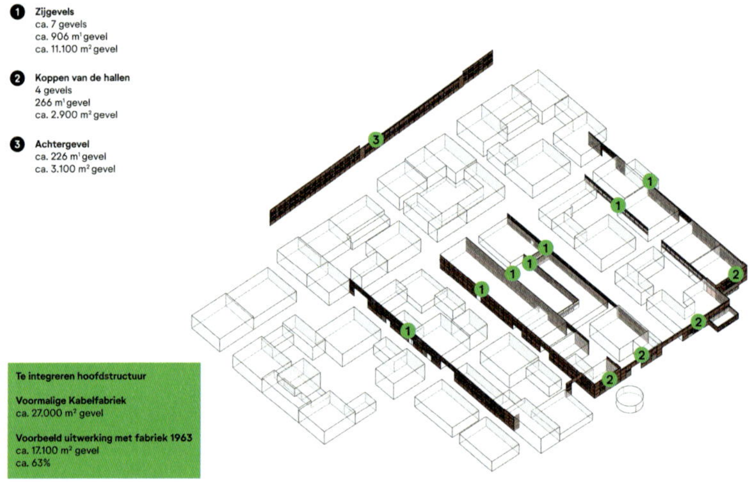

Principles for the preservation and integration of existing walls

Possible use of the retained trusses

Cable Factory under construction

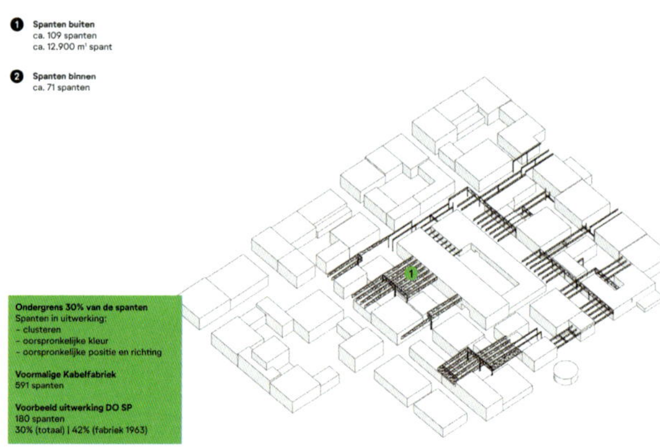

Principles for the preservation and integration of existing trusses

‘Voestalpine Polynorm BV en *Leebo dak- en geveltechniek* zijn door de opdrachtgever geselecteerd op basis van esthetische en bedrijfstechnische eisen.’

‘Voor de onderdelen in deze notitie waar deze naam wordt genoemd kan geen overeenstemmend product worden toegepast.’

Excerpt from the technical description

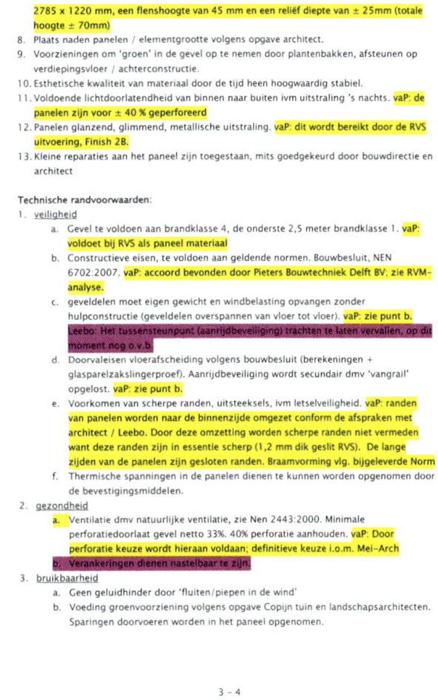
2785 x 1220 mm, een flenshoogte van 45 mm en een reliëf diepte van ± 25mm (totale hoogte ± 70mm)

8. Plaats naden panelen / elementgrootte volgens opgave architect.
9. Voorzieningen om ‘groen’ in de gevel op te nemen door plantenbakken, afsteunen op verdiepingsvloer / achterconstructie.
10. Esthetische kwaliteit van materiaal door de tijd heen hoogwaardig stabiel.
11. Voldoende lichtdoorlatendheid van binnen naar buiten ivm uitstraling ’s nachts. vaP: de panelen zijn voor ± 40 % geperforeerd
12. Panelen glanzend, glimmend, metallische uitstraling. vaP: dit wordt bereikt door de RVS uitvoering, Finish 2B.
13. Kleine reparaties aan het paneel zijn toegestaan, mits goedgekeurd door bouwdirectie en architect

Technische randvoorwaarden:

1. veiligheid
   a. Gevel te voldoen aan brandklasse 4, de onderste 2,5 meter brandklasse 1. vaP: voldoet bij RVS als paneel materiaal
   b. Constructieve eisen, te voldoen aan geldende normen. Bouwbesluit, NEN 6702:2007. vaP: accoord bevonden door Pieters Bouwtechniek Delft BV; zie RVM-analyse.
   c. geveldelen moet eigen gewicht en windbelasting opvangen zonder hulpconstructie (geveldelen overspannen van vloer tot vloer). vaP: zie punt b. Leebo: Het tussensteunpunt (aanrijdbeveiliging) trachten te laten vervallen, op dit moment nog o.v.b.
   d. Doorvaleisen vloerafscheiding volgens bouwbesluit (berekeningen + glasparelzakslingerproef). Aanrijdbeveiliging wordt secundair dmv ‘vangrail’ opgelost. vaP: zie punt b.
   e. Voorkomen van scherpe randen, uitsteeksels, ivm letselveiligheid. vaP: randen van panelen worden naar de binnenzijde omgezet conform de afspraken met architect / Leebo. Door deze omzetting worden scherpe randen niet vermeden want deze randen zijn in essentie scherp (1,2 mm dik geslit RVS). De lange zijden van de panelen zijn gesloten randen. Braamvorming vlg. bijgeleverde Norm
   f. Thermische spanningen in de panelen dienen te kunnen worden opgenomen door de bevestigingsmiddelen.
2. gezondheid
   a. Ventilatie dmv natuurlijke ventilatie, zie Nen 2443:2000. Minimale perforatiedoorlaat gevel netto 33%. 40% perforatie aanhouden. vaP: Door perforatie keuze wordt hieraan voldaan; definitieve keuze i.o.m. Mei-Arch
   b. Verankeringen dienen nastelbaar te zijn.
3. bruikbaarheid
   a. Geen geluidhinder door ‘fluiten/piepen in de wind’
   b. Voeding groenvoorziening volgens opgave Copijn tuin en landschapsarchitecten. Sparingen doorvoeren worden in het paneel opgenomen.

3 - 4

Extract from the technical description in the tender document. Highlighted in colour are the passages relating to the facade panels. These aspects were the responsibility of the named parties: in yellow the manufacturer, in purple the facade builder.

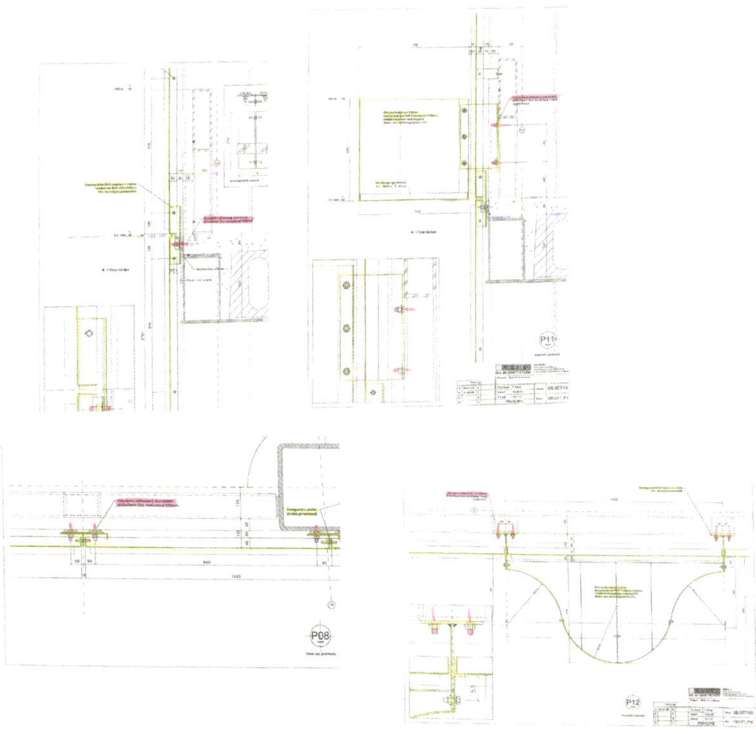

Kaboutergarage
Gnome Parking

De gevelpanelen van de garage zijn essentieel voor het ontwerp. Door deze in samenwerking met een producent en een gevelbouwer te ontwikkelen, is het ontwerp geoptimaliseerd en haalbaar gemaakt. Om zeker te stellen dat ze ook worden uitgevoerd zoals ontworpen – binnen budget, op tijd en met de juiste kwaliteit – zijn beide partijen dwingend omschreven in het aanbestedingsdocument. Een overeenstemmend product mag niet worden toegepast.

The facade panels of the garage are essential for the design. By developing these in collaboration with a manufacturer and a facade builder, the design was optimized and made feasible. To ensure that they were executed as designed—within budget, on time and with the right quality—both parties were mandatorily defined in the tender document. A corresponding product was not to be used.

Detailed drawings with highlighting of responsibilities of different parties. In yellow the parts realized by the facade panel manufacturer, in purple the elements that are part of the assembly by the facade builder.

Proof

Working from the spirit of the law

To enable new material applications and reuse of old buildings and building materials, we actively work with applicable regulations. By getting to the bottom of underlying objectives, we find room to move beyond standard solutions. When data on existing elements and structures are missing, when equivalence of solutions needs to be demonstrated, or conventional calculation methods for assessing structural and building engineering solutions are inadequate, we test or calculate situations ourselves, in cooperation with experts when necessary.

In the year 2000, we developed a then innovative model for calculating the fire safety of structures of various sizes and configurations for the Smarthouse p.242 modular building system. Customized application of the system became feasible as a result. Since many of the current building regulations are based on concrete and steel construction, innovation in timber construction currently requires a lot of research. Together with a team of experts, we are working on mathematical models for SAWA p.124 to assess the fire safety of the plan better than according to the Standard Fire Curve.

Due to age and a lack of building information, working with existing construction often requires a lot of inventory of the materials themselves. Using a test set-up, we tested the construction of the Jobsveem p.216 loading platforms on site. Certification for the reuse of materials also requires dealing with the possible variation in quality. To reuse the wooden cheese shelves of the Cheese Warehouse p.192 as cladding, a method was developed with an impregnation company to determine how the impregnating agent is absorbed by the irregularly aged shelves.

Om nieuwe materiaaltoepassingen en hergebruik van oude bouwmaterialen en gebouwen mogelijk te maken, werken we actief met de geldende regelgeving. Door achterliggende doelstellingen te doorgronden, vinden we ruimte om voorbij te gaan aan standaardoplossingen. Wanneer gegevens over bestaande elementen en constructies ontbreken, gelijkwaardigheid van oplossingen moet worden aangetoond of conventionele rekenmethodes voor het beoordelen van constructieve en bouwtechnische oplossingen niet voldoen, testen of berekenen we situaties zelf, waar nodig in samenwerking met experts.

Voor het modulaire bouwsysteem van het Smarthouse p.242 maakten we in 2000 een toen vernieuwend model voor de berekening van de brandveiligheid van constructies met diverse afmetingen en configuraties. Maatwerk in de toepassing van het systeem werd hierdoor haalbaar. Omdat veel van de huidige bouwregelgeving op beton- en staalbouw is gebaseerd, vraagt op dit moment vernieuwing in houtbouw om veel onderzoek. Samen met een team van experts werken we voor SAWA p.124 aan rekenmodellen om de brandveiligheid van het plan beter te kunnen beoordelen dan volgens de standaardbrandkromme.

Door veroudering en gebrek aan bouwinformatie vraagt werken met bestaande bouw vaak om veel inventarisatie van de materialen zelf. Met een proefopstelling hebben we de constructie van de laadperrons van het Jobsveem p.216 ter plaatse getest. Ook voor certificering voor hergebruik van materialen moet met de mogelijke variatie in kwaliteit worden omgegaan. Om de houten kaasplanken van het Kaaspakhuis p.192 te kunnen hergebruiken als gevelbekleding, is met een impregneerbedrijf een methode ontwikkeld om te bepalen hoe het impregneermiddel door de onregelmatig verouderde planken wordt opgenomen.

Proof

25kV p.254

Net als bij glazen puien en hekwerken moest de doorvalveiligheid van de glazen vloeren en pantry's van het 25kV gebouw worden aangetoond. Berekeningen waren echter lastig te onderbouwen met aannames, bij gebrek aan voorbeelden van soortgelijke glazen componenten. Er is daarom gebruik gemaakt van beproefde gelijkwaardigheidsmethodes: de glasparelzakslingerproef en valproef, beide geslaagd.

As with glass facades and fencing, the fall protection of the glass floors and pantries of the 25kV building had to be demonstrated. However, calculations were difficult to support with assumptions, in the absence of examples of similar glass components. Proven equivalence methods were therefore used: the glass bead pendulum impact test and drop test, both passed.

Tests carried out with a cylinder and glass pearl bag, on parts of 25kV under construction

Smarthouse p.242

De stalen kokerprofielen van het Smarthouse, waaruit de hoofddraagconstructie is opgebouwd, kunnen afhankelijk van de overspanning verschillende wanddiktes hebben. Voor het berekenen van de brandveiligheid van de constructie – die in de woning in het zicht werd gehouden – is daarom samen met de brandadviseur een model gemaakt waarin al deze wanddiktes zijn getoetst.

The steel box profiles of the Smarthouse, which make up the main load-bearing structure, can have different wall thicknesses depending on the span. To calculate the fire safety of the structure—which was kept in plain view in the house—a model was therefore created together with the fire consultant in which all these wall thicknesses were tested.

Toetsing brandwerenheid 30 minuten vloerliggers Smarthouses

Koker 200x100						
wanddikte	t =	16	mm		OK	(keuze uit : 4; 5; 6; 8; 10; 12,5; 16)
staalsoort S275/355	fy =	275	N/mm2		OK	(keuze uit : 275 en 355)
wijze van verhitten		3			OK	(1a/1b/2/3 zijdig verhit >
profielfactor	P =	89	m-1	NEN 6072, art. 10.2.1.2		
Overspanningen						
ligger	lli =	4900	mm	invoer		
vloer links	lvl,li =	4000	mm	invoer		
vloer rechts	lvl,re =	1200	mm	invoer		
Belastingen						
permanent						
- eigen gewicht	Geg =	0,95	kN/m2	Starframe		
- wand	Gwand =	0,60	kN/m	invoer (lijnlast !)		
veranderlijk	Qver =	1,75	kN/m2	NEN 6702 (woningen)		
momentaan factor	Ψ =	0,4		NEN 6702 (woningen)		
belasting bij brand	qq =	4,89	kN/m			
max. belasting bij 20°C	q20 =	25,84	kN/m			
belastinggraad	η =	0,19	[-]	NEN 6072, art. 10.3.2		
correctiefactor	κ =	0,70	[-]	NEN 6072, art. 10.3.3		
kritieke temperatuur	θκρ =	791	°C	NEN 6072, art. 10.3.1		
staaltemperatuur na 30 min.	θα =	734	°C	functie toevoegen die verband tussen P en qa geeft (P=12-174)		

TOETS : θα <= θκρ VOLDOET

Table from the fire consultant, with fire resistance calculations for floor beams

SAWA p.124

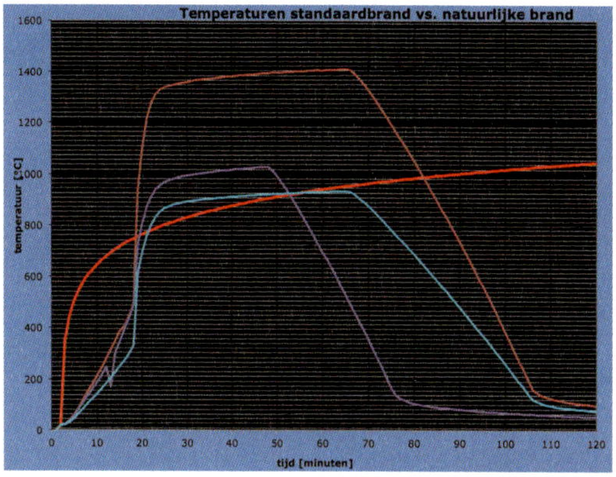

renvooi

- standaard brandkromme
- brandkromme hout in het zicht
- brandkromme hout afgewerkt, ter referentie
- brandkromme hout in het zicht met gewone sprinkler

Graph showing the Standard Fire Curve alongside modelled fire progression for one of SAWA's house types

De standaardbrandkromme is een vijftig jaar oude internationale standaard voor het beoordelen en classificeren van de brandveiligheid van constructies. De standaard brand die in deze grafiek wordt weergegeven, gaat uit van minerale stoffen zoals staal en beton. Bij gebouwen als SAWA, met veel hout in het zicht, kan deze methode er echter sterk naast zitten. Voor SAWA is er daarom voor gekozen om het werkelijke temperatuurverloop te modelleren, voor vier verschillende woningtypes. Omdat de temperatuur bij houtconstructies zo hoog kan worden dat het hout zichzelf blijft ontbranden, verloopt deze curve anders dan de standaardbrandkromme. Binnen de gestelde ambitie om een 'stay put scenario' te realiseren – een situatie waarin niet alleen iedereen veilig kan vluchten, maar ook het gebouw zoveel mogelijk behouden blijft – bleek een sprinklerinstallatie noodzakelijk.

The Standard Fire Curve is a 50-year-old international standard for assessing and classifying the fire safety of structures. The standard fire shown in this chart assumes mineral materials such as steel and concrete. However, in buildings like SAWA, with a lot of wood in sight, this method can be very far off. For SAWA, we therefore chose to model the actual temperature gradient, for four different house types. Because the temperature in timber structures can get so high that the wood continues to ignite itself, this curve is different from the Standard Fire Curve. Within the stated ambition of achieving a 'stay put scenario'—a situation in which not only everyone can escape safely, but also the building is preserved as much as possible—a sprinkler system proved necessary.

Uitgaande van een uiterste grenstoestand van de hoofddraagconstructie die gedurende 30 minuten niet overschreden wordt bij de volgens NEN 6702 bepaalde bijzondere belastingscombinaties die kunnen optreden bij brand, is er, conform het brandbeveiligingsconcept kantoorgebouwen en onderwijsgebouwen, voldoende tijd beschikbaar voor de gebruiker van het pand om het bouwwerk veilig te verlaten (e.e.a. in verband met het zelfredzame karakter van de gebruiksfunctie en in combinatie met het ontvluchtingniveau wat op nieuwbouw niveau wordt gerealiseerd).
Hiermee wordt voldaan aan de functionele eis van het bouwbesluit, waarin wordt gesteld dat een bouwwerk een bouwconstructie heeft die zodanig is dat het bouwwerk bij brand gedurende redelijke tijd kan worden verlaten en doorzocht, zonder dat er gevaar voor instorting is.

Na aanleiding van bovenstaande, alsmede de problematiek van de draagconstructie volgend uit de brandcompartimentering zoals toegelicht in onderdeel *3.13 beperking van uitbreiding van brand*, verzoeken wij burgemeester en wethouder vrijstelling te verlenen van de eis voor de sterkte van de hoofddraagconstructie bij brand tot het niveau bestaande bouw.

Application for exemption from fire resistance requirements for new-build main load-bearing structures, from the Fire Safety Information Plan for the conversion of the Factory Delfshaven

Fabriek Delfshaven p.202

Factory Delfshaven

Ten tijde van het Bouwbesluit uit 2003 was de regelgeving bij verbouw soms onderwerp van discussie. Wanneer een gebouw van functie veranderde, kon nieuwbouwniveau worden voorgeschreven, in plaats van de minimumvereisten voor bestaande bouw. Voor de transformatie van de Fabriek Delfshaven was vanwege de gebrekkige kwaliteit van het bestaande pand de volledige toepassing van brandveiligheidseisen voor nieuwbouw niet haalbaar en daardoor behoud van het pand binnen deze voorwaarden niet mogelijk. In overleg met de brandweer is toen een integrale oplossing voorgesteld, waarin de hoofddraagconstructie aan brandveiligheidseisen voor bestaande bouw voldoet en de vluchtroutes aan eisen voor nieuwbouw.

At the time of the 2003 Building Decree, the regulations when rebuilding were sometimes subject to debate. When a building changed its function, the standard for new construction could be prescribed instead of the minimum requirements for existing construction. For the transformation of the Factory Delfshaven, due to the poor quality of the existing building, full compliance with fire safety requirements for new construction was not feasible and therefore it was not possible to preserve the building under these conditions. In consultation with the fire service, an integral solution was then proposed, in which the main load-bearing structure met fire safety requirements for existing buildings and the escape routes met requirements for new buildings.

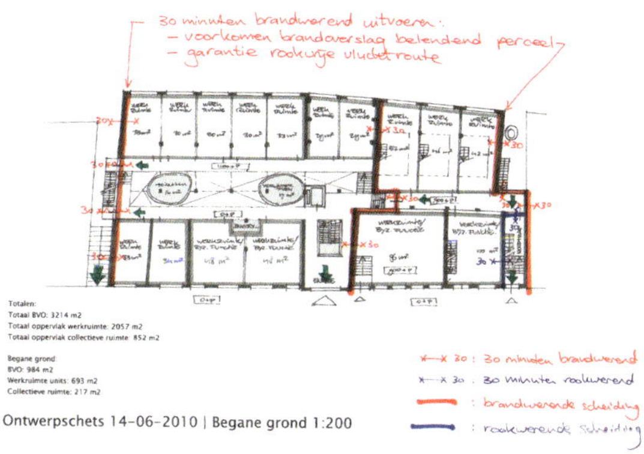

Ontwerpschets 14-06-2010 | Begane grond 1:200

Design sketch with fire safety data

Schiecentrale 4B p 226
Voor maximaal vijf procent van het totale oppervlak hoeft de gevel volgens het Bouwbesluit niet aan de vereiste brandklasse te voldoen. Hierdoor kunnen zonder problemen kunststof deurbellen en brievenbussen worden toegepast. Om kunststof draden in de geweven geveldoeken van de Schiecentrale 4B toe te kunnen toepassen, is nauwkeurig uitgerekend dat het oppervlak hiervan binnen het gestelde maximum viel.

For up to five per cent of the total surface area, the facade does not have to meet the required fire class according to the Building Decree. This means that plastic doorbells and letterboxes can be used without any problems. In order to be able to use plastic threads in the woven facade fabrics of Schiecentrale 4B, it was meticulously calculated that their surface area was within the specified maximum.

Artikel 2.70. Vrijgesteld

› Naar Nota van toelichting

› Naar aansturingsartikel

› Toon leden van toepassing en grenswaarden voor artikel 2.70

1.

Op ten hoogste 5% van de totale oppervlakte van de constructieonderdelen van elke afzonderlijke ruimte, waarvoor volgens de artikelen 2.67 tot en met 2.69a een eis geldt, is die eis niet van toepassing.

2.

Onverminderd het eerste lid is op ten hoogste 10% van de totale oppervlakte van de constructieonderdelen van elke afzonderlijke ruimte waardoor geen beschermde vluchtroute voert, de artikelen 2.67 en 2.69a, eerste en tweede lid, voor wat betreft rookklasse S2, niet van toepassing.

3.

Voor bouwwerken geen gebouw zijnde is op ten hoogste 5% van de totale oppervlakte van de constructieonderdelen, waarvoor volgens de artikelen 2.67 tot en met 2.69a een eis geldt, die eis niet van toepassing.

Bouwbesluit
Afdeling 2.9. Beperking van het ontwikkelen van brand en rook
§ 2.9.1. Nieuwbouw
Artikel 2.66. Aansturingsartikel

Relevant article from the Building Decree

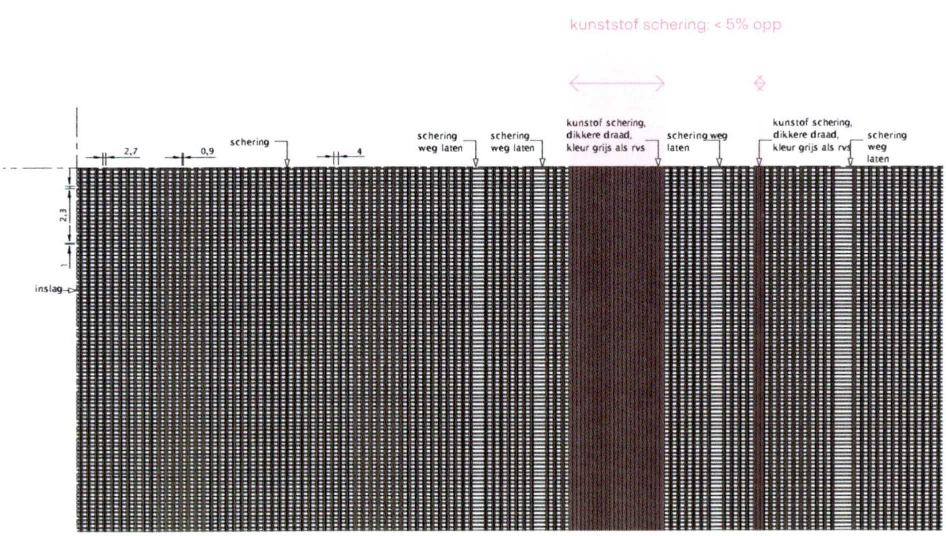

Drawing of the weaving pattern, indicating the plastic warps

Project: Spaardersbad Gouda
Projectnur 16215
Datum: 11-4-2017

Woningtype Schoolslag																				
GO	VG1	VR1	oppervlak	VG	Tot VG	$oppervlak_{red}$	x [mm]	z[mm]	aantal	$oppervlak_{red\ raam}$	A_d	α	β	C_b	Cu	A_e		Eis - VR: 0,5 m^2 / VG: 10%	Gereduceerd	
		VR1(WK)	40,85				2140	800	7	1,0	11,98	28	47	0,54	1	6,47				
Ruimte				40,9													6,47	0,5		voldoet
Gebied					40,9	40,85											6,47	4,09	Nee	voldoet
GO	VG2	VR	oppervlak	VG	Tot VG	$oppervlak_{red}$	x [mm]	z[mm]	aantal	$oppervlak_{red\ raam}$	A_d	α	β	C_b	Cu	A_e		Eis - VR: 0,5 m^2 / VG: 10%	Gereduceerd	
		VR2(SK1)	17,9				940	760	1	1,0	0,71	25	0	0,85	1	0,61				
							810	1420	1	1,0	1,15	25	0	0,85	1	0,98				
Ruimte				17,9													1,58	0,5		voldoet
		VR3(SK2)	11,54				900	650	1	1,0	0,59	39	0	0,66	1	0,39				
Ruimte				11,5													0,39	0,5		voldoet niet
Gebied					29,4	19,7											1,97	1,97	Ja	voldoet
Woningtype Schoolslag groterraam oppervlak slaapkamer 2																				
GO	VG1	VR1	oppervlak	VG	Tot VG	$oppervlak_{red}$	x [mm]	z[mm]	aantal	$oppervlak_{red\ raam}$	A_d	α	β	C_b	Cu	A_e		Eis - VR: 0,5 m^2 / VG: 10%	Gereduceerd	
		VR3(SK2)	11,54				1000	770	1	1,0	0,77	39	0	0,66	1	0,51				
Ruimte				11,5													0,51	0,5		voldoet
Gebied					11,5	5,1											0,51	0,51	Ja	voldoet

Fragment of the daylight calculation

5 Daglicht

5.1 Eisen

Met betrekking tot de daglichttoetreding is het uitgangspunt toetsing aan de eisen voor bestaande bouw. Dit betekent dat met de bestaande en nieuwe raamopeningen dient te worden aangetoond dat per verblijfsruimte een equivalent daglichtoppervlakte van minimaal 0,5 m^2 wordt behaald.

Met betrekking tot daglichttoetreding dient op basis van afdeling 3.11 artikel 3.78, iedere verblijfsruimte een volgens de NEN 2057 (2001) bepaalde equivalente daglichtoppervlakte te hebben die niet kleiner is dan 0,5 m^2. Hierbij blijven belemmeringen gelegen op een ander perceel buiten beschouwing.

5.2 Berekeningsresultaten

Voor de representatieve woningen zijn berekeningen uitgevoerd overeenkomstig de NEN 2057: 2001. In bijlage 3 zijn de berekeningsresultaten en toetsing opgenomen. Uit de berekeningen volgt dat voor één enkele ruimte (slaapkamer 2) in woningtype Schoolslag niet voldoet aan de minimale vereiste equivalente daglichtopening van 0,5 m^2.

Aangezien het onderhavige gebouw een monumentaal pand betreft, kan op grond van artikel 1.13 uit het Bouwbesluit worden gesteld dat het niet voldoen aan de daglichttoetreding vanuit het Bouwbesluit toelaatbaar wordt geacht, aangezien er op basis van het monumentale karakter van het gebouw geen mogelijkheid is om de raamopeningen hier groter te maken zodat wel aan de daglichttoetredingseis uit het Bouwbesluit wordt voldaan. Bij een afwijking van de voorschriften, zoals op dit onderdeel van het voorschrift voor de daglichttoetreding van een verblijfsruimte, prevaleert het monumentale karakter van het gebouw boven de Bouwbesluit eis. Aan het bevoegd gezag wordt derhalve verzocht op dit onderdeel vrijstelling te verlenen van de Bouwbesluit eisen.

Alle overige ruimten voldoen aan de geldende daglichttoetreding eisen.

2 juni 2017
16215.05 Rapportage Transformatie Spaardersbad Gouda

Explanation of the request for exemption from daylighting requirement

Spaardersbad p.164

Voor monumenten kan vrijstelling worden aangevraagd voor geldende daglichttoetredingseisen, wanneer het maken van grotere raamopeningen de monumentale waarde van het pand tenietdoet. Voor het Spaardersbad is op deze manier ontheffing gekregen voor de slaapkamers op de begane grond.

For listed buildings, exemptions can be requested for applicable daylighting requirements when making larger window openings would destroy the monumental value of the property. For the Spaardersbad, an exemption has been granted for the bedrooms on the ground floor.

Jobsveem (p. 216)

Vanwege het ontbreken van een constructieve toetsing van de bestaande staat van het pakhuis, is conform de Eurocode met een proefopstelling de doorbuiging van de laadbalkons getest. Een gemetseld bassin werd gevuld met vijftig centimeter water, om een belasting te creëren van vijfhonderd kilogram per vierkante meter. Het balkon vervormde niet.

Due to the lack of structural testing of the existing condition of the warehouse, a test set-up was used in accordance with the Eurocode to test the flexural strength of the loading bays. A masonry basin was filled with fifty centimetres of water to create a load of five hundred kilograms per square metre. The bay did not deform.

Test set-up with masonry water tank

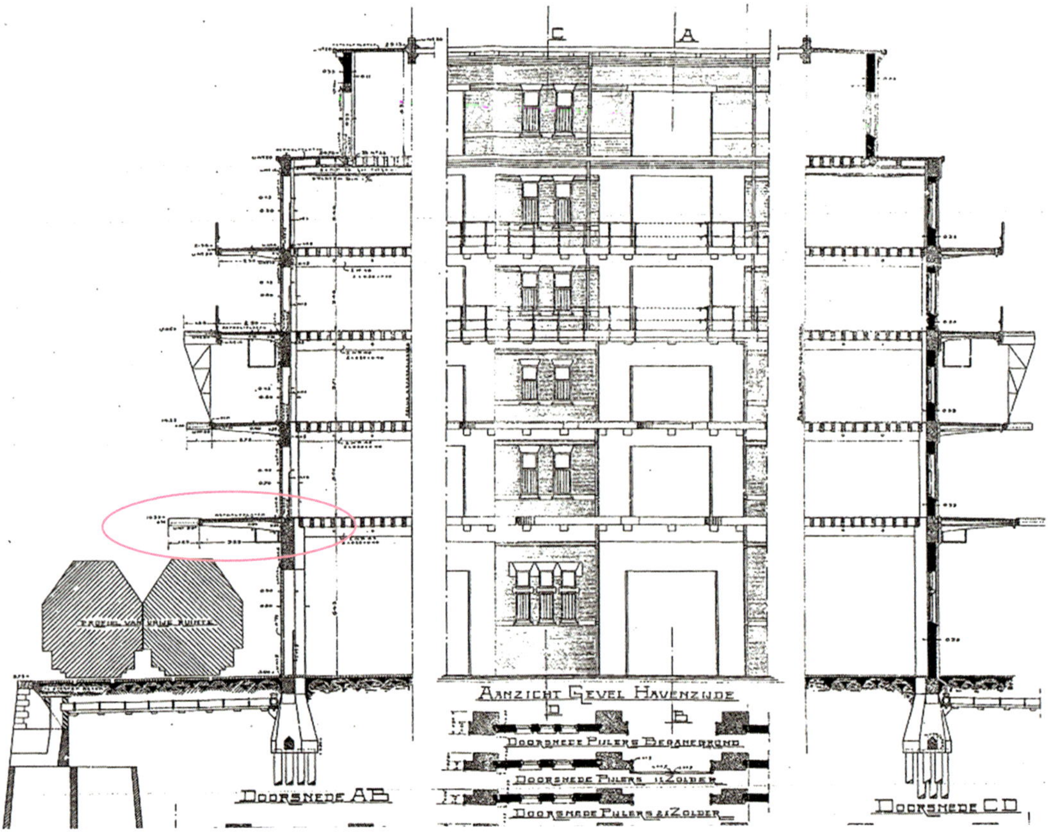

Sectional drawing with loading balconies

Test piece with cheese prints, staples and nails

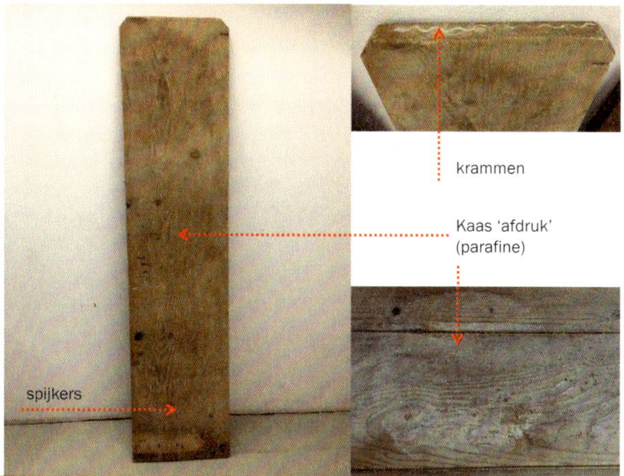

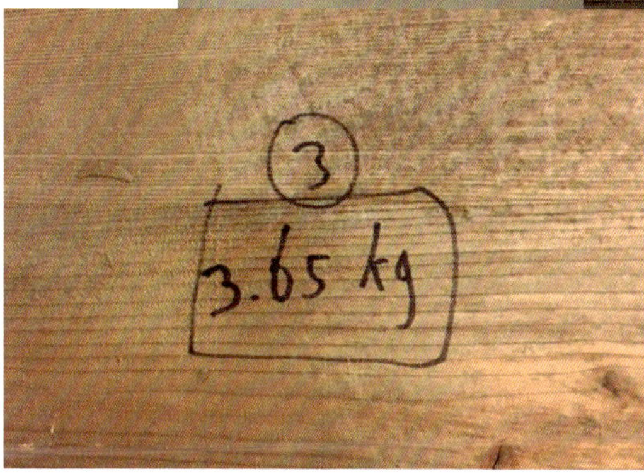

Weight of the test piece, before impregnation

Kaaspakhuis p.192

Cheese Warehouse

De kaasplanken die bij de aankoop van dit rijksmonument nog in de rekken lagen, zijn met de herbestemming van het pand hergebruikt als gevelplanken van het atrium, met krammen, melkzuur, parafine-vlekken en al. Omdat ze langs de galerij – een vluchtweg – liggen, moeten de planken hier voldoen aan Brandklasse B. Dit kon worden bereikt door de planken te impregneren. Omdat niet met zekerheid kon worden voorspeld hoe het brandvertragende middel zou reageren op de onregelmatigheden in de planken, zijn deze voor en na het impregneren gewogen – twee weken droogtijd in acht genomen. De uiteindelijke hoeveel opgenomen impregneermiddel in het proefstuk voldeed aan de 39kg/m³ die vereist is volgens Europese regelgeving, waarna de gehele partij planken is geïmpregneerd.

The cheese shelves that were still on the racks when this listed building was purchased have been reused with the conversion of the building as the facade boards of the atrium, with staples, lactic acid, paraffin stains and all. As they are located along the gallery—an escape route—the boards must comply with Fire Class B here. This could be achieved by impregnating the boards. As it could not be predicted with certainty how the fire retardant would react to the irregularities in the boards, they were weighed before and after impregnation—two weeks drying time was observed. The final amount of impregnating agent absorbed in the test piece met the 39kg/m³ required by European regulations, after which the entire batch of boards was impregnated.

Van: Lex
Verzonden: vrijdag 27 november 2015 13:38
Aan: Theo
Onderwerp: kaasplanken.

Beste Theo,

De afmeting van de geteste kaasplank bedraagt :1140x25x270
De verkregen opname is 2,18 kg.
Dit komt overeen met een retentie van meer dan 39 kg/m3, wat ruim voldoende is voor het behalen van Euroklasse B.

Met vriendelijke groet,

FORECO
Innovatief in hout

Email from the impregnation company, with the results of the trial

Programme

Reserving space for non-standard, less profitable and yet unknown uses

You cannot design the use of buildings and neighbourhoods, but you can guide it through the spatial conditions and requirements of use you create there. Standardization, strongly framed functional definitions and a separation between living and working have made many environments uniform and, with it, their use and experience. We aim to change this by bringing different forms of use back together, in mixed-use spaces, buildings and urban ensembles. And we reserve free space, from a zone between the street and the house that residents and users can appropriate, to a hall that is still undesignated.

The current property market makes less profitable functions vulnerable, including places with added social value, such as a communal garden, working or recreational space. Many forms of business activity also often have trouble finding a place. We do try to create this space—within given programmes—in our plans. SAWA p.124, for instance, introduces shared functions such as a workshop and vegetable garden. For MENU p.116, we are liaising with local entrepreneurs, so that the usual big retail and hospitality chains will not be the only ones to have a place here, but the local economy will get a boost as well. In the Cable District p.152, we reserve a substantial area for societal programming, with a much lower rent than square metres with commercial use. By also treating plants and animals as users of the location, whose living space is currently under pressure, nature-inclusive building becomes a form of programming that simply has to be included in the design of buildings and neighbourhoods. With SAWA, we create living space for animal and plant species that also adds quality to the residential and urban environment.

Het gebruik van gebouwen en buurten kun je niet vormgeven, maar wel sturen door de ruimtelijke condities en gebruiksvoorwaarden die je er creëert. Standaardisatie, sterk gekaderde functionele definities en een scheiding van wonen en werken hebben veel omgevingen uniform gemaakt en daarmee ook het gebruik en de beleving. Dit beogen we te doorbreken door verschillende vormen van gebruik weer samen te brengen, in gemengde ruimtes, gebouwen en stedenbouwkundige ensembles. En we reserveren vrije ruimte, van een zone tussen straat en woning die bewoners en gebruikers zich kunnen toe-eigenen, tot een nog onbestemde hal.

De huidige vastgoedmarkt maakt minder rendabele functies kwetsbaar, waaronder plekken met sociale meerwaarde, zoals een gemeenschappelijke tuin, werk- of verblijfsruimte. Ook veel vormen van bedrijvigheid vinden vaak moeilijk een plek. Deze ruimte proberen we – binnen gegeven programma's – in onze plannen wel te waarborgen. SAWA p.124 introduceert bijvoorbeeld gedeelde functies als een gereedschapskamer en moestuin. Voor MENU p.116 zijn we in contact met plaatselijke ondernemers, zodat niet alleen de gangbare grote winkel- en horecaketens hier een plek krijgen, maar ook de lokale economie versterkt wordt. In het Kabeldistrict p.152 reserveren we een substantieel oppervlak voor sociaal-maatschappelijk programma, met een veel lagere huurprijs dan vierkante meters met een commerciële bestemming. Door ook planten en dieren te zien als gebruikers van de ruimte, waarvan de leefruimte op dit moment onder druk staat, wordt natuurinclusief bouwen een vorm van programmeren die moet worden meegenomen in het ontwerp van gebouwen en buurten. Met SAWA creëren we leefruimte voor dier- en plantensoorten, die ook kwaliteit biedt aan de woonruimte en stedelijke omgeving.

Programme

Het Wilde Noorden p.262

The Wild North

De scenario's die zijn voorgesteld in Het Wilde Noorden zoeken naar synergie tussen verschillende vormen van gebruik, voor het maaiveld, maar ook voor het luchtruim en de ondergrond. Door overlastgevend programma in de modellen mee te nemen – en daarmee bespreekbaar te maken – kan dit goed in het landschap worden ingebed en waar mogelijk aan andere functies gekoppeld.

The scenarios proposed in The Wild North seek synergy between different uses, for the ground level, but also for the airspace and the subsurface. By including programmes that cause nuisance in the models—and thus making them negotiable—they can be well embedded in the landscape and linked to other functions where possible.

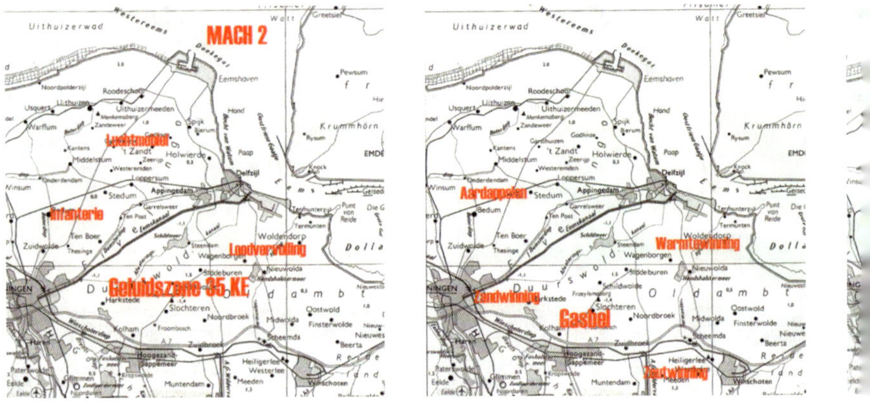

Programmatic implementation of five scenarios:
0021 Military Exercise Ground North
0057 From -100 to 0 metres NAP (Amsterdam Ordnance Datum)
0146 Groninger Compost Heap
0211 Groningen Fallback Site
0666 Doomsday Scenario

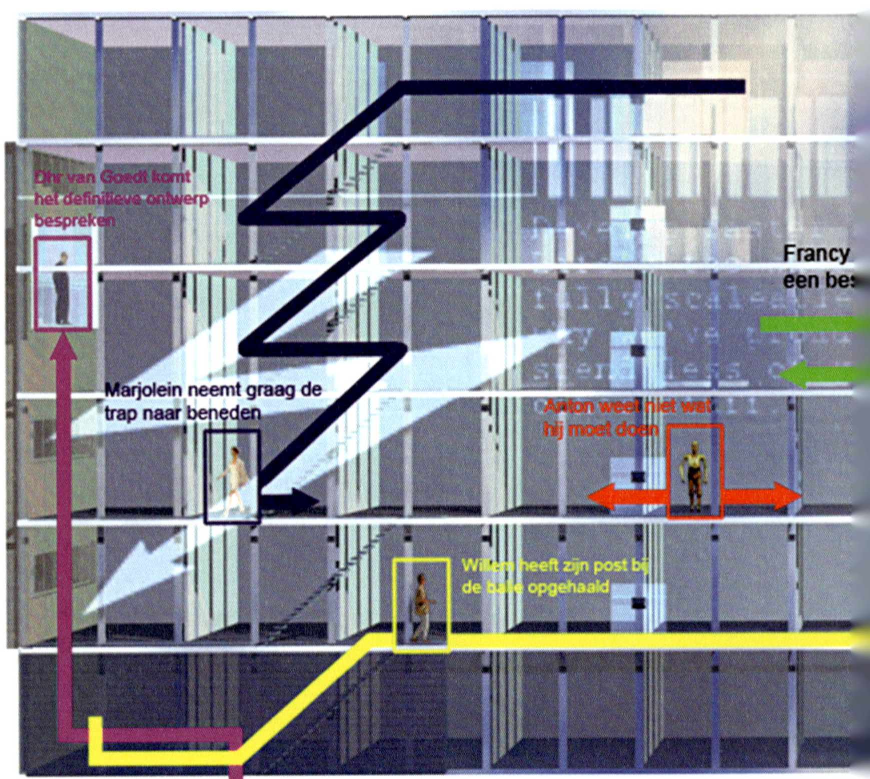

Collage of the programming of the facade

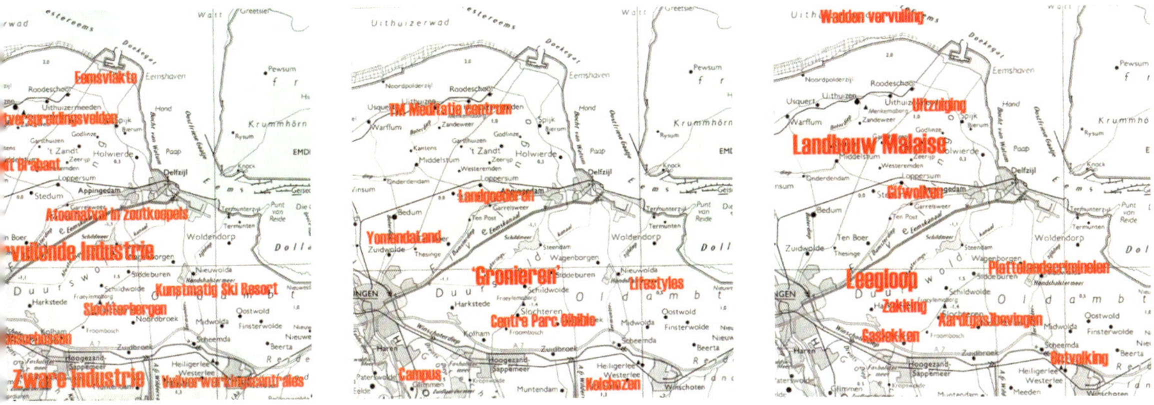

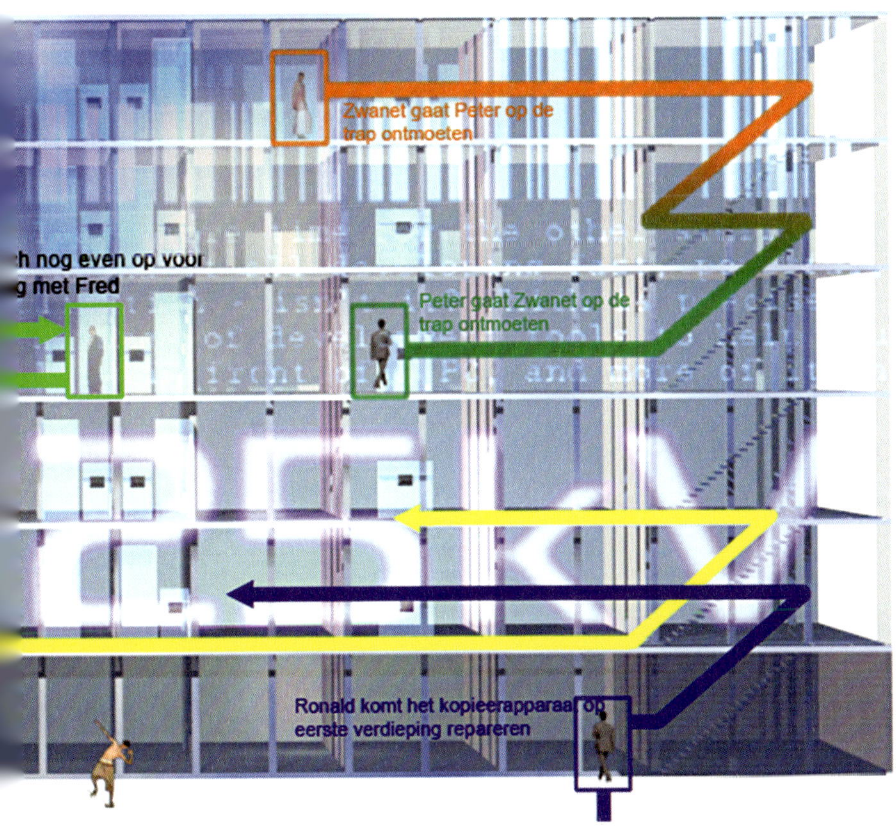

25kV p.254

De verkeersruimte, toiletten en pantry's brengen alle meer informele reuring in het gebouw samen, aan de straatgevel. Functies die vaak zijn weggestopt en van elkaar gescheiden, hebben hier een centrale plek gekregen.

The traffic space, toilets and pantries bring together all the more informal bustle in the building, on the street facade. Functions that are often tucked away and separated from each other have been given a central place here.

Technique

Programme

Masterplan Schiecentrale p.248

Als een van de eerste mixed-use projecten in Nederland van dit formaat, is in het gebouwcomplex van de getransformeerde Schiecentrale bijna 100.000 m² aan divers programma naast, in en op elkaar gepast.

As one of the first mixed-use projects of this size in the Netherlands, almost 100,000 m² of diverse programming has been fitted next to, in and on top of each other in the building complex of the transformed Schiecentrale.

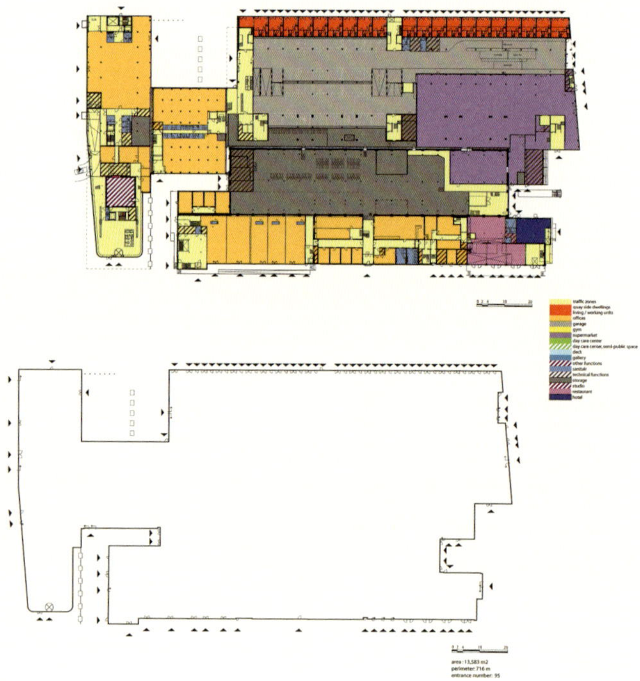

Programme on the ground floor / Entrances on the ground floor

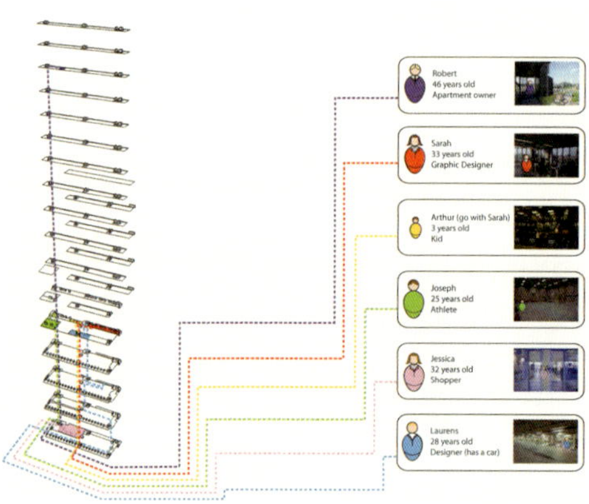

Diagram showing potential users and residents of Schiecentrale 4B

Design sketch of the north side of the Schiecentrale

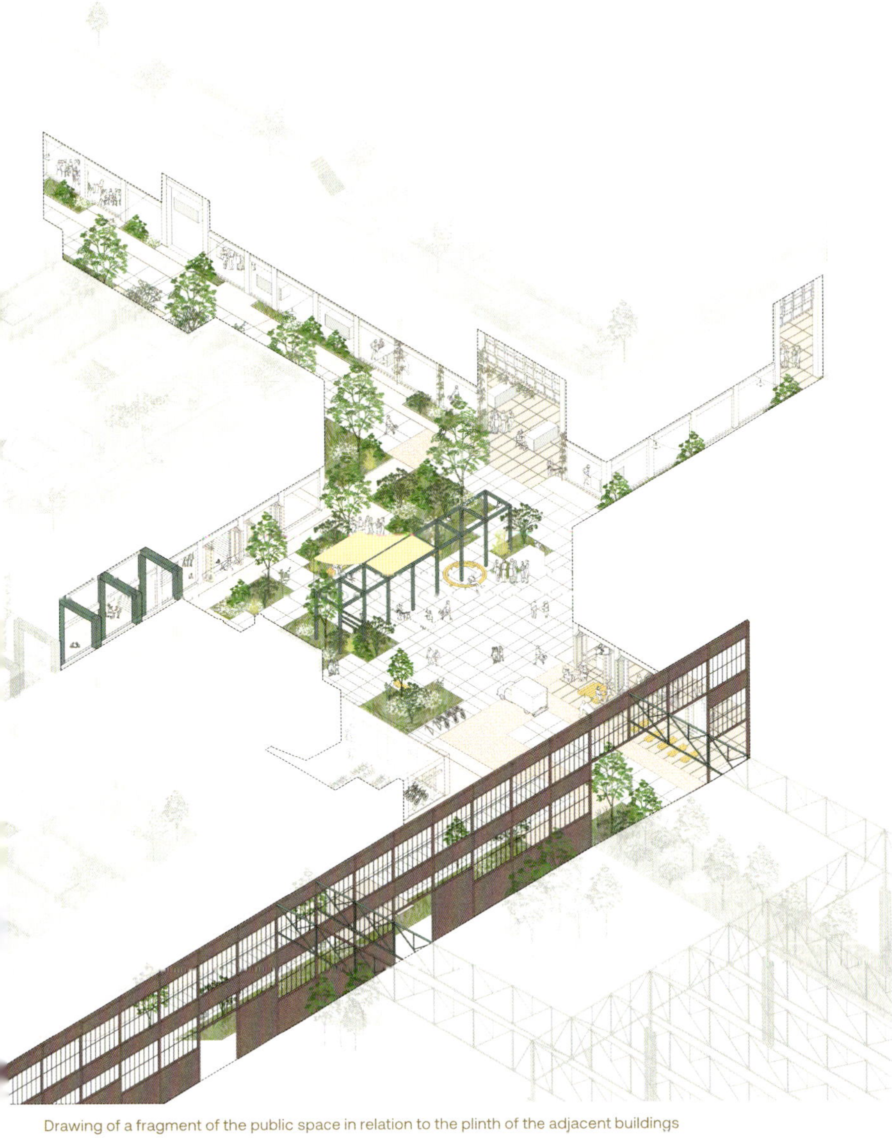

Drawing of a fragment of the public space in relation to the plinth of the adjacent buildings

Kabeldistrict p.152
Cable District

Het stedenbouwkundige plan voor het Kabeldistrict programmeert de openbare ruimte door deze in te richten en faciliteert toe-eigening van de straat door het herintroduceren van de typische Delftse stoep. Gebruikers en bewoners mogen de stoep voor de woning of werkruimte gebruiken. Andersom wordt ook de buitenruimte naar binnen betrokken, in de grote hallen in de plint. Zonder de programmatische invulling vast te leggen, creëert het plan voorwaarden voor intensief gebruik van de autoluwe straten. Tegelijkertijd borgt het de kwaliteit van de buitenruimte, met begroeiing en goede bezonning, als ademruimte in het dichtbebouwde gebied.

The urban plan for the Cable District programmes the public space by zoning it and facilitates street appropriation by reintroducing the typical Delft pavement. Users and residents are allowed to use the pavement in front of their homes or workspaces. Conversely, the outdoor space is also invited inside, in the large halls in the plinth. Without laying down programmatic details, the plan creates conditions for intensive use of the car-free streets. At the same time, it safeguards the quality of the outdoor space, with greenery and plenty of sunlight, as breathing space in the densely built-up area.

Programme

Greenery plan for SAWA

Animal species for which a habitat will be created in the building

SAWA p.124

Vanuit kennis van het gedrag van dieren en planten zijn in SAWA in samenwerking met een team van stadsnatuurdeskundigen ruimtes ontworpen voor verschillende dier- en plantensoorten, in samenhang met leefruimte voor de mensen in het gebouw.

Based on knowledge of animal and plant behaviour, we designed spaces in SAWA for a variety of animal and plant species in conjunction with living space for people in the building, in collaboration with a team of urban nature experts.

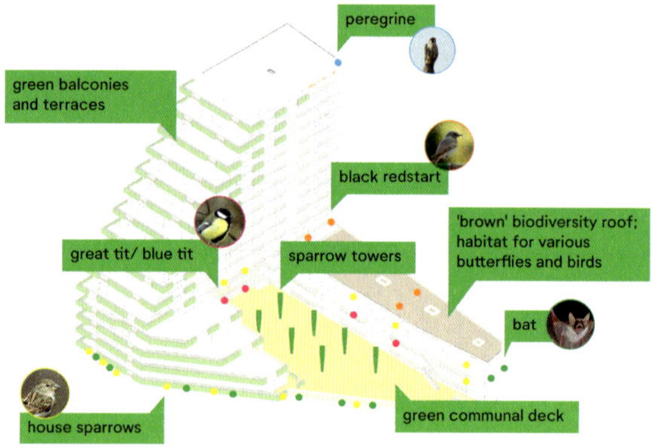

Different types of nest boxes are included in the plan

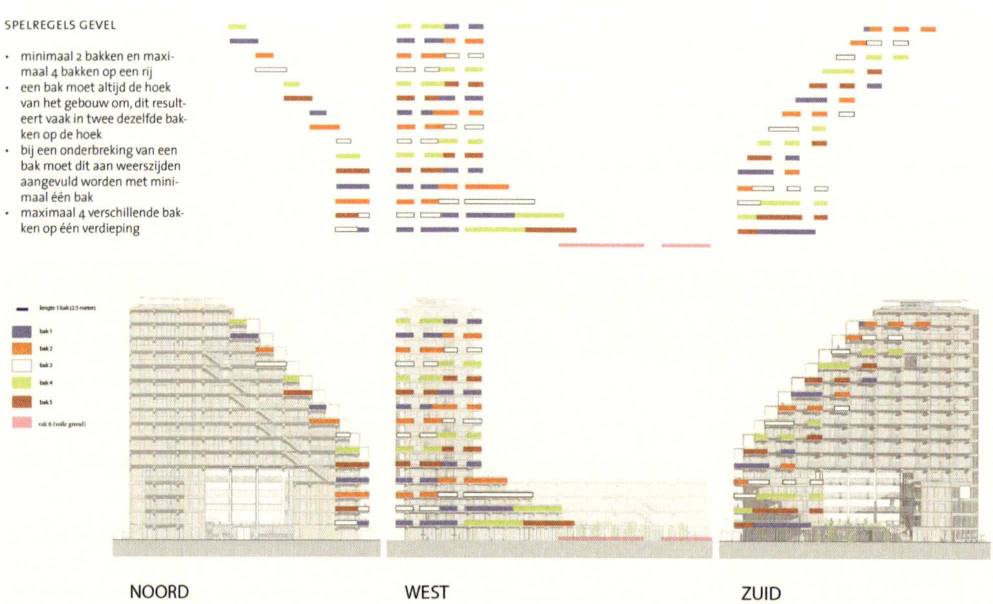

Principles for the distribution of the planters

Impression of the routes different users take through and around the building

MENU p.116

MENU zoekt naar de mogelijkheden die het grote gesloten gebouw biedt. Met een stadslandbouw systeem in het donkere hart van het gebouw, een open begane grond met publiek programma in aansluiting op de straat en een berg van woningen als toevoeging op het dak, werkt het met de kwaliteiten van het gebouw en creëert het nieuwe combinaties van gebruik.

MENU explores the possibilities offered by the large enclosed building. With an urban agriculture system in the dark heart of the building, an open ground floor with public programming linking up with the street and a hill of homes as an addition on the roof, it works with the qualities of the building and creates new combinations of uses.

Fenix I p.178
In de onderbouw van Fenix I wordt gewoond en gewerkt, gekookt en gegeten, geparkeerd en gelopen, geoefend en opgetreden. De plint van het gebouw is stedelijk en trekt bezoekers van buiten de buurt. Door Conny Janssen Danst, Codarts Circus Arts en Circus Rotjeknor samen een plek te geven in het gebouw, naast het bestaande Theater Walhalla, is het een van de middelpunten geworden in de culturele infrastructuur van Rotterdam.

In the base of Fenix I, people live and work, cook and eat, park and walk, practice and perform. The building's plinth has an urban feel and attracts visitors from outside the neighbourhood. By giving Conny Janssen Danst, Codarts Circus Arts and Circus Rotjeknor a place together in the building, next to the existing Theatre Walhalla, it has become one of the hubs in Rotterdam's cultural infrastructure.

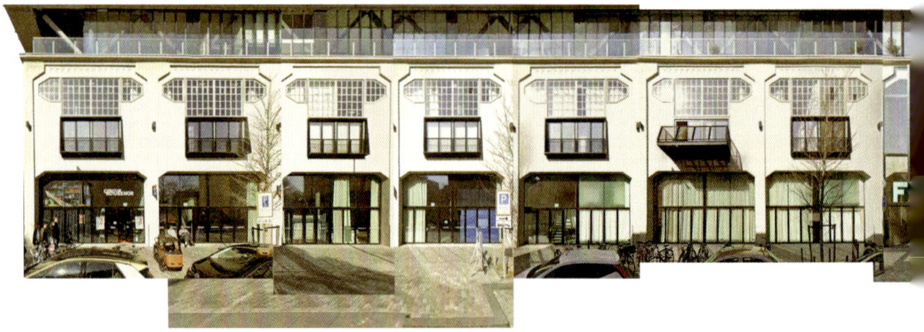

Panorama of the facades of the plinth

P
IN
PARKEREN
UIT

Reach out

Involving existing and future, local and larger-scale communities

To reach potential clients for the competition design for the Glass House p.266, we placed an advertisement in a national newspaper in 1996. Marketing is an important part of our work. We do not create buildings for the anonymous consumer, but design distinct places that people may or may not be attracted to. We try to involve future residents in the design process at an early stage so they can form a connection with the plan and with each other, as the first step in the formation of a community of residents.

We also involve the existing community in our plans. By engaging with the neighbourhood during the design process, we offer local residents the opportunity to share their thoughts. This gives us the chance to discover things of value to the project: inspiring stories, ideas and local initiatives. With SAWA p.124, this was how we got in touch with local residents who run the nearby vegetable garden. Building transformations can furthermore be an occasion to revive memories of the building's past dynamics for everyone who once lived, worked, learned or recreated there. When we redeveloped the former swimming pool Spaardersbad p.164 in Gouda, we took this opportunity to make the project mean something for the whole city.

Robert Winkel was one of the founders of ArchiNed, the first Dutch internet platform for discussion within the architectural community. A strong interest in current affairs and the development of the discipline still characterizes us. The social challenges currently facing the construction sector call for cooperation between different disciplines. We therefore actively seek to exchange knowledge with other disciplines in order, as architects, to continue to play a relevant role in creating our environment.

Om potentiële opdrachtgevers voor het prijsvraagontwerp voor het Glazen Huis p.266 te bereiken plaatsten we in 1996 een advertentie in een landelijk dagblad. Marketing vormt een belangrijk deel van ons werk. We maken geen gebouwen voor de anonieme consument, maar ontwerpen uitgesproken plekken, waar mensen zich al dan niet toe aangetrokken voelen. Toekomstige bewoners proberen we al in een vroeg stadium bij het ontwerpproces te betrekken, zodat binding met het plan kan ontstaan en contact tussen de bewoners, als eerste stap in de vorming van een bewonersgemeenschap.

Ook de bestaande gemeenschap betrekken we bij plannen. Door tijdens het ontwerpproces met de buurt in gesprek te gaan, bieden we ruimte aan omwonenden om mee te denken en krijgen wij de kans om dingen te ontdekken die van waarde zijn voor het project: inspirerende verhalen, ideeën en lokale initiatieven. Met SAWA p.124 vonden we op deze manier aansluiting bij de nabijgelegen moestuin, gerund door buurtbewoners. Gebouwtransformaties kunnen daarnaast een aanleiding zijn om herinneringen aan de vroegere dynamiek in het gebouw te doen herleven, voor iedereen die er ooit woonde, werkte, leerde of recreëerde. Bij de herbestemming van het Spaardersbad p.164 in Gouda hebben we deze kans aangegrepen om het project betekenis te geven voor de stad.

Robert Winkel was een van de oprichters van ArchiNed, het eerste Nederlandse internetplatform voor discussie binnen de architectengemeenschap. Een sterke interesse in actualiteit en de ontwikkeling van de discipline kenmerkt ons nog steeds. De maatschappelijke uitdagingen waar de bouw op dit moment voor staat, vragen om samenwerking tussen verschillende vakgebieden. We zoeken daarom actief naar kennisuitwisseling met andere disciplines, om als architecten een relevante rol te blijven spelen in het creëren van onze omgeving.

Meikrant

In 2009 bracht Mei de eerste editie van de Meikrant uit. Het nieuws over alles wat Mei bezighield, omvatte berichten over gerealiseerd werk en plannen van Mei, maar ook opiniestukken, interviews en reportages. Met een oplage van 10.000 stuks werd de krant meegestuurd met het vakblad De Architect. In 2010 verscheen de tweede editie. Daar is het bij gebleven.

In 2009, Mei published the first edition of the Meikrant newspaper. News on all things that mattered to Mei included reports on Mei's realized work and plans, as well as opinion pieces, interviews and reports. With a circulation of 10,000, the newspaper was sent with the trade magazine De Architect. The second edition was published in 2010. That was also the last.

Mei krant

Wilt u (nog) een Meikrant ontvangen?
Ga naar www.meikrant.nl

Van Mei, Voor Jou, eerste editie, jaargang 1, mei 2009

Drive-in Werkgebouw in Houten
> 2 Actueel

Hoe thuis is een Meihuis?
> 4 Interieur

Copyright is for losers
> 6 Opinie

Milou van Ham: holle woorden
> 11 Kunst & Cultuur

Meiteam schittert tijdens Archicup
> 12 Varia

Mei Architecten en stedenbouwers drukken door!

Van Mei, Voor Jou

Mei Architecten en stedenbouwers
Rotterdam Mei 2009

Geachte lezer, voor u ligt de eerste editie van de eerste jaargang van de Meikrant; een nieuw gezicht in medialand. Tegen de trend van afkalvende oplagen voor de landelijke kranten in, begint Mei – groot in anticyclisch denken – een nieuwe krant. Bedoeld voor vakgenoten en liefhebbers, gebruikers en bewoners, vrienden en vijanden, opdrachtgevers en -nemers, instituten en vrije vogels, kortom voor iedereen die de architectuur in het algemeen en die van Mei Architecten en stedenbouwers in het bijzonder een warm hart toedraagt.

Waarom een krant? Allereerst omdat we er plezier in hebben om een krant te maken en om langs die weg te laten zien waar wij van Mei ons de laatste tijd mee hebben bezig gehouden; de nieuwswaarde met andere woorden. Maar ook omdat we vinden dat we collega's en gebruikers iets te vertellen hebben. In deze krant vindt u dus niet alleen berichten over gerealiseerd werk en plannen van Mei, maar ook stevige opiniestukken, interviews met mensen die er volgens ons toe doen en technieken die we graag delen met vakgenoten; in dat opzicht zien wij deze krant ook als een bijdrage aan het vakdebat. Natuurlijk ontbreken rubrieken als Sport, Buitenland, Society, Cultuur en de Kinderpagina niet. Wat zou een krant zijn zonder deze essentiele onderdelen?

Waarom nu? Het is Mei, dus dat is voor ons al reden genoeg. Maar ook omdat we onlangs de laatste fase van de werkzaamheden aan de Schiecentrale in Rotterdam hebben afgerond. Dat project is in veel opzichten een sleutel in ons werk. We hebben er sinds het einde van de vorige eeuw aan gewerkt. Stukje bij beetje zijn er grotere en kleinere toevoegingen aan de voormalige elektriciteitscentrale gerealiseerd. Er is veel gesproken en geschreven over de verschillende onderdelen van dit project. Net als over de verbouwing van het Jobsveem overigens, het monumentale pakhuis tegenover de Schiecentrale dat verbouwd is tot een woon-werkcomplex. Nu dit grote werk af is, is het tijd voor een feestje. Dat feestje zouden we onderling kunnen vieren met een copieuze maaltijd, muziek, dans, bloemen en vuurwerk (dat doen we misschien ook wel), maar we vonden het leuker om zoveel mogelijk mensen mee te laten feesten. Vandaar deze gratis krant voor al onze collega's, opdrachtgevers, vrienden, bewoners en wie verder maar geïnteresseerd is.

Komt er na deze editie nog een krant? Dat ligt aan u, beste lezer. Belandt de Meikrant ongelezen in de kattenbak (lees overigens de Variapagina voor meer en vooral creatievere tips voor wat u zoal met de Meikrant kunt doen) en horen we niets meer van u? Ook best, dan laten we het bij deze eenmalige uitgave. Leest u mee? Reageert u op de stukken? Lost u enthousiast de puzzels op? Of houdt u anderszins het vuurtje brandend, dan zou het ons niets verbazen als er na deze eerste feestuitgave nog vele edities zullen volgen.

Redactie Meikrant, namens Mei Architecten en stedenbouwers

www.meikrant.nl
www.mei-arch.nl

Van architect tot krantenjongen

Robert Winkel, architect van Mei Architecten en stedenbouwers neemt er in deze crisistijden een baantje bij. "Het is een fijne flexibele bijverdienste, en ik kom even helemaal tot rust als ik 's morgens vroeg op mijn fiets stap om de krant rond te brengen. Mijn beste ideeën krijg ik tegenwoordig op mijn krantenrondje. Ik zou het niet meer kunnen missen en raadt het al mijn collega's van harte aan."

Cover page of the first edition of the Meikrant, 2009

Cakes in honour of Fenix I, November 2020

Fenix I p178

Als Fenix I voor de tiende keer een architectuurprijs wint, viert Mei dit ook met de bewoners: met taart.

When Fenix I won its tenth architectural award, Mei celebrated with the residents: with cake.

Mei going door-to-door with cakes, November 2020

Reach out

Glazen Huis p.266
Glass House

Om de uitkomst van ideeën-prijsvraag het Glazen Huis onder de aandacht te brengen bij potentiële opdrachtgevers plaatsten Marco Henssen en Robert Winkel een advertentie in het woonkatern van een landelijk dagblad. Hierop kwamen zestien serieuze reacties. De woning is uiteindelijk niet gerealiseerd.

To draw the attention of potential clients to the outcome of the Glass House ideas competition, Marco Henssen and Robert Winkel placed an advertisement in the homes section of a national newspaper. They received 16 serious responses. In the end, the house was not realized.

NRC HANDELSBLAD ZATERDAG 25 MEI 1996

EXCLUSIEF WONEN

NEDERLAND

ROAM architectuur tel. 010-4782266 (r. R. Winkel) of 020-6257733 (r. M. Henssen)

OUD-BEIJERLAND

VERHAGEN & HOPPENER Oud-Beijerland. 0186-615577

PAPENDRECHT

Fragment of the NRC, 25 May 1996

Smarthouse

Tijdens het Droog Event in 2004 in Lille, dan culturele hoofdstad van Europa, presenteerde Mei het Smarthouse: een bouwsysteem dat zich aanpast aan de wensen van de bewoners. Als deel van de installatie werd aan bezoekers gevraagd om hun droomhuis te tekenen. Op de derde plaats eindigde het hartvormige huis; de paddestoelwoning werd tweede; de eerste plaats ging naar de boomhut.

At the Droog Event in 2004 in Lille, which was the cultural capital of Europe that year, Mei presented the Smarthouse: a building system that adapts to the wishes of its residents. As part of the installation, visitors were asked to draw their dream house. The heart-shaped house finished in third place; the mushroom house came second; and first place went to the tree house.

Photo collage of the Smarthouse installation

Tapestry 21st-Century Heraldry Rotterdam

21st Century Heraldry Rotterdam

75B, de vormgever van dit boek, ontwerpt en realiseert een serie stadswapens, uitgevoerd als wandtapijt. Met een verzameling belangrijke symbolen karakteriseren ze verschillende steden. Naast zo'n honderd andere Rotterdamse fenomenen is SAWA zichtbaar op het wapen van Rotterdam, nog voor de eerste paal geslagen is.

75B, the graphic designer of this book, designs and realizes a series of city arms, executed as a tapestry. With a collection of important symbols, they characterize different cities. Alongside about a hundred other Rotterdam phenomena, SAWA is featured on Rotterdam's coat of arms even before the first stone has been laid.

Technique
Reach out

Kaaspakhuis
Cheese Warehouse

Het ontwerpproces van de transformatie van het Kaaspakhuis zijn we gestart met het maken van een kantoor in het Kaaspakhuis zelf, dat we gedurende de hele ontwikkeling gebruikt hebben. Vanuit deze werkruimte konden we het gebouw tot in detail leren kennen en kennismaken met de buurt. Iedereen die langskwam, kreeg een kaasje van De Producent.

We started the design process of the transformation of the Cheese Warehouse by creating an office in the Cheese Warehouse itself, which we used throughout the entire development. From this workspace, we were able to get to know every detail of the building and become acquainted with the neighbourhood. Everyone who dropped by was given a cheese from De Producent.

Cheese from De Producent as a present for interested parties

Kabeldistrict
Cable District

Als tijdelijke invulling voor de leegstaande hallen van de Kabelfabriek werkt Mei aan een voorstel voor een boomkwekerij, geopend voor publiek. Als over een aantal jaar de gebiedsontwikkeling verder gevorderd is, kunnen in de straten en op de pleinen volwassen bomen worden geplant, gekweekt op eigen grond.

As a temporary use for the empty halls of the Cable Factory, Mei is working on a proposal for a tree nursery, open to the public. In a few years' time, when the area is more fully developed, full-grown trees, grown on site, can be planted in the streets and squares.

Collage of the tree nursery

First realized work of art, first prize

Zijdefabriek

Silk Factory

Voor het maken van een aantal kunstwerken, voor in de statige ruimtes van de oude zijdefabriek, organiseerde de opdrachtgever van de transformatie een landelijke prijsvraag. Samen met een team van Russische curatoren zat Mei in de jury. Het winnende ontwerp is uitgevoerd, de tweede en derde prijs worden in een volgend fase van de fase van de transformatie gerealiseerd.

To create a number of artworks, intended for the stately spaces of the old silk factory, the commissioner of the transformation organized a nationwide competition. Together with a team of Russian curators, Mei was on the jury. The winning design was executed, and the works of the first and second runner-up will be realized in the next phase of the transformation.

OPEN COMPETITION
ON THE CONCEPT OF ART OBJECT
FOR THE SILK FACTORY
IN NARO-FOMINSK

Shortlist of bids

Reach out

Max & Moore p.142

Als tijdelijke invulling voor de Max & Moore locatie, in de aanloop naar de bouw, ontwikkelde architectenbureau Space Encounters Oumuamua: 'een bar, club, restaurant, werkplaats, expositieruimte en/of podium.' Om dit initiatief te ondersteunen, dat ruimte bood aan jonge ontwerpers en aan een uiteenlopend publiek, hielp Mei met de financiering.

As a temporary use for the Max & Moore site ahead of construction, architecture firm Space Encounters developed Oumuamua: 'a bar, club, restaurant, workshop, exhibition space and/or stage'. To support this initiative, which provided space for young designers and a diverse audience, Mei helped with funding.

Oumuamua entrance, 2019

Call by Mei on social media, May 2017

Mei architects and planners
3 mei 2017 ·

OPROEP! Het Spaardersbad was Gouda's eerste overdekte zwembad waar veel Gouwenaren hebben leren zwemmen. Samen met White House Development willen wij deze herinneringen een plek geven bij de toekomstige transformatie van het bad. Heeft u foto's, zwemdiploma's of krantenartikelen die wij mogen verzamelen? Stuur ze dan op naar pr@mei-arch.eu.

Spaardersbad p.164

Zeker de helft van de bevolking van Gouda heeft leren zwemmen in het Spaardersbad, dat door de jaren heen verschillende transformaties heeft ondergaan. Om van de herbestemming van het pand ook een moment te maken waarop herinneringen herleven, plaatste Mei een oproep in de plaatselijke media voor het toesturen van afzwemfoto's of diploma's. Het oude zwembad werd toen weer even het onderwerp van dagelijks gesprek.

At least half of Gouda's population must have learned to swim in the Spaardersbad, which has undergone several transformations over the years. In order to turn the redevelopment of the building into a moment of remembrance, Mei published an appeal in the local media for people to send in photos of their swimming test, or certificates. The old swimming pool then briefly became a topic of daily conversation again.

Schoolchildren swimming for their certificates at the Spaardersbad, May 1962

SAWA p.124

Naast SAWA ligt de Tuin op de Pier, een moestuin gerund door buurtbewoners, die als inspiratie dient voor de gezamenlijke moestuin in het nieuwe complex. In samenwerking met deze bewoners is een plan gemaakt voor de tuin op het dek en voor een fysieke verbinding met de tuin in de volle grond.

Next to SAWA is the Tuin op de Pier, a vegetable garden run by local residents, which serves as inspiration for the communal vegetable garden in the new complex. In collaboration with these residents, a plan was drawn up for the garden on the deck and for a physical connection with the garden next door.

Diagram showing SAWA's connection to the Tuin op de Pier

Eric Dijkhuizen, board member of Tuin op de Pier

ArchiNed

Samen met Piet Vollaard richtte Robert Winkel in 1996 het architectuurplatform ArchiNed op, als eerste Nederlandse architectuurwebsite. Zoals omschreven op de startpagina 'bundelt [ArchiNed] informatie van en over ontwerpers, instellingen, onderwijs, en overige partijen op het gebied van architectuur, stedebouw en landschapsarchitectuur in Nederland. Dit aanbod wordt door ArchiNed uitgebreid met een reeks eigen activiteiten, teneinde de dialoog binnen het vakgebied te bevorderen en de kennis over het vakgebied te vergroten.'

Together with Piet Vollaard, Robert Winkel founded the architecture platform ArchiNed in 1996, as the first Dutch architecture website. As described on its home page, '[ArchiNed] brings together information from and about designers, institutions, education, and other parties in the field of architecture, urbanism and landscape architecture in the Netherlands. ArchiNed adds to this offering with a series of its own activities, in order to promote dialogue within the profession and increase knowledge about the profession.'

ArchiNed landing page, 1997

Wonder

Creating experiences that captivate

It is OK for architecture to stir people. We create buildings where people feel at home and that they can make their own, as a backdrop on which to shape their living environment. But our buildings are also a presence, creating experiences that captivate, or even disconcert.

We blur unambiguous distinctions between old and new, between used and unused, between past and present building styles and associated finishes. By embracing irregularities, new building parts look lived-in. But new elements with historical sophistication also blend into that which already exists. The environments we create feel logical, but also evoke a sense of wonder.

To question conventions, we foreground utilization in an unusual way—the toilets and lounges of the 25kV building p.254, the entire household inventory in the Glass House p.260. How can the most informal activities form the representative image of the creative businesses housed there? What if architects let go of all control over the visibility of the choices of residents?

We stage moments when you become aware of the building, sometimes in a small, almost intimate way, sometimes overwhelmingly. With text and figuration, we create patterns that only lose their abstraction from a certain distance. Images become recognizable and lines of poetry readable, which might make you pause for a moment. In transformations in the port or former industrial areas, we work to make the present scale palpable, with grand surfaces and a repetition of countless small elements.

Architectuur mag beroeren. We maken gebouwen waar mensen zich thuis voelen en die ze zich eigen kunnen maken, als een achtergrond waarop ze hun leefomgeving kunnen vormgeven. Maar onze gebouwen zijn ook aanwezig, creëren belevingen die boeien, of zelfs onthutsen.

We vervagen eenduidig onderscheid tussen oud en nieuw, tussen gebruikt en ongebruikt, tussen vroegere en huidige bouwwijzen en bijbehorende vormen van afwerking. Door onregelmatigheden te omarmen, ogen nieuwe gebouwdelen doorleefd. Maar ook nieuwe elementen met historische verfijndheid gaan op in het bestaande. De omgevingen die we maken, voelen logisch, maar roepen ook verwondering op.

Om conventies te bevragen, plaatsen we gebruik op een ongebruikelijke manier op de voorgrond – de toiletten en zithoeken van het 25kV gebouw p.254, de volledige huisraad in het Glazen Huis p.266. Hoe kunnen de meest informele activiteiten het representatieve beeld van de gehuisveste creatieve bedrijven vormen? Wat als architecten alle controle op de zichtbaarheid van bewonerskeuzes loslaten?

We ensceneren momenten waarop je je bewust wordt van het gebouw, soms klein, haast intiem, soms overweldigend. Met tekst en figuratie creëren we patronen die slechts vanaf een bepaalde afstand hun abstractie verliezen. Beelden worden herkenbaar en dichtregels leesbaar, waarbij je misschien een moment stil blijft staan. Bij transformaties in de haven of voormalige industriegebieden werken we aan het voelbaar maken van de aanwezige schaal, met grootse vlakken en een herhaling van ontelbare kleine elementen.

Tand des Tijds p.270
Ravages of Time
Binnen het gegeven 'bestemmingsplan', dat met een vastgestelde zonering een minimaal ruimtelijk kader vormt, is het architectonische beeld onbepaald. Uit de keuze van bewoners volgt een patroon van gebruikte en ongebruikte ruimtes, dat met de tijd kan veranderen.
Within the given 'zoning plan', which forms a minimal spatial framework with defined zoning, the architectural image is indeterminate. A pattern of used and unused spaces follows from residents' choices, which can change over time.

Visualization of the changing appearance

View of the west facades of the high and low section

Schiecentrale 4B p.226

Om de westgevels van de Schiecentrale 4B als een geheel te laten ogen, als een oppervlak dat zich meet met de grote schaal van de haven, zijn de puien en banden zo min mogelijk gearticuleerd. Als abstracte lichtgrijze lijnen kaderen ze de glasvlakken. Zelfs de afdichtrubbers van de aluminium kozijnen zijn lichtgrijs gemaakt. Zoals gelijkmatigheid, glans en ongeschondenheid symbool staan voor het nieuwe, zijn gebruikssporen, oneffenheden en patina de tekenen van ouderdom. Om dit contrast te doorbreken, zijn in de Schiecentrale 4B onregelmatigheden, zoals bouwfouten, omarmd en zelfs in scène gezet.

To make the west facades of the Schiecentrale 4B look unified, like a surface that measures up to the large scale of the port, the fronts and bands are articulated as little as possible. Like abstract light-grey lines, they frame the glass surfaces. Even the sealing rubbers of the aluminium window frames are light grey. Just as evenness, shine and absence of blemishes symbolize newness, signs of use, unevenness and patina are the signs of age. To break this contrast, irregularities, such as construction flaws, have been embraced and even staged in the Schiecentrale 4B.

Spaardersbad p.164
De bodem van het zwembad beleef je altijd vanaf het waterpeil. De zwembadrand is niveau nul, de bodem van het bad min een. Met het leegmaken van het bassin van het voormalige Spaardersbad is een nieuw niveau ontstaan, van waaruit de ruimte kan worden ervaren.

You always experience the bottom of the pool from the water level. The pool edge is level zero, the bottom of the pool minus one. With the emptying of the basin of the former Spaardersbad, a new level has been created, from which the space can be experienced.

View of the atrium from the floor of the basin

View of the glass roof from below, with balloons in celebration of the opening

Sint Janskerk p.160

Een glazen dak vervangt het gesloten plafond van de ontmoetingsruimte in de kerk: een verlijmde glazen boogconstructie, opgebouwd uit dubbelzijdige hardglazen delen. Terwijl de luchtkwaliteit beheersbaar is gebleven en de akoestiek intiem, is de grootse ruimte van de kerk nu zichtbaar.

A glass roof replaces the closed ceiling of the church's meeting room: a glass vault structure, made up of curved double-sided toughened glass sections, which are glued with sealant joints. While the air quality can still be regulated and the acoustics have remained intimate, the church's grand space is now visible.

Photograph of the facade panels taken from inside the garage

Kaboutergarage p.210
Gnome Parking
De figuratieve gevelpanelen van de garage verbeelden een verhaal over Almere met kenmerkende afbeeldingen. De tuinkabouter waaraan de garage haar naam ontleent, is duidelijk herkenbaar, maar wordt in het voorbijgaan ook een abstract reliëf dat een subtiel patroon vormt op het tinnen doosje.
The figurative facade panels of the parking garage depict a story about Almere with characteristic illustrations. The garden gnome from which the garage derives its name is clearly recognizable, but in passing it also becomes an abstract relief that forms a subtle pattern on the tin box.

Glazen Huis p.266

Glass House

De volledig glazen constructie vormt een achtergrond voor de huisraad, als hoofdrolspeler in het ontwerp. Dagelijkse routines zijn afleesbaar; elke aanpassing in de inrichting is direct zichtbaar. De glazen schillen dragen bij aan een spel van schittering en reflectie.

The all-glass structure forms a backdrop for the home furnishings as the main protagonist in the design. Daily routines are readable; any adjustment in the furnishings is immediately visible. The glass screens contribute to a play of shimmering and reflection.

Model photos

Jobsveem p.216

De gevel van rijksmonument het Jobsveem is gerestaureerd: het ritme van de ramen zorgvuldig intact gehouden, toevoegingen ondergeschikt gemaakt aan het oorspronkelijke ontwerp. De drie atria die het gebouw doorbreken, zijn helder en terughoudend vormgegeven met grote glazen puien en zwartgelakt staal. Waar de atria en gevel elkaar raken, ontstaat een uitzondering in de precies doorgevoerde logica van beide gebouwdelen. Boven de glazen pui in de voorgevel wordt vanuit het atrium een stukje van de binnengevel van het pakhuis zichtbaar, als de onafgewerkte achterkant van een decor.

The facade of listed building the Jobsveem has been restored: the rhythm of the windows carefully kept intact; additions made secondary to the original design. The three atriums that punctuate the building have been designed with clarity and restraint, with large glass facades and black-lacquered steel. Where the atria and facade meet, an exception is created in the precisely implemented logic of both building components. Above the glass facade in the front of the building a part of the inner facade of the warehouse becomes visible from the atrium, like the unfinished back of a decor.

View of the glass facades of the homes along the atrium and the street facade of the atrium

View of the preserved facade of the ventilation alley with the new facade behind it, constructed from old cheese shelves

Kaaspakhuis p 192

Cheese Warehouse

Waar de twee pakhuizen oorspronkelijk van elkaar waren gescheiden door een ventilatiesteeg, is met de transformatie een atrium gemaakt dat licht en lucht in het gebouw brengt. Fragmenten van de gevel van de oude steeg zijn behouden als wanden van de liftschacht. Losgeknipt van de vloeren, zijn stukken binnengevel nu zichtbaar over de volledige hoogte. De vroegere kaasplanken, met nog zichtbare ronde afdrukken, zijn gebruikt als geveldelen. Hergebruikte materialen hebben een plek gevonden in een nieuwe setting, waar ze associaties oproepen met de vroegere toepassing, maar ook geleidelijk aan gewoon worden.

Where a ventilation alley originally separated the two warehouses, the transformation created an atrium that brings light and air into the building. Fragments of the facade of the old alley have been preserved as sides of the lift shaft. Cut off from the floors, parts of the interior facade are now visible over the full height. The former cheese shelves, with round imprints still visible, have been used for the facade. Reused materials have found their place in a new setting, where they recall the former function of the building, but also gradually become familiar parts of it.

Kabeldistrict p.152
Cable District

Op het terrein van de vroegere Kabelfabriek is een nieuwe stadswijk in ontwikkeling. De vakwerkliggers die het dak van de enorme fabriekshallen droegen, blijven grotendeels behouden in het gebied. Als drager van een nieuwe schil kunnen ze een rol krijgen in de nieuwe bebouwing. Als op zichzelf staande elementen geven ze structuur aan de publieke ruimte.

A new city district is being developed on the site of the former Cable Factory. The girders that used to support the roof of the huge factory halls will largely be preserved in the area. As the carrier of a new shell, they can have a role in the new buildings. As stand-alone elements, they give structure to the public space.

View down a corridor of the current factory complex

Impression of the future development from the same vantage point, where the girders have become part of the public space

Gedoogwonen p.240
Condone Home
Bouwwerken die normaal gesproken op de grond staan – villa's, rijtjeshuizen en stacaravans – zijn hier gestapeld, in een gebouw dat doet denken aan een stellingkast.
Structures that normally stand on the ground—villas, terraced houses and mobile homes—are stacked here, in a building reminiscent of a shelving unit

Collage of a possible infill of the structure

Fragment of the east facade of the 25kV building

25kV p.254

Alsof het gebouw binnenstebuiten is gekeerd, liggen de doorgaans verstopte functies prominent aan de glasgevel. Tegen de matglazen wanden van de toiletten tekenen zich silhouetten af van prullenbakken en zeepflesjes. Door de tweede glazen gevel zijn hierachter de werkruimtes zichtbaar. Van een afstandje daagt een gelaagde setting van alledaagse objecten en handelingen en wordt er een inkijkje gegeven in het leven in het gebouw.

As if the building has been turned inside out, the usually hidden functions are located prominently on the glass facade. Silhouettes of wastebaskets and soap bottles stand out against the frosted-glass walls of the toilets. Behind this, the second glass facade reveals the workspaces. From a small distance, a layered setting of everyday objects and actions reveals a glimpse of life in the building.

Fenix I p.178

Om de enorme afmeting van Fenix I voelbaar te maken, is gewerkt met een klein element dat ontelbare keren kon worden herhaald: de mijmerbeugel. Voor de bewoner biedt de beugel in het glazen balkon een plek om te mijmeren, en de weidse, industriële omgeving te ervaren. Voor de passant versterkt hij het stoere, overweldigende beeld, dat met het ritme van de beugels aansluiting vindt bij het naastgelegen pakhuis.

To make the enormous size of Fenix I palpable, we worked with a small element that could be endlessly repeated: the muse frame. For the residents, the frame in the glazed balcony offers a place to muse, and experience the vast, industrial surroundings. For the passers-by, it enhances the sturdy, overwhelming look, which harmonizes with the adjacent warehouse through the rhythm of the frames.

The pattern of muse frames stands out against the building

Stainless steel screens along the gallery in evening light.

Schiecentrale 4B p. 226
De geweven RVS doeken langs de galerij bevatten weeffouten, die oplichten wanneer er zonlicht op valt.
The woven stainless-steel screens along the gallery contain weaving flaws, which light up when sunlight strikes them.

Druk, druk, druk en toch je koelkast gevuld.

About

Clients

The selection of projects covered in this book were thankfully designed and elaborated on behalf of the following clients:

Amvest, BAM Vastgoed, BAM Volker Bouwmaatschappij, Being Development, Centraal Woningbeheer Lingesteden, COD, De Goede Woning, Duijnstede Beheer, EO Wijers Stichting, ERA Contour, Europan 3, Gemeente Almere, Gemeente Rotterdam, Havensteder, Heijmans Vastgoed, Janssen de Jong, KondorWessels Vastgoed, Lingotto, McDonald's Coolsingel 44, Mitros, Nice Developers, Ontwikkelingsbedrijf Rotterdam, Ostov Group, Proper Stok, PWS, Quartus Ensemblier Urbain, SEV, Smarthouse, Stichting Instandhouding Grote of St. Janskerk Schiedam, Volker Bouwmaatschappij, White House Development, 3T Vastgoed

Collaborators

The showcased projects could not have been realised without the following advisors, cooperating parties and experts:

A2 Studio, ABT, Adviesbureau Hamerlinck, Adviesbureau Roelen, Adviesbureau Vervest, Aertgeerts, Alba Concepts, Aldo van Kleef, Aldus Bouwinnovatie, Andries Geerse, Antea, Arco van Kleef, Atelier Lek, Aveco de Bondt, Baas, Bacor - Cees van Balen, BAM Volker Bouwmaatschappij , BAM Woningbouw, Basalt Bouwadvies, Besix, Bobbi Winkel, Bram van Hengel, Bureau Bouwkunde, Bureau Stadsnatuur, Bureau Stedelijke Planning, Buro Bouwfysica, BVR Groep, Cauberg Huygen, Chantal Kerkhof, Charlie Winkel, CIA - Comité voor Informele Architectuur, Circus Rotjeknor, Codarts, Conny Janssen Danst, Copijn, CSM Steelstructures, David Baars, De Stadstuin, Decomo, Delva, DGMR, DHV, Drenth Metal & Plastic Weaving, Duoplan, ERA Contour, Felixx, Flux landscape architecture, Fons van der Knaap, Gemeente Almere, Gemeente Delft, Gemeente Den Haag, Gemeente Gouda, Gemeente Rotterdam, Gemeente Schiedam, Gemeente Utrecht, Ginkel Groep, Glasimpex, Glasimpex Glasdesign, Goudappel Coffeng, Grontmij, Grontmij Bravenboer & Scheers, HBG Vastgoed - Arlette van Poppel, Heijmans Woningbouw, Huib Sneep, I.P.C., Igor Dobrovolsky, JaapJan Berg, Jacques Vink, Jan van Stigt Thans, Kabouw, Katrien van der Eerden, Koninklijke Tichelaar, Koopmans Bouw , KuiperCompagnons, KVMC, LBP Sight, Leap3d, Leebo, Linthorst Techniek, Liuba Devyatkina, Lotte Haagsma, Maatwerk in Bouwadvies, Made by Mistake, Marieke Berkers, Mark Rabbie Urban Concepts, Mijksenaar, Milou van Ham, Model Pia, Monolot, MOSS Amsterdam, Nai010 Uitgevers, NetExpert, NIV003, Ostov Group, Paul van Wijngaarden, PD Lighting, Perfect DM, Pcutz, Piet Vollaard, Pieters Bouwtechniek, Pirmin Jung, Pleijsier Bouw, Polyned, Powered by EGM, Primum, Print Republic, PrinterPro, Prorail, RealNomics, Reuser Technisch adviesbureau, Rex Winkel, Rho Adviseurs, Rinus Spits, Spark, SteenhuisMeurs, Stichting Sint Janskerk, Studio Bouwhaven, Studio Faber, Studio Job, Superuse Studios, Suzanne Fischer, Sweegers en de Bruijn, Techniplan adviseurs, The missing link, Triplan, Tsead Bruinja, Van Elst & Roelofs Plancoördinatie , Vergeer Bouw, VERO Visuals, Voestalpine, Volker Bouwmaatschappij, VPT Versteeg, WAX, Wijnand Galema, Windsafe, WSP, Zonneveld ingenieurs, ZUS, 75B

Cooperating architects

Often, Mei builds on existing work by architects who made their mark decades, sometimes a century ago. In new work, we often seek collaboration with fellow architects locally and abroad. We would like to thank these architects for the joint result of the works presented in this book:

Aronsohn Raadgevend Ingenieursbureau, Wolter Bakker, De Vries Robbé, Bernhard Freudenberg, Marco Henssen, Kees Gajentaan, Gemeentewerken Den Haag, Gemeentewerken Rotterdam, C.N. van Goor, Jan Kanters , A..J.Th. Kok, Palissad Architectures, P.D. Stuurman, Piet Vollaard, WDJ Architecten

Awards

We are privileged to mention that the quality of the projects in this book has been recognised by the following awards:

Prijsvraag ontwerp voor een glazen woonhuis met glazen draagconstructie 1995, 5ᵉ EO Wijersprijsvraag "Wie is er bang voor het lege programma" 1997, Designprijs Rotterdam 2000, Demonstratieproject IFD Bouwen 2000, Nationale Staalprijs 2000, Ideeënprijsvraag "Royaal wonen" 2001, Duurzaam Bouwen Prijs 2001, Job Dura Prijs, shortlist 2008, Bouwkwaliteitsprijs 2008, Job Dura Prijs 2008, Nationale staalprijs 2008, BNA Gebouw van het Jaar 2008, Rotterdamse Bouwkwaliteitsprijs 2009, BNA Gebouw van het Jaar 2009, Nationale Renovatieprijs 2009, Nederlandse Bouwprijs 2009, Roterodamum Restauratieprijs 2013, Rotterdam Architectuurprijs 2013, WAN Metal in Architecture Award 2014, Gebouw van het Jaar 2014, Iconic Awards 2015, German Design Award 2015, ARC15 Detail Award 2015, BNA Beste Gebouw van het Jaar 2016, Archmarathon Award 2017, Architizer A+Awards 2017, Betonprijs 2017, Iconic awards for Innovative Architecture 2018, Nationale Staalprijs 2018, ARC18 Development Award 2018, WAN Award Adaptive Reuse 2018, Archmarathon Award 2018, MIPIM / AR Future Project Award 2019, Rotterdam Architectuurprijs 2019, Reynaers Projectprijs 2019, FX Design Awards 2020, THE PLAN Awards 2020, Blueprint Awards 2020, Gouden Piramide 2020, NRP Gulden Feniks 2020, Iconic awards for Innovative Architecture 2020, Nationale Staalprijs 2020, BNA Beste Gebouw van het Jaar 2020, ULI Europe Awards for Excellence 2020, Architecture MasterPrize 2020, Architectenweb Woongebouw van het Jaar 2020, European Property Awards 2020, ARC20 Innovatie Award 2020, German Design Awards 2021, ArchDaily Awards 2021, World Architecture Festival 2021, The International Architecture Award 2021, FX Design Awards 2021, Urban Design & Architecture Design Awards 2021, World Architecture Festival 2021, Green Good Design Awards 2021, MIPIM / AR Future Project Awards 2021, Achitizer A+ Awards 2021, Iconic awards for Innovative Architecture 2021, International Design Awards 2021, Architecture Masterprize 2022

Tools

All of our works have been designed and developed over the years by making grateful use of the following software and tools:

AutoCAD, Adobe After Effects, Adobe Illustrator, Adobe Indesign, Adobe Photoshop, Arkey, Assistance, Blue Foam, BIMcollab Zoom , Cardboard, Craft glue, DJI Osmo, Enscape, Exact online, Facebook, Foamboard, Foamcutter, Greenshot, Instagram, iPhone, LinkedIN, MacPaint, Macbook Pro, Mailchimp, Microsoft Dynamics, Microsoft Teams, Office365 OneNote, Outlook, Paper, PDF-XChange Editor, Pentel Sign Pen, Powerpoint, Revit, Ruby, Slack, SketchUp, Solibri, Spacemaker, Tape, Vray, Whatsapp, WireBind W25E, ZOOM, 3D Printer, 3ds Max

Further readings

We would like to draw your attention to various publications that have served as inspiration for our work—some already referred to in the conversations. Feed your curiosity and read on with these book tips:

Edmund Burke, *A Philosophical Enquiry Into the Origin of our Ideas of the Sublime and Beautiful*, 1757

Alexander Von Humboldt, *Kosmos: Entwurf einer physischen Weltbeschreibung*, 1862

Camillo Sitte, *Der Städtebau nach seinen künstlerischen Grundsätzen*, 1889

Adolf Loos, *Ornament und Verbrechen*, 1908

Beton-Aannemers-Bond (B.A.B.), *Bouwt in Beton! Waarom?*, 1930s

Reyner Banham, *The Architecture of the Well-Tempered Environment*, 1969

Robert Venturi, Denise Scott Brown, Steven Izenour, *Learning from Las Vegas*, 1972

Brent C. Brolin, *Architectural Ornament. Banishment & Return*, 1985

Peter Menzel, *Material World. A Global Family Portrait*, 1994

Uwe Ommer, *1000 Families*, 2002

Rudy Kousbroek, *Opgespoorde wonderen*, 2003

Paul Groenendijk, *Jobsveem Rotterdam: een gebouw in beweging 1912-2008*, 2008

Auke van der Woud, *Sterrenstof. Honderd jaar mythologie in de Nederlandse architectuur*, 2008

René Redzepi, *NOMA. Tijd en plaats in de Nordic keuken*, 2011

Vincent van Rossem, *The Rape of Cities. The Disastrous Impact of Urban Renewal*, 2014

Clare Lyster, *Learning from Logistics. How Networks Change Our Cities*, 2016

Henk van Rensbergen, *Abandoned Places*, 2016

Jacques Vink, Piet Vollaard, Niels de Zwarte, *Stadsnatuur maken*, 2017

Meneer Wateetons, *Over Rot 2.0*, 2019

Olv Klijn en Pierijn van der Putt ed., *DASH Experimental Housing*, 2021

Jelmer Mommers, *Hoe gaan we dit uitleggen. Onze toekomst op een steeds warmere aarde*, 2022

Thanks!

Mei through the years

The past 25 years, we have welcomed and seen many talented people grow at Mei. We are proud of our team, and of everyone who has worked or done an internship at Mei over the years:

Ruben Aalbersberg, Carmen Aanen-Meuldijk, Frank Aarssen, Antja Roos Adriaens, Claudia Aedo, Oleksii Ananiev, Robert Al Haddad, Joud Alhajsaleh, Achmed Al-Tamimi, Michele Amadori, Sander Andi Ganjoe, San Dino Arcilla, Anna Argyriadou, Roxana Aron, Martijn van den Ban, Seda Baseren, Joop van Beek, Sanne van Beek, Thamar van Beek, Unger Beerends, Carola van Bennekom, Marloes Bier, Merel Bijkerk, Juraj Biros, Ana Bismarck, Laurens de Boer, Max Boerman, Sean Bos, Gaby van den Boom, Richard Breit, Max Brobbel, Bente Bruijns, Floria Bruzzone, Sebastiaan Buitenhuis, Daniëlle Buzalko, Daniel Beirão de Cavalho, Pepijn Berghout, Anne Berkers, Thomas Bianchi, Anja Biel, Chiel Bikker, Hercilia Borges, Marcel Bos, Nars Broekharst, Stevan Broekhof, Rene Bouman, Jack Bouwer, Wim Bruneeel, Eline Burger, Hanneke Buurman, Daniel Carvalho, Loïc Chareyre, Marjan Choroumi, Jonathan Connerney, Niklas Dauber, Ana Climent Dominguez, George Coleman, Bas Coret, Mirjam van Dam, Olaf van Dam, Hennie Dankers, Eelco Dekker, Mark Dekker, Robin Deurloo, Bianca Diaconu, Caro van Dijk, Jaap van Dijk, Noelle Dooper, Charlotte Dovanius, Guido Dolné, Diana Dragan, Rob Driel, Jingling Du, Gijs van Duin, Eugene Dumoulin, Finn van Eck, Yvonne van Eck, Arthur Eeuwijk, Judith Egberink, Ilias el Baroudi, Fatima el Hadji, Katarzyna Ephraim, Remko Eppink, Immanuel Fäustle, Harro Fonk, Lars Fraij, Theun Frankema, Sara Gagliarini, Kees Gajentaan, Zuzanna Gaszczak, Danijel Gavranović, Sander Geurtsen, Marieke Giele, Jeffrey Gilyamse, Stefania Gioia, Esther González-Aurignac, Reshma Gopal, Daan Graveland, Lukasz Grela, Rob Grim, Onno Groen, Rose de Groot, Ylana Groot, Jelle Grunstra, Niels van Ham, Terry Harmelink, Eline van den Haterd, Inge Hegge, Marianne van den Heuvel, Inga Hilburg, Jack Hoogeboom, Jan Hoogervorst, Rob van Houten, Bob van den Hoven, Louise de Hullu, Jarne van Huyck, Frank Huibers, Chris Idema, Bernhard Jaarsma, Serkar Jaff, Ernst de Jager, Ewout de Jager, Maarten Janszen, Martina Japuncic, Martin de Jong, Katrien Joosten, Katarina Jovic, Jaap van de Kamp, Jan Kasper, Koos Keet, Jasper Keupink, Rihilda Keizer, Kishwer Khan, June Ho Kim, Naun Kim, Glenn King, Julius Kirchert, Heidi Klein, Sam Klompé, Matthijs Klooster, Daphne van der Knijff, Tim Knip, Martijn Koebrugge, Anton de Koning, Leen Kooman, Gevorg Kootanjan, Marloes Koster, Geert Krusemann, Rutger Kuipers, Arjan Kunst, Paul Peter Kuper, Sigit Kusumawijaya, Ben de Lange, Levi Lanser, Daam van der Leij, David Lesterhuis, Roos Limburg, Chris Liu, Qing Lai, Qing Liu, Yan Hang Lo, Michiel van Loon, Irene Lopez, Richel Lubbers, Anja Lübke, Chris Luth, Yves Malysse, Roberto Magnanini, Jeronimo Meija, Oliver Micek, Bahareh Miri, Marcus de Moes, Nima Morkoc, Ruldof Muis, Olivier Mylle, Andreea Nae, Eva Nagtegaal, Jane Nagtegaal, Elva Nano, Nguyen Binh Minh, Jessica Nielsen, Filip Nieuwpoort, Augustijn Nouwens, Erich Oesterbauer, Farid Omid, Karl Oscarsson, Ahmed Ragab Pasha, Andrea Pasqua, Alex Pastoors, Karolien de Pauw, Daniella Persson, Sanne Pijnappel, Dagmare Anna Pizcz, Ruben van der Plas Hugo Plat, Robert Platje, Jokubas Platukis, Christina Polyviou, Marloes van der Pols, Vergile Ponsoye, Jasmijn Ponssen, Riemer Postma, Jelena Radonjić, Rianne Reijnders, Rob Reintjes, Armando Reyna, Alex de Ridder, Sophie de Ridder, Camilo Ridderplaat, Ronald Rijntjes, Fabiana Rodrigues, Ed de Rooij, Colette Rooimans, Sabine Roomer, Maxim Ross, Maurice de Ruijter, Danique van de Sanden, Luca Sandri, Jos Schäffer, Gerard Scheele, Anna Schneider, Rutger Schoenmaker, Nino Schoonen, Marjolein Schoonewagen, Arvid Schoots, Florian Schramm, Martijn Schuil, Ivan Shkurko, Bart Siemens, Menno Slijboom, Adriaan Smidt, Gwen Smits, Catherine Spaans, Bart Spee, Nikoleta Stankovic, Marijn Steenbreker, Meike Stoetzer, Simona Subaciute, Willem Sulsters, Zsófia Szöke, Karolina Szostkiewicz, Shahib Talib, Renata Tavares, Simon Tiemersma, Anneloes Tilman, Pablo Macias Trujillo, Duc Truong, Edwin Tukker, Bernd Upmeyer, Lodewijk van der Veen, Iris Veentjer, Pim van der Ven, Renske Venema, Lore van de Venne, Sebastiaan Veldhuisen, Ingrid Verburgh, Erwin Verhoeve, Barbara Vermaat, Rudolf Verver, Dennis Vijftigschild, Youri Vijzelman, Elise Vleugels, Lea van Vliet, Rob Vollaard, Coen de Vries, Ronald Vroegindeweij, Elaha Wafai, Martin van der Werf, Bertus van Woerden, Menno van der Woude, Frank Wapenaar, Martin Werner, Marijn Wesdorp, Joost Wetzel, Leah Wiederholdt, Joanne Wienk, Machteld Wijnands, Roy Wijte, Joan Wildenberg, Chantal Wilson, Reinier van Wingerden, Mieke Winkel-Vullings, Robert Winkel, Weronika Witkowicz, Joost Woertman, Adam Wrobel, Anton Wubben, Ruslan Yatsenko, Ceylan Yazici, Michel Zaan, Stanislav Zakharov, Reinoud van der Zijde, Alexandra Zinkevich, Hagar Zur, Roos Zwart, Chris Zwiers

Image credits

Image credits refer to page numbers and are in order of appearance. If more images are shown on one page, the images are conceivably marked with the numbers a,b,c,d,.... reading from top to bottom and left to right.

Photographers, 3D agencies and other creators

Ossip van Duivenbode: 8, 9, 10, 108, 109, 110, 118a, 118b, 119, 143, 144, 145a, 161, 162, 165, 166a, 166b, 168a, 168b, 169a, 169b, 170, 171, 173, 175b, 183, 188b, 188d, 189, 193, 194b, 197a, 197b, 198, 199, 200, 201, 203, 205c, 206, 207, 214, 215, 221c, 233, 235a, 237b, 252, 253, 260, 261, 272, 273, 274, 281b, 281c, 288b, 289, 290a, 290b, 291, 301b, 306a, 307, 319b, 319d, 322a, 364b, 366, 371, 374, 377, 378, 379

Jerry Lampen: 15, 22, 26, 29, 32, 34, 40, 47, 50, 56, 67, 70, 77, 85, 86, 87, 90, 97, 100, 105, 106

A2 Studio: 117

WAX: 130, 134, 135, 309

Monolot: 147, 148b, 150

Vero Visuals: 154, 159a, 159b, 159c, 304b, 305c, 372b

Frans Parthesius | model by Studio Faber: 156a, 156b, 182

Lucas van der Wee: 158, 372a

Jeroen Musch: 174b, 175a, 176, 177, 204a, 204b, 204c, 211, 212, 217, 220a, 223a, 223c, 230a, 239, 256, 259, 288d, 288e, 302b, 303c, 305a, 305b, 317a, 329d, 330a, 331a, 331b, 368, 370

Archmospheres | Marc Goodwin: 179, 184, 185, 186, 187, 188a, 188c, 190a, 191, 282b, 292, 293, 306c, 374

Aiste Rakauskaite: 190c, 228a, 288a, 330b

Peter Hooijmeijer: 190b

Thea van den Heuvel: 213

J.G. van Agtmaal or his heirs: 218b

Luuk Kramer: 220b, 220c, 243a, 246a, 246b, 247a, 247b, 255, 279a, 285b, 288c

Peter Kooijman: 222a, 222c, 223b, 223d, 223e, 224, 225, 235b, 279b, 295

Ronald Tilleman: 227, 236

Jean-Paul Mioulet: 228b, 230b, 231, 237a, 300c

Suzanne Rensink: 284b

Annelies van der Linden: 306b

Heijmans/Fenix1/Marco de Swart: 306d

Peter Menzel: 326b, 326c

ZUS+Mei: 347

Copijn: 348d

75B: 357b

Patrick Nagtegaal: 361b

Sources

Haags Gemeentearchief: 149a, 149b

Beekhuizen, NKF Kabel NV, Delft 1970, fotograaf Blaak: 153

Electriciteitscentrale Veenhuizen: 155a

www.delftkijkt.nl: 155b

Streekarchief Midden-Holland: 167a, 167c, 194a, 360b, 360c

Bouwkundig Weekblad: 180b

Archief De Producent: 195

Groeten uit Rotterdam-West. Deel 2, 1992: 205b

Deltalinqs Magazine: 218a

Stadsarchief Delft, Beeld en Geluid Delft: 332c

Oumuamua: 360a

Credits

INCL team
This book has only been created through the cooperation, knowledge, contributions and, above all, the tireless efforts of the following people involved:

Arzu Ayikgezmez, Sanne van den Breemer, die Keure, Kirsten Hannema, Marja Jager, Jerry Lampen, Mei architects and planners, Michiel van Loon, Serge Van Moeseke, Robert Platje, Priscilla de Putter, Leo Reijnen, Merel Snel, Marinke Steenhuis, nai010 publishers, Rut Rustenhoven, Sophie Stravens, Jean Tee, Piet Vollaard, Pieter Vos, Robert Winkel, Mieke Winkel–Vullings, Marcel Witvoet, 75B

Text
Sanne van den Breemer
Robert Winkel
Priscilla de Putter

Copy editing
Leo Reijnen

Content editing
Sanne van den Breemer
Michiel van Loon
Robert Platje
Robert Winkel
Mieke Winkel–Vullings
75B

Translation
Jean Tee

Design
75B

Printing and binding
die Keure, Bruges

Paper
Magno Volume 115 grams

Production
Marja Jager,
nai010 publishers

Publisher
Marcel Witvoet,
nai010 publishers

nai010 publishers is an internationally orientated publisher specialized in developing, producing and distributing books in the fields of architecture, urbanism, art and design. www.nai010.com

nai010 books are available internationally at selected bookstores and from the following distribution partners:

North, Central and South America – Artbook | D.A.P., New York, USA, dap@dapinc.com

Rest of the world –
Idea Books, Amsterdam,
the Netherlands, idea@ideabooks.nl

For general questions, please contact nai010 publishers directly at sales@nai010.com or visit our website www.nai010.com for further information.

Printed and bound in Belgium

ISBN 978-94-6208-614-2

NUR 648
BISAC ARC006000, ARC009000
THEMA AMB

Included is also available as e-book:
ISBN 978-94-6208-638-8 (e-book)